教我如何不想说

壮国桢教育评论集

壮国桢 著

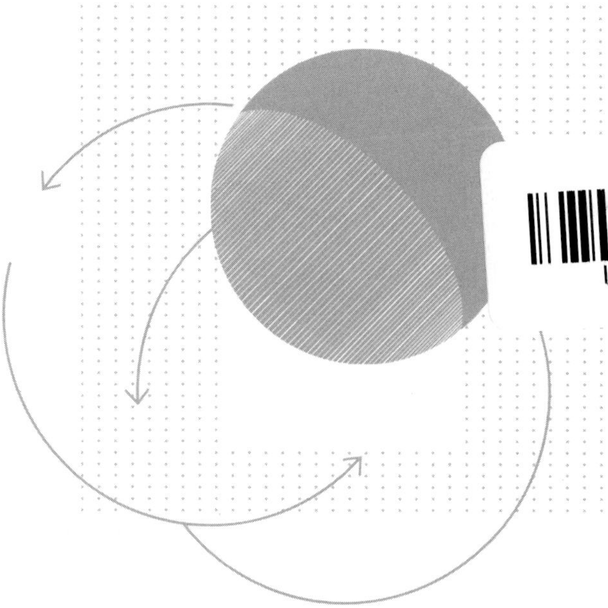

江苏大学出版社
JIANGSU UNIVERSITY PRESS
镇 江

图书在版编目(CIP)数据

教我如何不想说：壮国桢教育评论集 / 壮国桢著
. -- 镇江 ：江苏大学出版社,2023.3
ISBN 978-7-5684-1906-2

Ⅰ. ①教… Ⅱ. ①壮… Ⅲ. ①教育-中国-文集
Ⅳ. ①G52-53

中国版本图书馆 CIP 数据核字(2022)第 237085 号

教我如何不想说：壮国桢教育评论集
Jiao Wo Ruhe Buxiangshuo：Zhuang Guozhen Jiaoyu Pinglun Ji

著　　者/壮国桢
责任编辑/吴小娟
出版发行/江苏大学出版社
地　　址/江苏省镇江市京口区学府路 301 号(邮编：212013)
电　　话/0511-84446464(传真)
网　　址/http://press.ujs.edu.cn
排　　版/镇江文苑制版印刷有限责任公司
印　　刷/镇江文苑制版印刷有限责任公司
开　　本/718 mm×1 000 mm　1/16
印　　张/19.75
字　　数/376 千字
版　　次/2023 年 3 月第 1 版
印　　次/2023 年 3 月第 1 次印刷
书　　号/ISBN 978-7-5684-1906-2
定　　价/58.00 元

如有印装质量问题请与本社营销部联系(电话:0511-84440882)

序

党的十八大以来，中国特色社会主义进入新时代。国家坚持把教育摆在优先发展的战略位置，全面深化教育领域综合改革，教育公共服务水平和教育治理能力不断提升，中国特色社会主义教育制度体系进一步完善。这一时期，《关于深化教育体制机制改革的意见》《国家中长期教育改革和发展规划纲要（2010—2020年）》等标志顶层设计的教育蓝图发布实施；《关于统筹推进城乡义务教育一体化改革发展的若干意见》《关于学前教育深化改革规范发展的若干意见》《关于高等学校加快“双一流”建设的指导意见》《教育部关于深化本科教育教学改革全面提高人才培养质量的意见》《国家职业教育改革实施方案》《关于全面深化新时代教师队伍建设改革的意见》成为教育领域改革发展的行动纲领；全国高校思想政治工作会议、全国教育大会、全国职业教育大会的相继召开，对教育系统高质量改革发展发出了动员令；遍地开花的普惠性学前教育、从“有学上”到“上好学”的义务教育、从谋求“饭碗”到追求梦想的职业教育、冲刺“双一流”的高等教育都取得了新的突破。但随着开放的扩大、改革的深入及推进办人民满意教育力度的加大，教育领域一些深层次的问题也逐渐显现出来。作者以一位教育研究者的执着，始终保持对我国教育改革发展的关注和热情，以独特的视角、敏锐的观察，对教育领域出现的教育现象和教育热点进行客观理性剖析，并提出自己独到的观点和见解，形成了100篇文章并结集出版。

综观本书内容，主要有三大特点：

一是主题的鲜明性。

本书收录了100篇文章，贯穿始终的是教育，教育是该书的主题与主线。从内容看，每篇文章主题鲜明，大多以新闻事件为切入点，围绕一个问题展开，一事一议，不仅还原事件，发现问题，而且基于教育教学规律的价值判断，提出作者的教育观点、教育主张及办法思路。每篇评论都体现了作者对中国教育尤其是职业教育的热爱，教育温度跃然纸上。

二是内容的针对性。

教育是最大的民生，教育事关千家万户和整个社会。媒体教育新闻、生活中的教育现象，甚至于影视剧中的教育问题都是作者评论的话题、思考的源泉。作为在职业教育战线默默耕耘30多年的管理者和研究者，作者通过仔细观察，对教育领域存在的问题进行了剖析，并提出了自己独到的见解，虽然有些策略短期内恐难实现，但作者指出了方向，明确了路径，同时对在教育改革火热现实中涌现出来的成功案例予以褒扬，体现了一个教育工作者的责任与使命，也体现了一位教育研究者的严谨与理性。

三是语言的通俗性。

教育评论，评的是事，论的是物。评论既要有事实依据，也要有理论基础，更要有深入思考。教育评论，教育是载体，评论是说理，而说理是教育评论的重点与关键。说理反映了作者思考的过程和思考的深度，也决定着教育评论的高度。作者用通俗的语言讲述了深刻的道理，引起了读者的共鸣，引导读者透过教育现象观察教育的本质，启发读者的思考，这是教育评论的最终目的。本书每篇评论篇幅不长，严肃的教育教学话题在作者的笔下，变得简练且通俗易懂，读来轻松愉快。

全书由五大部分组成，前四部分包括作者近十来年的教育所见所闻所思，涵盖了基础教育、职业教育、高等教育等各个领域，对学校教育、社会教育、家庭教育等也提出了自己的见解。最后一部分，作者以回忆录的形式，讲述了自己亲身经历的教育往事。这些虽记录的是作者激情燃烧岁月的教育往事，展示的却是我国改革开放以来教育领域发生的巨大变化。这些小故事将读者带回到了改革开放以来我国教育改革发展的宏大背景之中。无论是个人教育往事，还是涉及国家教育改革发展的大事，读者都可以通过本书了解改革开放以来我国教育领域发生的巨大变化，也可以通过本书在教育教学和教育管理过程中有所收获，这应该是作者的初心。

石伟平*

2022年9月10日于上海

---

* 石伟平，博士，华东师范大学终身教授，华东师范大学职业教育与成人教育研究所名誉所长、博士生导师；国家教师教育咨询专家委员会委员、国家教材建设重点研究基地（职业教育教材建设和管理政策）学术委员会主任、教育部全国职业院校教师校长培训专家工作组副组长、中华职教社职业教育评估指导委员会主任。

目录

走出国门看世界

职业教育改革经纬

教育管理面面观

透过社会看教育

走出国门看世界

改革开放，国门打开。 随着国际化发展战略的实施，教育对外开放的脚步也逐渐加快，高等学校与外界的交往、交流也日益频繁。 从 2003 年到 2013 年，我先后 5 次到国外参观考察、研学交流、项目洽谈和跟岗研修。 国外访学经历拓宽了我的视野，加深了我对国外高等教育、职业教育的了解，以及我对发达国家高等教育管理、学生事务管理等方面的认识。 这部分内容是我在国外研学时期的点滴心得体会。

丹麦见闻三则

2005 年 8 月 2 日至 12 日，我以华东师范大学博士研究生的身份参加了在丹麦举办的第七次国际成人教育和职业教育博士研究生论坛，来自 11 个国家和地区的 27 位博士研究生参加了本次论坛。该论坛由丹麦科技部和罗斯基勒大学共同主办，每年举办一次。

精彩的学术讲座和安排紧凑的研讨活动，使我开阔了眼界，拓宽了知识面；旖旎的北欧风光使疲惫的身心得到了放松。但让我印象最深刻的还是丹麦浓厚的英语学习氛围、务实的校园建设和师生间融洽的学术气氛。

全民都掌握“双语”

在走下飞机的时候，我最担心的是语言障碍，因为丹麦的官方语言是丹麦语，而我不懂丹麦语。走出机场，我用英语询问工作人员如何乘车、到哪里换车，等等，他们耐心地给我指点，他们的英语水平让我有点吃惊，本以为他们都是公职人员，会说英语应该是他们的岗位要求，但是通过转车过程中的不断问路，我发现不管是老人还是年轻人，他们都能说一口流利的英语，这引起了我极大的兴趣。在研讨间隙，我怀着好奇心探寻丹麦人学好英语的秘籍并从中得到了答案。首先，丹麦语与英语同属印欧语系，掌握了丹麦语再学习英语有一定的便利。丹麦从小学三年级开始开设英语课，每周大约 10 课时，到高中结束。从学时看，他们学习英语的时间并不比中国人多，他们英语说得如此好，主要得益于浓厚的英语学习的氛围。在丹麦，电视都配英语字幕，火车上报站名也是先丹麦语后英语，最重要的一点是出版的书籍和音像制品，由于发行量大，英语版的要比丹麦语版的便宜得多。其次，他们学以致用的外语学习方法特别有效，他们特别注重口语学习，用得比较多，因此绝大部分人尤其是年轻人的英语口语都很好，而英语书写倒不一定都很好。

精细化的校园管理

罗斯基勒大学是丹麦一所有名的综合性重点大学，在校园学习、生活了 10 多天，校园里的人性化设计和务实的管理给我留下了很深的印象。凡是有人到的地方，都考虑得很周到，处处可见人性化的设计。如：丹麦多雨，几乎每天要下一次雨，他们的窗户就有了斜开和直开两种方式，斜开的时候即使下雨，雨也打不进来；为防止公用计算机被随意挪动，他们在计算机上加了一个小装置，不仅方便了管理，还不影响美观；自行车停放处有一排定制的车架，既保护了自行车，又不会出现一倒一大片的混乱景象。在他们的校园中，可以看到好几处杂草丛生的地方，经打听原来是他们的发展用地。问他们为什么不和其他地方一样种上草坪，回答“这就是自然”。他们认为人工草坪需要维护，维护是需要经费的。而道路两旁和建筑物周围，只要人到的地方都种上了草坪，并且修剪得整整齐齐。

亦师亦友的师生关系

在研讨期间，我共听了 5 场讲座，参加了研讨小组的所有活动。与会教授们的平易近人和国外学生的批判性思维及师生间的学术融洽值得我们学习。听完讲座，都有提问和讨论的时间，国外的博士生们一个问题接着一个问题，自己的同事也照样提问，即使是学院的领导作完报告，博士生们也是问题不断，有时问得报告人也比较紧张，但看得出报告人是高兴的，因为大家对他的研究成果感兴趣，同时大家的不同意见说不定还能激发他们进一步研究的灵感。瑞典林克坪大学的拉森教授和他的博士生安德鲁斯，在研讨会上针锋相对，他们争论起来简直不像是师生，可在晚上的冷餐会上，他们又是那么的亲密无间，这也许就是中西方文化差异在师生关系上的具体表现吧！

2005-9-10

美国高校学生事务管理一瞥

2009年9月至10月，我随江苏高校学生事务管理高级研修班赴美国加利福尼亚州立大学富乐敦分校参加了为期三周的学习研修。研修以专题讲座、座谈交流、参观考察等为主要形式，内容涉及美国高等教育发展，以及包括法律援助、新生入学指导、就业指导、心理咨询、学生经济资助等方面的学生事务管理。通过研修学习，我对美国高校学生事务管理工作有了更直接、更全面、更深入的认识与了解。

研修情况

美国加利福尼亚州立大学共有23个分校，约45万学生，4.8万名教职员工。富乐敦分校是其中之一。该校在2009年春季注册学生37765人，专兼职教职员工有2100人。该校有105个学位授予权，其中55个学士学位，50个硕士学位，教育学具有博士学位授予权。

研修考察团认真听取了富乐敦分校继续教育学院亚洲部精心准备的11场专题报告，内容包括《美国和加州高等学校概览》《美国大学生学籍管理》《大学治理中的学生角色》《美国高校学生事务概况》《为学生在大学毕业后的职业生涯做准备》《加州州立大学的入学与转学》《学生的生理和心理需求》《新生事务项目概况》《大学校园中成人学生面临的挑战》《大学校园中成人学生的独特需要》等。研修团成员还实地考察了富乐敦分校的商学院、图书馆、学生服务中心和学生娱乐中心、助学办公室、残疾学生服务中心、学生学习中心、学生健康中心、住宿管理办公室、学生宿舍、学生食堂，富乐敦分校各部门相关负责人热情介绍了相关工作情况，耐心回答团员们提出的各种问题。研修考察团还走访了加州大学尔湾分校、圣地亚哥峡谷社区学院、圣安东尼奥山社区学院，了解加州大学分校系统和社区学院系统的学生事务工作。

深刻印象

在为期三周的专题学习研修和参观考察中，美国高校学生事务理念先进、管理规范，课程化的学生事务管理、专业化的管理团队、以学生为中心的校园设施等给我留下了深刻的印象。

第一，“以学生为中心”的学生事务管理理念。

富乐敦分校的《学生事务手册》在阐述他们的工作目标时明确提出：确保学生学习的优先权，提供高质量的项目以满足学生、社区和地区的需求，提高学术性和创造性活动，创设能够为一切学生取得成功的条件和环境。美国高校学生事务经历了“替代父母制”“学生人事工作”“学生服务”“学生发展”等阶段，每一个阶段都体现了“以学生为中心”的管理理念。富乐敦分校遵循“不主动寻求帮助不提供”的原则，制定了完整的学术事务计划和学生事务计划。学校把学生当作完全独立的个体，一切以学生的需要及主动为前提，凡是学生主动寻求帮助的，学生事务人员就全力以赴提供指导和服务。专业化的咨询指导、辅导解决了学生在学习、生活等方面遇到的问题，帮助学生掌握包括阅读能力、学习方法、考试策略在内的学习技巧，为学生在选课、作业及学习中遇到的具体问题提供建议和辅导，进行各种心理测试和就业咨询培训，等等，以促进学生的专业学习和个人发展。在富乐敦分校，学生的自治组织被称为“学生政府”，学生通过这一组织进行自我管理，反映学生的呼声，参与学校的管理。学生不仅可以对教师的教学进行评估，而且与学生事务部门开展合作，以此增强学生的责任感和实际工作能力。“学生政府”在保障学生的权利方面发挥了实质性的作用。

第二，课程化管理的学生事务。

在当今的美国高等教育领域，学术事务（academic affairs）和学生事务（student affairs）是一组相对的概念。在早期的美国大学中并没有这样明确的区分，从 19 世纪开始，学生事务才从学术事务中分离出来，具有其独特的意义和专门的用法。一般认为，学术事务通常涉及学生“学习”“课程”“教室”和“认知发展”等，而学生事务则涉及“课外”“学生活动”“住宿生活”“感情或个人问题”等。在富乐敦分校，学生事务管理的内容已进入学校的课程体系，并有课程编号，如 University Studies 100 & University 499，内容丰富，管理规范，课程化程度较高。

第三，分工明确、专业化程度高的学生事务管理队伍。

在美国，学生事务管理已成为一种职业方向，具有较高的专业地位，从业人员往往具有心理咨询、就业指导、学生事务、学生发展等方面的硕士或博士学位。富乐敦分校主要设置了学术事务和学生事务两大机构，学生事务主要包括学生服务、学生发展、体育、住宿、餐饮等职能，这样就减少了并行部门的数量，避免了职能交叉，提高了工作效率。富乐敦分校在 2009 年春季注册的 37765 名学生中，白人占 32%，其他为少数民族学生。以富乐敦分校残疾人服务中心为例，该校在校残疾学生有 650 人左右，学校为该中心配备专职工作人员 16 人，每年运行经费大概为 100 万美元，残障学生实行免费入学政策，政府给予补贴。学校配备专用计算机房，有特殊的软件，专职技术人员利用特殊的程序为不同的残障人员处理讲义和作业，为他们完成作业和考试提供帮助，真正实现了“全纳”教育。

第四，以人为本的校园设施。

讲究实效、关心实用价值的理念在富乐敦分校学生事务管理中也得到彰显。该校没有围墙，校区和城市融为一体，校园内有宽阔的车道，占地面积较大，但整个校园设计紧凑、流畅，教学区、生活服务区、健身娱乐区既相对集中，又互为补充，如：在学生的学习路线上安排银行、商店、餐馆等生活设施，便于学生节约时间；在健身设施上安装视频系统，用于观看影视资料，做到健身学习娱乐三不误。富乐敦分校的体育馆设计可谓独具匠心，在体育馆四周的半空中央设计了三个跑道，这样既节约了土地，又充分利用了空间，还避免了锻炼时日晒雨淋的烦恼，人性化的设计由此可见一斑。再如：学生事务工作办公室一般集中在一起，整个办公区域非常大，可以分为办事大厅、各个辅导员的房间、小型会议室等。学生事务大厅里放着一些桌椅，方便学生填写各种表格，文件架上放着各种文件和通知单等，方便学生取阅。此外，每个教授的办公室门上都写着自己的姓名和联系方式，方便学生寻求帮助。这种方便高效的设计在富乐敦分校随处可见，学生事务工作通过创造良好的服务环境、提供优质高效的服务赢得了学生的普遍认可和信赖。

第五，敬业高效的工作团队。

本次研修考察的安排和组织也给大家留下了深刻的印象，从开学典礼、集中授课、答疑释问、周末活动到结业典礼的完整的培训项目，工作团队不断征求意见，及时研究对策，充实调整，力求提高培训质量，精益求精。在整个研修考察期间，大家从所接触到的每一个教员、工作人员的身上，充分感受到了他们对工作的满腔热情及一丝不苟的敬业精神。

这次高校学生事务管理工作赴美专题学习研修，不仅让我了解了美国高等教育的概况，还以“解剖麻雀”的方法，深入美国加利福尼亚州立大学富乐敦分校的学生事务管理一线观摩、调研、座谈，并走访了圣地亚哥峡谷社区学院、圣安东尼奥山社区学院，了解社区学院的学生事务工作。这次研修有助于吸取消化美国高校学生事务管理的先进经验，相互取长补短，以此促进我国高校学生工作的开展。

2009-10-15

澳大利亚职教印象

2010 年 9 月 16 日至 22 日，我带队赴澳大利亚南岸技术学院开展常州机电职业技术学院与该院的项目对接工作，并参观考察了澳大利亚的职业教育与培训情况。在南岸技术学院期间，主要参观了该校的校园环境，并与该校校长克雷格（Craig）先生就学校下一步项目合作进行座谈，还听取了学校工作人员玛丽（Mary）女士关于澳大利亚职业教育与培训方面的情况介绍。我们还深入课堂，旁听了有关课程的教学，与教师和学生进行深入交流。通过听介绍、看资料、听课等途径，我对澳大利亚的职业教育与培训，尤其对南岸技术学院的教学、科研、社会服务等工作有了深入清晰的了解。

学院概况

南岸技术学院位于澳大利亚布里斯班市的中心，交通便利，公共汽车、火车和渡船覆盖了布里斯班的所有地区。这里有著名的黄金海岸海滩和主题公园，以及美丽的热带雨林。

2008 年南岸技术学院投资 2.5 亿美元，重建现代培训大楼，按照企业环境布置的教室和实验室能够给学生带来真实的工作体验。学院开设商业、IT、工程、设计、创意艺术、应用科学、生物技术、健康等专业，专门培养从事卫生服务、生物技术、工程、多媒体、电子商务、酒店和旅游、创意产业和商业服务的专门人才。

南岸技术学院有来自 80 个国家的 29600 多名注册学生，提供 260 多门课程。学院现代化的教学培训设施，能够帮助学生掌握知识、发展技能，并提供与现实生活中的客户一起工作的实际经验。此外，学院还与行业加强联系，提供工作场所经验，确保学院的毕业生能够满足雇主的各种需求。

职业教育政策与管理的“三驾马车”

澳大利亚是一个以区域经济和文化教育多元化为特征的国家，其经济体制属于混合型市场经济模式，其职教既有明显的地方性特征，又有联邦管理下的全国培训市场的一致性。在澳大利亚职业教育的政策体系和管理架构中，有三个组织起着非常重要的作用，分别是“国家职业教育技术、技能和就业委员会（SCTESE）”“国家培训局（ANTA）”和“国家职业教育和培训体系（VET）”。

国家职业教育技术、技能和就业委员会代表政府负责制定全国性政策，指导职业教育发展。自1974年以来，澳大利亚创立了以技术和继续教育（TAFE）学院为主体的职业教育体系。为改变各州和地区的职业教育与培训系统处于互不相干的分离状态，1992年，澳大利亚成立了国家培训局，其主要职能是协助政府管理监督国家和各州、领地职业教育和培训方面的专项资金；制定国家职业教育和培训方面的有关导向性重要政策；建立完整的国家职业教育和培训体系。澳大利亚质量培训框架（Australian Quality Training Framework，AQTF），确立了行业在国家培训系统中的主导作用。VET则是具体实施机构，负责制定职业教育及培训计划、大纲，开展政策性调研，提供职业教育培训的政策性建议。澳大利亚职业教育做到了“三统一”，即职业能力标准统一、对职业教育与继续教育办学机构的评估程序和标准统一、能力资格证书统一。

由此可以看出，澳大利亚的职业教育职能清晰，管、办、评分离，运转高效，既相互协调又互相制约，以此保证职业教育和培训质量的提升。

纵横向贯通的资格框架

澳大利亚是世界上最早建立和实施国家资格框架制度的国家之一。1995年首次建立国家资格框架以来，先后对资格框架进行了多次修订。2008年，澳大利亚成立国家资格框架委员会（Australian Qualifications Framwork Council，AQFC），主要负责该框架的运行及调整。澳大利亚资格框架包括三部分：国家资格体系AQF、AQTF和培训包（Training Package，TP）。其中，AQF是核心。三者分别从结果控制、过程管理和培训实施等角度展开，既各司其职，又相互协作，共同推动职业教育的发展。澳大利亚通过建立国家资格证书框架，实现了职业教育内部，职业教育与普通教育、高等教育之间的沟通和衔接，为学生的就业和升学提供了广阔的前景和空间。澳大利亚建立了全国统一的、与工作岗位相对应的职业资格证书体系，低一级与高一级证书之间有衔接关系，采取的学分制使各模块之间可以进行相互转换。在取得某级证书后，再学习几个模块，即可取得高一级证书。澳大利亚现有普通教育、职业教育、高等教育三个教育系统，AQF规定了各教育系统和其颁发的资格证书之间的关系，成为衔接和沟通各教育系统之间的“立交桥”。

独特的 TAFE 教育模式

TAFE 是 Technical and Further Education 的简称，即技术与继续教育。它作为澳大利亚一种独特的职业教育培训体系存在至今已有 100 多年的历史。TAFE 隶属于澳大利亚各州的教育部，是南半球最大的高等教育系统，是国家职业教育和培训（VET）的主要提供者，也是全球最成功的特色鲜明的教育体系之一，相当于我国的高等职业教育，包括正规的 TAFE 学院和设在社区的成人培训中心、企业或私营培训机构的教学点。全澳大利亚共 1300 多所 TAFE 学院，其中可颁发文凭的正规 TAFE 学院有 200 多所。全澳每年有 120 多万名学生在 TAFE 就读，是全澳大学生人数的 1.7 倍。TAFE 除正规全学时课程外，还按需求为成人和各类求职、在职人员开设短期课程和培训，期限从几周到几个月不等。

TAFE 具有显著的特点。一是管理职能非常明确。政府管理部门、TAFE 学院和企业的职责明晰，相互依赖，相互支持，共同发展。二是广泛采用市场化运作方式。培训以市场需求为导向，以工业部门、行业协会和雇主对专业人才的需要为依据。三是行业企业积极参与，TAFE 学院和各培训机构的设备设施必须与工业、企业界的实际先进设备相一致，以使学生获得与实际工作基本一致的专门培训。四是不断强化课程管理，以 VET 提供的整套培训计划、大纲为目标，设计教学程序并注重课程和训练的实践性，每年都要对培训对象进行跟踪调查，并提出培训质量报告。

2010-9-30

漫谈中美两国国歌

2013年我在美国跟岗研修期间，有几次观看美国高校学生男女篮球循环比赛的机会。比赛开始前，都要举行仪式，其中一项就是奏唱美国国歌。我是第一次在美国的土地上、在严肃的场合中听到美国国歌。对比中美两国的国歌，我发现无论是国歌本身还是奏唱方式上两者都有许多异同之处。

相同之处

从代表性和起源来看，中美两国国歌有着相似之处。

首先，两国国歌都代表着各自国家的形象和民族精神。

国歌，既是一个国家形象的符号，也代表着一个国家的民族精神。国歌是被政府和人民认为能代表该国政府和人民意志的乐曲，在国际国内重大活动中奏唱国歌是一件很严肃的事情，容不得半点马虎。一般来说，它们都带有爱国主义色彩，这一点，中美两国国歌起着同样的作用。

其次，两国国歌都起源于国家艰难危亡之时。

中美两国国歌产生的时间虽然相差100多年，但产生的背景基本是一样的，都产生于国家艰难危亡的时刻，是为了激发广大人民奋起保家卫国而孕育产生的。

中国国歌来源于由田汉作词、聂耳作曲的《义勇军进行曲》。这首曲子诞生于抗击日本帝国主义侵略的战争年代，是聂耳于1935年为上海电通公司拍摄的故事影片《风云儿女》所作的主题歌。这部影片描写了20世纪30年代初期，以诗人辛白华为代表的中国知识分子，为拯救祖国投笔从戎、奔赴抗日前线英勇杀敌的故事。1949年春天，在捷克斯洛伐克首都布拉格召开“保卫世界和平大会”。中国代表团应邀出席，并得知大会规定：开幕式那天各国代表团进入会场时，都要奏、唱本国国歌。代表团有些为难，因为当时新中国还没有成立，没有代表新中国的国歌，于是，代表团经过研究，决定用《义勇军进行曲》来代替。代表团回国之后，汇报了这一情况，引起有关方面对制定国歌问题的重视。1949年9月27日，中国人民政治协商会议全体代表一致通过，在中华人民共和国国歌正式确定前，以《义勇军进行曲》为中华人民共和国代国歌。1978 年，第五届全国人民代表大会第一次会议决定将《义勇军进行曲》作为中华人民共和国国歌。

美国国歌是《星光灿烂的旗帜》（The Star-spangled Banner，又译作《星条旗》），诞生在马里兰州的巴尔的摩。巴尔的摩市东南的麦克亨利堡，在第二次英美战争期间曾作为前哨阵地抗击英军。它建在一个小半岛上，是个平面成五角星状的要塞，扼进港要道。1814 年，英国舰队直扑麦克亨利堡，昼夜连续猛轰此堡。当时，有一位名叫弗朗西斯·斯科特·基的美国律师乘船到英舰交涉释放被扣留的美国平民。他目击了英军炮轰麦克亨利堡的经过，忧心如焚。次日早晨，当他透过战场上的硝烟看到星条旗仍在要塞上空猎猎飘扬时感慨万分，于是满怀激情地写下了《星光灿烂的旗帜》这首诗。诗歌很快不胫而走，后被配上曲谱后流传全国。1931 年，美国国会正式将《星光灿烂的旗帜》定为美国国歌。

不同之处

从歌词难易程度、曲调、奏唱方式等方面来看，中美两国的国歌有着许多不同之处。

一是歌词难易程度不同。美国国歌的歌词非常长，共有四节，一般人很难记住。据《环球时报》报道，很多美国人的确不会唱国歌，往往在唱完第一句之后就“啦啦啦……”一路糊弄到底。很多美国人都认为，国歌太难唱。一项民意测验表明，三分之二的美国人都记不住国歌的歌词，原因是太长太复杂。难怪在许多正式场合，美国人都只唱国歌的第一段①。相比而言，中国国歌就简单多了，只有一段，歌词少，有逻辑性，并且有故事感，因此比较容易记忆。在某种场合，有的人不太会唱歌而被要求唱歌时，有时就会说，“那就唱一首国歌吧!”这一方面反映了我们爱国主义教育的成效，中宣部规定的“国歌要求人人会唱”的目标基本达到；另一方面也说明我们的国歌确实容易记忆和传唱。

二是曲调不同。美国国歌的音调很高，旋律很难掌握。《星光灿烂的旗帜》开始和结束部分的旋律气势磅礴，音调高亢，情绪热烈，颇有鼓动性，但正是由于音调太高，如果没有一定的专业基础和演唱技巧，一般人是很难唱上去。为此，2005 年 3 月 10 日，美国华盛顿举行了一场别开生面的活动，上万名中小学生、中小学教师和热心音乐教育的有关人士齐聚

---

① 唐勇．美国国歌太难唱［N］．环球时报，2005-03-18（6）．

一堂，揭开了美国“国歌行”的序幕。“国歌行动”面向全美，持续数年。该行动旨在改变大多数美国人不会唱国歌的现状，希望让越来越多的美国人，尤其是学生学会唱国歌①。时间过去了多年，在美国会唱、能唱国歌的人还是很少，这场运动的成效不是很明显，原因还是在于国歌的词曲本身。中国国歌是故事影片《风云儿女》的主题歌，它在影片首尾两次出现，给观众留下了极为深刻的印象。因此，它很快就成为中国最著名的抗战歌曲，流行极广，又因其是进行曲，曲调优美，旋律高亢，便于传唱，尤其是集体齐唱时更显得气势磅簿。

三是奏唱方式不同。从纯音乐的角度看，两国的国歌都产生于战争年代，均体现了凝聚人心和力量的作用，但中国国歌《义勇军进行曲》，有气势，有魄力，有号召力，体现出一种团结的力量；美国国歌《星光灿烂的旗帜》象征着对自由和美好未来的向往，曲调不仅有音调高亢部分，同时还有浪漫委婉部分，有一种对家乡的思念之情。奏唱国歌的方式也略有不同，中国国歌一般是奏乐或者齐唱，奏唱国歌时，应当着装得体，精神饱满，肃立致敬，有仪式感和庄重感；美国国歌有时是奏乐，有时是一个人清唱，观众肃立并把右手置于左胸上。国歌演奏方式的不同也反映了中美两国文化的不同，中国体现的是集体的力量、共同的意志，而美国更多地考虑个人的独立性，侧重于个体的感受。

2013-3-25

① 唐勇．美国国歌太难唱［N］．环球时报，2005-03-18（6）．

感受美国的爱国主义教育

2013 年 1 月到 5 月，我在美国跟岗研修 4 个月，虽然时间不长，去的地方也不多，但对美国的爱国主义教育有了一定的认识。

对国家的认同和自豪

跟岗研修期间，通过日常观察和亲身体验，我处处都能体会到美国潜移默化的爱国主义教育与公民对国家的认同感。如：国旗日（Flag Day）期间举行对“美国效忠宣誓礼”（pledge of allegiance）。每年的 6 月 14 日是美国的国旗日。这一天，美国各地的公共场所、大型建筑物及家庭都要悬挂国旗，各州还会举办各种纪念活动。维护国家统一、反对国家分裂的忠诚宣誓就是国旗日的一项重要内容，这项活动也是全美中小学进行爱国主义教育的主体内容。1892 年 10 月 12 日，美国总统哈里逊宣布：美国公立学校学生均需提前记诵誓词。之后美国制定相关法律规定，行“对美国效忠宣誓礼”时，应面对美国国旗肃立，右手放左胸前，口中念道：“我向美利坚合众国国旗及其所代表的合众国宣誓效忠，这一上帝庇佑下的国度不可分割，民众享有自由和公正。”（“I pledge allegiance to the flag of the United States of America and to the republic for which it stands：one nation under God，indivisible，with liberty and justice for all.”）

誓词最早见于 1892 年 9 月 8 日美国《青年之友》杂志，当时它是纪念哥伦布发现新大陆 400 周年而展开的全国性活动的一部分。一般认为，誓词原作者是《青年之友》编辑弗朗西斯·贝拉米。1942 年美国政府对该誓词予以正式认可，从此它就成为感动美国、支配美国政治生活的“圣经”。体育比赛或者重大活动都要奏唱美国国歌。在场人员全体站立，面向国旗，右手置于左胸。另外，悬挂国旗成为公民的自觉行动。无论是政府机构、学校，还是家庭，都有悬挂国旗的习惯，重要纪念日和有人员伤亡的情况下，都会降半旗。

对英雄的宣传与敬仰

2013 年我们跟岗研修组一行人观看了电影《林肯》（Lincoln）。该片讲述了美国第16任总统林肯在美国南北战争的过程中，与自己的内阁成员就解放奴隶的决定进行斗争并最终统一美国的故事。《林肯》是一部朴素而又高贵的彰显民主力量的鸿篇巨制，曾获第85届奥斯卡金像奖的最佳艺术指导奖，还成为美国知名杂志《生活》推荐的十大“独立日”必看的爱国主义影片。

我们还观看了电影《猎杀本·拉登》（Zero Dark Thirty），该片宣传美国的海豹突击队的事迹，展现美国式的个人英雄主义。据美国2013年10月15日新闻报道，美国总统奥巴马当天为美军退役军官威廉·斯文森（William Swenson）上尉颁发了美国军方最高奖项——“荣誉勋章”，以表彰其在阿富汗战争中的英勇表现。这是自越战以来，美国政府首次颁发此勋章。

在美国，没有集体观看电影的要求，观看电影都是个人行为，而驱动力则是影片的主题、导演的魅力和演员的名气及精湛的制作，如电影《林肯》中林肯总统怀表的声音就来自林肯使用过的真实手表的声音。

对公民个体的要求与教育

美国公民教育的目标是培养“宪政式民主政治所需要的有能力负责任的社会、政治参与者”，自由、民主与责任是公民要有的基本价值取向。平等性、多元化、多样性、个人主义、市场观念等在美国已深入人心。

2013年2月28日，科罗拉多斯普林斯市的圣玛丽高中（St. Mary's High School）的校长，听说我们在研修，就带了在该校高中就读的6名中国学生来和我们座谈。据了解，该中学是教会学校，学生要强制学习宗教。宪法规定美国是一个政教分离的国家。这一方面是保护不同宗教之间不发生纷争和战乱，另一方面也是为了保护政府的独立性而不受宗教的影响。最高法院规定公立学校不得传授某种宗教。就“进化论”和“上帝造人造物论”的争论而言，美国大多数人是信仰宗教的，但是在制度上实行政教分离，在个人生活中也可以把宗教和科学分开来。他们认为信仰是个人的精神追求，美国有很多科学家也会去教堂，这也反映了美国社会多元化的特点。

在研修期间，我们还参观了位于科罗拉多州的美国空军学院（US Air Force Academy），镌刻在该院墙上的格言引起了我的兴趣。格言写道：我们不说谎、不偷窃、不欺骗，也不能容忍我们中有人这样做。（We will not lie, steal, or cheat, nor tolerate among us anyone who does.）道理如此简单、标准这么低，竟然能成为培养美国顶尖空军人才学校的普遍要求，令人不可思议！在该校的历史上，确实发生过违背这一格言的事件，看来要做到绝非易事。

研修期间，我们参观了13所各类院校，深深感受到美国爱国主义教育的特点。一是强调内化，自觉行动，润物细无声，爱国主义渗透到社会生活的方方面面，没有口号，但时时事事处处体现了爱国这一主题。二是从小事做起，没有“假、大、空”的说教，只有细致入微的行动。三是公共道德与个人修身养性的有机统一，强调国民素质的整体提高是国家强大的基础和重要保障。

2013-9-15

哈佛大学毕业典礼的启示

2016年毕业季，国内高校没有什么新闻。想不到的是，美国的一场毕业典礼却成为中国教育的头条新闻。

美国东部时间5月26日上午，哈佛大学2016年毕业典礼在“三百周年剧场”举行，作为三位优秀毕业生代表之一，来自中国大陆的何江成为第一位登上毕业典礼演讲台的中国学生。何江本科毕业于中国科技大学，曾获得学校最高荣誉奖——郭沫若奖学金，进入哈佛大学生物学系硕博连读。何江说，哈佛毕业典礼的演讲台对中国学生而言，是陌生的，极少有人申请，更不用说申请成功了，但他很想让大家听听来自中国的声音，最终他成功了①。从报道看，哈佛大学此次毕业典礼至少在三方面能够给我们以启发。

毕业典礼的教育性

在美国，毕业并非轻而易举，所以能参加毕业典礼是件非常令人兴奋和幸福的事。人们普遍非常重视毕业典礼，亲朋好友有机会都要到现场参加典礼，庆祝当事人的成功，共享喜悦。所以，在哈佛，除了哈佛的师生外，还有许多社会人士共3万多人听了何江的这次演讲。而在国内高校，是否举办毕业典礼是学校办学自主权范围内的事，教育主管部门没有硬性规定。只是一些历史悠久的大学，会把毕业典礼作为弘扬校园文化的一项重要工作来做。赵德武自2008年首次担任西南财经大学校长起，坚持每年为每一位毕业生授予学位。他和每一位毕业生握手，拨穗、赠言、留影，浑身湿透，就连领带上都是汗水，平实的校长用专注感动了学生，有的同学感动得热泪盈眶。赵校长也坦言：“这确实辛苦，但不得不做。”另据河源广播电视台报道，河源职业技术学院院长陈德清教授站立近15个小时亲自为全校4095名2016届毕业生颁授毕业证书，这也是该校自办高职以来第一次由校长亲手为每一位毕业生颁发毕业证书。随着高校规模的扩大、校区的增多，毕业典礼要在不同的校区、不同的时间举办几场，作为学校

---

① 张冰清，姜赟．学霸母亲接受记者专访　没想到蜘蛛影响了儿子一生［N］．钱江晚报，2016-05-28（3）．

领导来说，连续几年都这样赶来赶去，不仅精力跟不上，激情也会逐渐褪去，做一次可以，但连续做几年实属不易。

演讲人选的竞争性

据何江介绍，在哈佛大学的毕业典礼上演讲，可不是件容易的事，从申请到确认有一个非常严格的遴选过程。首先，需要申请。申请就意味着自愿，就是愿意为这一项自认为有意义的活动而付出。何江从有想法去申请毕业演讲到最后真正登上哈佛大学毕业生演讲台，差不多准备了半年时间。其次，需要竞选。哈佛的竞选一共有三轮。首轮为海选，有意向的毕业生向学校提交个人材料和演讲初稿。第二轮为初赛，经过遴选，12 名入选的研究生同台竞争，10 位不同专业的教授投票选出 4 人进入复赛。最后一轮是脱稿模拟演讲，最终选出 3 名演讲者。美国是个竞争的社会，竞选在美国可以说无处不在，竞选意味着民主和公平，对每一个人来说都有机会。竞选也意味着质量，通过层层选拔，才能够遴选出最适合的演讲者。

哈佛是把演讲当作一种责任、一种荣誉、一种教育活动。

演讲内容的感染力

何江以“蜘蛛咬伤轶事”为题，讲述了自己中学时代被毒蜘蛛咬伤的故事，进而推及自己在哈佛大学所切身体会到的先进科技知识。与众不同的理科视角和相对新颖的题目打动了评委，也感动了当天参加毕业典礼的听众。

由此，哈佛大学把毕业典礼当作育人的舞台、精挑细选演讲者、演讲内容具有感染力等方面值得我们借鉴学习。

2016-9-28

职业教育改革经纬

1985 年《关于教育体制改革的决定》颁布后，国家在加强基础教育的同时，调整中等教育结构，大力发展职业技术教育。 1996 年 5 月通过了《职业教育法》，有力推动了职业教育持续稳定的发展。 1999 年高校大扩招之后，高等职业教育蓬勃发展，高职院校数和在校生数逐步成为高等教育的半壁江山，但同时职业教育也还存在适应性不强、吸引力不足等问题。

2014 年，国务院召开全国职业教育工作会议，出台《关于加快发展现代职业教育的决定》；2018 年全国教育大会之后，国务院印发《国家职业教育改革实施方案》(简称“职教 20 条”)，指出“职业教育与普通教育是两种不同教育类型，具有同等重要地位”；2021 年，党中央、国务院召开全国职业教育大会，提出建设技能型社会的理念和战略。 这三个大会对职业教育改革具有重要意义。

这部分是我对职业教育领域改革发展进程中教育现象的看法。

由第三届校园舞蹈大赛想到的

2015 年 4 月 10 日，风和日丽，令人期待的第三届校园舞蹈大赛如期拉开了序幕。看着这舞台，听到掌声响起来，我的心中有无限感慨……

绚丽的灯光，优美的音乐，漂亮的舞台，让我回想起中专时期的艰难。那时，由于办学经费相当紧张，除必要的日常开支和保障教学实训的需要外，能够用于校园文化活动的经费相当的少，一年也只能举办一两场大型的校园文化活动。虽有食堂可以暂作晚会礼堂使用，但由于容量有限，因此全校的晚会就只能在篮球场举办。舞台是用毛竹搭的，供电用的是护套线，布景也简单得很，由于用电紧张，还要随时准备发电。另外，由于自办节目少，有时还要请外校演员来“走穴”。既要看天，又要担心用电，还要担心节目，那时团委办一台晚会真的是不容易。现如今，“社会化”的运作与相对充裕的经费保障，使得举办者可以把主要精力放在节目的质量上，至于节目的数量，就更不用担心，一个系一个，再加上院艺术团，一旦主题确定，稍加准备，一台晚会就能如期举办。这些与历任团委书记的努力、院系党政领导对校园文化活动的重视及学生综合素质的提高都是密不可分的。

“你们的表演，达到了相当的水准，无论从造型，还是神态，都表达得很到位。”来自专业舞蹈团体的评委点评让我想到了教育部职业技术教育司原司长杨金土曾说过的一句话：“相信人人有才，帮助人人成才。”简直出乎预料，在应试教育和高考的制度安排下，这些被社会普遍看作“高考失败者”的高职学生，在舞台上，他们的脸庞写着阳光，他们的眼神透着自信，在很短的时间，经过指导老师的点拨，加上他们的训练，他们的舞蹈已达到了一定水准。技术与艺术融合，科学与人文并进，艺术修养和审美情趣应该是不可或缺的吧。看着舞台上这些可爱的同学们，还有什么理由抱怨生源质量差呢？按照多元智能理论，要论弱的话，他们也许弱在数理智能上，要论运动、音乐智能，则未必不如他人，只是以前没有给他们展示的机会而已。

比赛还在进行，竞争的气氛逐渐浓厚，评委经受着无形的压力。经管系的“在我们生长的地方”，以其红歌伴舞暂时领先；机械系的“狼图腾”，以其特有的蒙古舞蹈，使比分再创新高；而评委一句“模具系只有四名女生吗”顷刻让她们泪奔；当信息系一群“雨中花”演绎了江南委婉的雨中情，评委给出了最高分，全场一片沸腾，把大赛推向了高潮。比赛是残酷的，因为有竞争；竞争是激烈的，没有竞争就没有动力，但有了竞争，就会有一二三等。这让我想起了高职的评价改革。为了改变应试教育“一考定终身”的弊端，在以就业为导向的高职院校，应该探索学生的评价改革，改变单纯以分数论英雄的办法，实行“成长档案袋”制度。所谓“成长档案袋”就是在成绩单的基础上，再为每一位学生建立一个“档案袋”，用以记录学生在校期间个人成长和综合素质的发展情况，把学生日常学习和生活中具有典型意义、个性特色的重要实证性材料及时归入“成长档案袋”，以此激励学生在自身有兴趣、有潜力的方面发展。

优美的音乐、婀娜的舞姿、观众的呐喊，让我沉浸在晚会的氛围之中，我不禁想起了校园文化活动的初衷和使命。举办舞蹈大赛，是学院“五彩校园文化”活动的一项重要活动，是公共艺术课程的重要组成部分，不仅能够培养同学们的艺术修养和审美情趣，更重要的是还能培养同学们的集体荣誉感和团队合作意识，让他们学会如何对待竞争、如何面对荣誉、如何面对“失败”，等等，这不仅是举办晚会的初衷，也是学习的应有之义。

随着主持人宣布“青春绽放”第三届校园舞蹈大赛闭幕，我才把放飞的思绪收了回来。整台晚会积极向上，令人振奋，可以说融思想性和艺术性于一体，晚会充分反映了同学们较高的艺术素养和良好的精神面貌。院团委还尝试用新媒体的方式设置了参与奖，大大提高了晚会的人气和参与度。这是 2015 年开场的校园文化盛宴，我期待后面的晚会更精彩！

2015-4-11

高职教育如何办到人民满意

2016 年 4 月 9 日，中共江苏省委、省政府印发《关于深入推进教育现代化建设努力办好人民满意教育的意见》（苏发〔2016〕17 号）（以下简称《意见》）。《意见》提出了到 2020 年江苏各类教育发展的总体要求和战略目标，并明确了党的建设、经费投入、师资队伍建设、考试招生制度改革、信息化建设等各类保障措施。纵观《意见》，有遗憾，有挑战，但更有期盼。

遗憾

2015 年江苏有独立设置的高职院校 87 所，在校生近 80 万人，其中国家级示范（骨干）校 15 所，位列全国之首。但对于学校数和在校生数占据全省高等教育“半壁江山”的高等职业教育，《意见》没有对其未来 4 年的发展目标和发展路径进行系统阐述，只是在职业教育和高等教育的篇章中有所涉及。这与当前高职教育在经济社会发展中的地位和作用很不匹配，也与江苏高职教育在全国第一方阵的地位很不相称，不得不说这是《意见》的一大遗憾。

挑战

客观地讲，高职教育要在未来 4 年左右的时间办成人民满意的一个类型教育，难度不小，困难不少，至少有五大挑战。

第一，现代职教体系“起先一公里”和“最后一公里”的贯通。

《意见》提出，要加快现代职业教育体系建设，增强职业教育的吸引力。这需要统筹优化职业院校布局结构，总体保持中等职业学校与普通高中规模大体相当，完善初中生毕业后 5 年贯通培养的高等职业教育制度。义务教育后的分流，可以理解为现代职教体系的“起先一公里”。长期以来，保持普职比大致相当，是靠行政手段“强制”实行得来的，而一般来讲，“强买强卖”是不会令人满意的。因此，如何把中职学校办好、让中职生有较好的就业和升学前景是建好“起先一公里”的重要工作。“最后一公里”则是指目前的职教体系还是“断头”的教育，全省每年只有

15000 名左右高职学生能够升入本科学习，比例还很低，且大多是进入普通本科院校学习，培养目标和生源很不匹配，造成一定的资源浪费。虽然教育主管部门想通过普通本科院校转型和扩大中高职升入本科的比例等途径解决这一问题，但目前看来效果并不明显。

第二，院校发展“高原”与“高峰”的同现。

《意见》指出，要实施江苏高等职业教育创新发展卓越计划，打造若干所全国一流、世界有影响的高职院校。2015 年 10 月 21 日，江苏省教育厅潘漫副书记在出席第三届海峡两岸高等职业教育校长联席会议开幕式时致辞说，江苏高职院校和国家级示范（骨干）校数量位列各省市区之首。拥有国家级资源库 13 个，占全国的 24%；国家级精品资源课 78 门，占全国的 10%；2014 年江苏高职院校获得国家级教学成果奖 6 项，二等奖 26 项，获奖数量位居全国首位；连续 6 年在全国职业技能大赛中获得高职组一等奖团体第一。这反映了江苏高职教育在全国高职教育中的“高原”地位。但目前真正能够形成“苏派”特色、在世界有影响的高职院校却几乎没有，存在生源危机、“等米下锅”的示范（骨干）高职院校也不在少数。这与高职院校建校时间短关系密切，虽然可以出台一些激励政策，但要想通过短短 4 年的建设打造出全国一流、世界有影响的高职院校，似乎不切实际。

第三，招生考试“一厢情愿”与“双向选择”的取舍。

《意见》指出，要实施普通本科和高职院校分类考试、分类录取，实行“文化素质+职业技能”的高职院校招生评价方式。《意见》提出的目标是高职升入本科高校的比例达 30%左右，中职升入高职的比例达 50%左右。根据相关统计数据，2014 年，江苏全省中职毕业生中有意愿报考高职院校的学生数只有 8. 5%，升学比例为 7. 7%。另外，2014 年，中职与本科 3+4 分段培养项目占中职招生总人数的比例不足 1. 8%，专科高职与本科 3+2分段培养项目招生占高职院校招生总人数的 4. 1%，专科高职与本科联合培养项目招生只占高职院校招生总人数的 0. 4%①。从这些数据可以看出，如果还是沿用现行的这一政策，不仅这些比例无法达成，还会使高职教育“雪上加霜”。通过提前单招录取和注册入学的学生，由于文化基础普遍较低，很难达到高职人才培养目标的要求。这些政策通过降低进入“大学”的门槛，提高了毛入学率，但也带来了质量的普遍低下。“宽进宽出”虽然能博得考生及家长一时的满意，但却会使用人单位对高职毕业生

---

① 张健 . 职业教育是否“过度”追求了升学 [N]. 中国教育报，2015-04-16.

的质量产生不满，影响学生的高质量就业，从而引发学生和家长的不满。

第四，中外合作“出不去”和“进不来”的尴尬。

《意见》指出，示范（骨干）高职院校中具有海外学习经历的学生比例要达30%以上。根据江苏省教育厅国际交流与合作处统计，江苏每年通过留学中介出去的学生有6000多人，这个数字不到全省出国留学生的三分之一，因为还有很多学生是从高校、中学及个人渠道申请出去的。“保守估计，全省一年出去的留学生在两万人左右。”① 2015年10月21日江苏省教育厅丁晓昌副厅长在会见英国埃塞克斯大学校长安东尼·福斯特一行时表示，目前，江苏全省有中外合作办学机构和项目333个，2.3万余名外国学生在江苏学习。上述数据虽然没有对各类高校进行分类统计，但高职院校占据的份额并不是很大，“出不去”和“进不来”的情况普遍存在。对于高职学生来说，语言和经费是“出去”的“拦路虎”，专业水平则是“进来”的瓶颈，而这一状况在短期内难以解决。

第五，智慧校园建设中传统与现代的冲突。

《意见》提出，未来4年，100%的高校要基本建成智慧校园。随着信息技术和互联网技术的普及，电脑、手机、网络已然成为大学生不可或缺的“伙伴”，然而传统的观念与现代技术的飞速发展会不时发生冲突。一是观念上的冲突。传统的观念认为，学校才是学习的场所，学习发生在课堂。“老师高高在上，学生洗耳恭听”的教学模式在各级各类学校还比较普遍，人们还习惯于传统的纸和笔，办公自动化也还处于初级阶段。二是教学中的冲突。许多高校视手机为“天敌”，各种禁止手机进入课堂的“创新做法”不断见诸报端，而如何发挥手机、电脑的正向作用，把手机、电脑变成学习的必需品而非游戏娱乐的工具却鲜有报道。“照本宣科”式教学虽然被丰富的课件所取代，但教学与外界的“链接”常常受阻。三是师生关系上的冲突。以往教师一直是知识和技能的绝对权威，随着信息技术、网络技术的发展，许多学生掌握的知识和技能，教师也不见得全掌握，学生学习知识和技能已不完全依赖教师这个唯一的渠道。因此，如何把手机和互联网作为建设智慧校园的“前哨”，如何把“互联网+教育”作为课程改革的核心要素等，成为建设智慧校园必须考虑的首要问题。

---

① 《中国留学发展报告（2014）》发布［N］. 南京晨报，2014-12-19.

期盼

今年是“十三五”的开局之年，省委、省政府根据中央部署迅速提出了推进教育现代化建设的各项任务，明确了努力办好人民满意的教育这一宏伟目标，但要真正达成这些目标，还需要尽快落实相关保障措施。一是教育主管部门要进一步推进目标和任务的落实，制定时间表和路线图，确保各项措施迅速“落地”；二是省级政府各部门要加强统筹与协调，单靠教育部门“单打独斗”是完成不了这些任务的；三是要尽快完善《江苏教育现代化监测指标体系》，把《意见》的要求纳入该指标体系，并且定期向社会发布，在接受人民群众监督的同时，扩大人民群众的知情权、参与权。这是《意见》得以实施的关键，也是人民满意的真正希望所在。

2016-5-20

“经济新常态”给高职教育带来了什么

2014年5月，习近平总书记在河南考察时作出了中国经济发展进入“新常态”的重大战略判断。同年11月，习近平总书记在亚太经合组织工商领导人峰会开幕式上的演讲中指出“新常态”有三个特点：从高速增长转为中高速增长；经济结构不断优化升级；从要素驱动、投资驱动转向创新驱动。2015年12月，习近平总书记在中央经济工作会议上指出，认识新常态、适应新常态、引领新常态，是当前和今后一个时期我国经济发展的大逻辑。2016年年初，习近平总书记在省部级主要领导干部学习贯彻党的十八届五中全会精神专题研讨班上指出，新常态主要表现在经济领域，要准确把握内涵，注意克服几种倾向。

作为与经济密切相关并为经济社会发展提供技术技能人才支撑的高职教育来说，关注经济新常态、适应经济新常态是高等职业教育持续发展的根基，也是衡量其发展水平的关键。经济发展新常态势必会给高等职业教育发展和改革带来多方面的影响。

影响之一：产业转型升级必然给高职专业建设带来“阵痛”

到2014年年底，中国各类产业结构的指标标志着中国经济开始向后工业化阶段转化，工业化红利开始衰竭。主要表现在：一是在人均GDP接近8000美元时，消费开始出现大幅度升级，从过去30年的以吃穿住行为主体的工业化消费转向以高端制成品和服务消费为主的后工业化消费；二是产业在需求拉动下，开始大幅度由制造业转向服务业、由劳动密集型产业转向知识与技术密集型产业。由此，中国升级版经济的雏形开始显现。新常态下中国经济结构的不断优化升级、经济发展方式的转变，以及“中国制造”走向“优质制造”“精品制造”，价值链与产业链的升级，进一步增强了产业国际竞争力，这些都迫切需要高等职业教育顺应这一发展趋势。在专业设置上，高等职业教育要注重第二产业向第三产业的过渡。在人才培养目标上，更加重视中高端技术技能人才的培养，加大技术教育在人才培养中的比重。在课程设置上，要在“专”的基础上，适当增加“宽”的课程，着力提升毕业生的综合素质及创造附加价值的能力。

影响之二：发展趋缓将使高职毕业生就业步入“寒冬期”

目前“招工难”和“用工贵”问题主要凸显在农民工领域，就业格局是“大学生就业难”与“民工荒”并存。每年700多万大学生毕业的巨大压力已经使大学生就业起薪与农民工平均工资开始拉平。“刘易斯拐点”的到来和老龄社会的逼近意味着中国传统的人口红利开始消退。劳动力过剩成为经济新常态下的“常态”，这无疑会给以第二产业为主要就业市场的高职院校带来新的影响。转型升级、去产能、去库存等政策的出台，必将会使一大批企业的发展趋于迟缓，从而引起人才需求的萎缩。以前普遍存在的“岗等人”的现象会逐渐消失，“频繁跳槽”的现象也将大大减少。而这恰恰是中国从人口大国迈向人力资源强国的关键，说明大量受过高等教育的人群已经成为中国产业升级的高素质、低成本的后备大军。当以大学生和人力资源为核心的第二次人口红利开始替代以农民工和低端劳动力为核心的传统人口红利时，高职学生就业的“寒冬期”就会与经济新常态不期而遇。

影响之三：创新驱动发展将对高职创新创业提出新要求

在教学理论的影响下，针对教学系统组成要素的不同集合，形成了以乌申斯基为代表的书本知识学习模式、以杜威为代表的活动中学习模式和以布鲁纳为代表的发现式学习模式。新常态下中国经济的增速从高速增长转为中高速增长，必将加快转入创新驱动发展的新阶段。创新驱动发展，不仅需要一大批拔尖创新人才，更需要职业教育培养生产服务一线的技术技能人才。这就要求高等职业教育要在稳定规模的基础上，更多地把资源配置和工作重心转移到内涵建设上来，深化教育教学改革，把创新创业教育纳入人才培养体系，着力提升技术技能人才培养质量，使毕业生具备较强的岗位迁移和可持续发展的能力。

新常态之“新”，意味着我国经济发展的条件和基本环境已经或即将发生诸多重大转变。新常态之“常”，意味着相对稳定。新常态对高等职业教育人才培养提出了新的更高要求，也意味着机遇与挑战并存。只有那些在经济新常态下主动肩负起历史责任、着力深化教育教学改革的高职院校，才能勇立潮头，才不会在新一轮经济社会发展过程中被淘汰出局。

2016-5-31

4 个“苹果”与高职课程体系

在人类历史的发展长河中，有 4 个“苹果”对人类的物质和精神起着极大的促进和推动作用。

4 个不同的“苹果”

第 1 个“苹果”是西方神话传说中的“智慧果”。据《圣经 · 创世记》记载：耶和华造就一男一女，男的称作亚当，女的称作夏娃。亚当是用地上的尘土造成的，夏娃则是耶和华取亚当身上的肋骨造成。二人住在伊甸园中，后来夏娃受蛇的哄诱，偷吃了外观艳丽、香气诱人、开心窍的“智慧果”，也让亚当食用，二人遂被耶和华逐出伊甸园。亚当和夏娃成为人类的祖先这一传说在西方广为流传。

第 2 个“苹果”是砸中牛顿从而促使他发现了万有引力定律的苹果。万有引力定律是 17 世纪自然科学最伟大的成果之一，正是这一发现，使人类把地面上物体运动规律和天体运动规律统一起来，对科学发展起到了积极的推动作用。

第 3 个“苹果”是美国“苹果公司”的品牌。其创始人史蒂夫 · 乔布斯打破了传统的操作模式，用以往的电脑系统加上研发的新软件，创造出新型的智能手机、超薄便携笔记本等多种电子产品。“苹果”也成为“创新”的代名词，创造了一个难以超越的财富神话。

第 4 个“苹果”是“筷子兄弟”（肖央、王太利）创作的歌曲《小苹果》。《小苹果》于 2014 年 5 月 3 日发布，是“筷子兄弟”和屈菁菁主演的电影《老男孩之猛龙过江》的宣传曲。这首歌有着全新的复古电音节奏与朗朗上口的歌词，用直抒胸臆的比拟、极具特色的动感节奏，为男女老幼接受，并被普遍传唱。2014 年，《小苹果》斩获全美音乐大奖“年度国际最佳流行音乐奖”和亚洲音乐大奖“中国最受欢迎歌曲奖”。

有人说，第 1 个苹果，点亮了信仰之光；第 2 个“苹果”，点亮了科学之光；第 3 个“苹果”，点亮了数码之光；第 4 个“苹果”，点亮了娱乐之光。正是这 4 个不同时期以不同方式出现的“苹果”，对人们的影响太大、对人们的改变太深，使整个世界都为之鼓舞、骄傲和震撼。而这 4 个

"苹果"对当前的高等职业教育仍有着重要的启示作用。

4个"苹果"与高职课程的关系

当前高职教育在人才培养方案设计中主要存在以下三方面的问题：一是专业课程与学生智能特点不匹配，学生"不想学"的问题依然存在。高等职业教育虽然明确了培养目标，但从总体上看，还没有摆脱普通高等教育教学和评价的范式，"三段式"课程体系、"讲授式"教学方式等影响了学生的学习积极性。二是情意课程开设随意，方案"不系统"的问题比较突出。目前在高职教育界"唯专业教育论"甚为流行，强调一技之长，忽视情意课程的开设，导致学生可持续发展能力减弱。三是活动还没有课程化。校园文化活动安排随意，校外实践活动没有刚性要求，更没有将活动进行课程化改造。

因此，可将4个"苹果"作为一类课程的符号，阐释"通识教育课程+专业课程+活动课程"的课程体系。

一是通识教育课程——亚当夏娃之"苹果"。

当前，随着高职院校生源的日趋多元化，学生的文化基础知识参差不齐，这无疑会影响学生综合素质的提升，也会阻碍其可持续发展能力。因此，在人才培养方案中应重视通识教育课程的安排，对提前单招、对口单招和普通招录进来的学生，安排相应的限定性选修课程，补齐学生文化素养这块"短板"。

二是专业课程——牛顿和乔布斯之"苹果"。

高职院校培养的是生产、建设、管理、服务一线的技术技能人才，但在人才培养方案制定中，还鲜有高职院校制定技术人才和技能人才培养方案。在过去招生录取政策"大一统"的情况下，这一问题并不突出，同一批次录取的生源，其文化基础差异并不是很大。然而，随着高职院校实施对口单招和提前单招的试点之后，使用同一份人才培养方案显然已经不合时宜。因此，当前应采取务实的态度，尽快制定"实践导向"和"理论导向"两类不同培养目标的专业课程体系。"实践导向"的专业课程体系培养目标是技能型人才，以技能培训为主，以理论知识为辅，培养重点放在操作上。"理论导向"专业课程体系培养目标是技术型人才，应强化理论基础，重点放在创新能力和解决技术问题上。不同的专业课程体系既可以给学生提供多样的选择，也可以提升学校人才培养的针对性，使内涵建设真正落到实处。

三是活动课程——筷子兄弟之"苹果"。

高职院校建校时间普遍较短，缺少校园文化的积淀。而高职院校的学生，大多擅长实践，动手能力强，形象思维能力强于逻辑思维能力。因此，在人才培养方案中，应考虑开设一定数量的实践课程。这既是丰富校园生活的需要，也是“以文化人”的需要。

2016-7-20

高职内部质量诊断与改进需克服三种心态

自1999年高校扩招以来，高职教育在外延式扩招工作告一段落后，随后就把内涵建设、质量提升摆上了重要议事日程，并于2006年提出要全面提高高等职业教育的质量，在实训基地、产学研结合、示范校建设、精品课程、现代职教体系建设、招生制度改革等方面取得了突破。2015年教育部办公厅印发《关于建立职业院校教学工作诊断与改进制度的通知》和《高等职业院校内部质量保证体系诊断与改进指导方案（试行）》，要求高等职业院校建立常态化教学诊断与改进制度和自主发展机制，引导并促进高等职业院校持续提高人才培养质量，随后各省级教育行政部门纷纷发布实施意见和工作方案，着力推进高等职业院校内部质量保证体系诊断与改进工作。我国高职教育是从中专、中技和专科基础上发展起来的，近期对于什么是高职教育质量、谁来评价高职教育质量、如何评价高职教育质量等问题有进一步的企盼。然而，要真正提高高等职业教育人才培养质量，使这些文件有效“落地”，构建常态化的教学质量诊断与改进机制，需要克服三种心态。

院校层面要克服“家丑不可外扬”的心态

在中国传统文化中，对自身的缺点、家中的不幸乃至产品的缺陷都有不同程度“藏拙”的心态。办学也一样，对学校办学过程中的不足之处，很少有学校能够大胆展示，深刻剖析原因。这一点可以从近年来的高校《教学质量年度报告》中得到印证。报告讲成绩洋洋洒洒，讲不足遮遮掩掩，“报喜不报忧”。内部质量诊断与改进机制的建立，就是要实事求是地总结学校人才培养的得失，既肯定成绩，也正视不足，在分析主客观原因的基础上，采取措施，持续改进，这是内部质量诊断与改进的出发点与落脚点。

社会层面要克服“重入学轻毕业”的心态

和发达国家“宽进严出”的情况不同，我国高等教育部分高校存在着“严进宽出”的状况，社会大众包括大学生的认知就是进了大学就是进了

“保险箱”。欧美等发达国家的毕业典礼受到大众的重视，亲朋好友往往会应邀参加毕业典礼，因为“严出”的毕业文凭来之不易。相较于国内，情况则相反，大众非常重视入学，考上大学不易，考上名牌大学更难，接到大学录取通知书，家长要大摆“升学宴”“状元宴”。内部诊断与改进的目的就是要把院校变成质量提升的主体，建立起“严出”的机制。国内某大学为整肃校纪、整顿学风，劝退学生，居然引起“退学风波”，最后还演变成了群体性事件。可见，内部质量诊断与改进机制的建立不仅需要社会层面大众心态的调整，还需要社会舆论的密切配合。

教育主管部门要克服急功近利的心态

高职教育已经经历了两轮评估，前两轮评估皆是由政府教育部门主导的外部评价，对规范高职办学行为、提升高职形象起到了积极的推动作用。当前推行的内部质量诊断与改进，也应属一种评估，但这是学校自主的行为，是一种内部评价活动。中国社会普遍存在一种“相信上级”的心态，但凡政府给予的评价，相对来说可信度较高，而一旦这种评价来自学校自身，就有“王婆卖瓜，自卖自夸”之嫌，可信度难免会打折扣。高职内部质量诊断与改进机制的建立，就是一种由外部评价向内部评价的转变，旨在形成评价主体多元化、评价内容立体化、评价结果公开化的格局。然而，内部质量诊改机制的建立，是一个长期的过程，不可能一蹴而就。高职教育主管部门既要积极探索，也要克服急功近利的心态。只有这样，才能稳步推进高职院校通过自我诊断，自主改进，提升人才培养的质量，以高质量人才获得大众和用人单位的普遍认同。

2016-12-12

高职院校应向驾驶员培训行业学点啥

轿车快速进入中国的普通家庭，带动了驾驶员培训市场的持续火爆，驾驶员培训学校也如雨后春笋般遍地开花。根据博思数据研究中心《2016年中国驾驶培训市场调查研究与发展趋势预测报告》，截至2015年，我国共有机动车驾驶员培训机构13782户，机动车驾驶教练员68.63万人，机动车驾驶员培训教学车辆53.4万辆，完成机动车驾驶员培训667.4万人次，这些数据折射出的是一个庞大的驾驶员培训市场。为了争夺生源，驾校之间的竞争也进入了白热化阶段。个性化的培训方案、“做中学”的培训方式是驾校竞争的有力武器，而训考分离的管理方式则成为提升培训质量的有效途径。

综观目前的高职教育，随着高考人数的持续下降，生源竞争日趋激烈，培养过程中课堂教学问题突出，学生的就业竞争力、可持续发展能力相对不足，发展遇到了前所未有的挑战。由此，高职教育或许可以从驾驶员培训中得到一些启示。

个性化培养是应对生源多元化的首选之策

驾驶员培训的个性化主要体现为培训对象的全纳性、培训方式的灵活性及教练的可选择性等。培训对象的全纳性，是指只要通过交通法规的测试，皆可参加培训。培训方式的灵活性，是指可以根据学员的要求，灵活安排培训时段，利用高科技信息化手段实施“按学时收费”“先培训、后付费”等先进模式，培训基本做到全天候。教练的可选择性，是指在培训过程中，学员可以根据教练的态度、水平等随时提出更换教练。

随着时间的推移，高职院校的生源日趋多元化，有提前招生、对口单招、普招等不同招生类型的学生，还有中外合作办学的学生，应该说，高职教育已经具备了教育对象全纳性的特征。在灵活性方面，由于全国统一高考和部分省区市自主考试并存，导致学生的学业基础参差不齐，而大部分高职院校仍然按照同一套人才培养方案进行培养，把学习基础差异巨大的学生安排在同一个班级，实施整齐划一的教学，导致课堂教学问题凸显，学风不正、学生学习投入严重不足已成不争的事实。在可选择性方面，一些高职院校虽然实施了所谓的学分制，但学分制最大的特点就是课程和教师的可选择性，而事实上根本没有做到。除高职院校生源呈多元化外，学生的求学诉求也日趋多样化，大致可分为升学型、技术型和技能型三类，如果高职人才培养方案还是“千校一面”，那么，不仅不能解决高职课堂层面的突出问题，而且很难彰显高职教育的特色。因此，目前急需的是借鉴驾驶员培训的做法，制订“一校多本”培养方案，根据学生的学业基础，实施个性化培养。苏霍姆林斯基在《给教师的建议》中提出的第一条建议即是“请记住：没有也不可能有抽象的学生”。分析现阶段高职学生的多元化特征，了解他们的学习特点和学习需求，为他们提供个性化的支持是应对生源多元化的首选之策，而人才培养方案的制订则是个性化培养的逻辑起点。在人才培养方案制订过程中，至少应制订技术型、技能型、升学型三类人才培养方案。技术型人才培养方案，应强化理论基础，重点放在学生的创新能力和解决技术问题上。技能型人才培养方案，则以技能培训为主，以理论知识为辅，培养重点放在操作技能的训练上。升学型人才培养方案，则要根据对口院校的要求，强化学生的语数外学业基础。不同的人才方案既可以给学生提供多样的选择，也可以提升学校人才培养的针对性，使加强内涵建设落到实处，真正提高人才培养质量。

“做中学”是职业能力发展的基本规律

在绝大部分的高职院校，课程安排基本是基础课、专业基础课、专业课这样的“三段式”，中间虽穿插一些实验、实训，但总体的安排始终一成不变。这样的安排主要来源于普通本科教育，由于高职教育“脱胎”于普通教育，这似乎也成为办学的一种规律、教学安排的一种经典。到目前为止，几乎没有一所高职院校能够完全打破这一经典模式。而在驾驶员培训模式中，培训主要包括“道路交通安全法律、法规和相关知识”“基础和场地驾驶”“道路驾驶”和“安全文明驾驶常识”4部分内容。这些内容和高职教学内容基本相似，有理论、有实践，但是驾驶员培训没有完全按照“三段式”来进行，而是按照“新手—生手—熟手—能手”这一职业能力发展的基本规律来实施的。从生手到熟手、能手，主要是在培训后由驾驶员本人在实际驾驶中完成的。在驾驶员培训中，主要完成“新手到生手”的培养。首先，是基础知识学习，学员必须通过“道路交通安全法律、法规和相关知识”考核，这是驾驶员的基本知识储备。其次，是职业体验，分三个阶段，第一阶段是定点模拟练习，主要熟悉油门、离合器、刹车的配合；第二阶段是实际体验，待定点模拟完成以后，就到实际路面练习方向与油门、离合器、刹车等的配合，真正体验作为一名汽车驾驶员的职业感受；第三阶段是职业能力提升阶段，重点开展“基础和场地驾驶”与“道路驾驶”的交叉训练。而“道路交通安全法律、法规和相关知识”“安全文明驾驶常识”等基本知识则贯穿于培训的全过程。

有过驾驶员学习经验的人都有切身体验，虽然很累，但都觉得有趣，没有厌学情绪，除了目标明确外，“做中学”可能是最重要的原因。在受训的整个过程中，学习始终是围绕着“做”展开的，“做中学”贯穿于每天的新任务之中，贯穿于每个阶段的目标实现之中，贯穿于每个学员自身的困难克服之中。

管办评分离是提升质量的有效途径

在驾驶员培训没有改革之前，驾驶员培训和考核都由公安交管部门负责，管理、培训、考核是在同一个部门内完成。改革之后，做到了管办评的分离，这不仅提高了培训市场的规范化水平，还有效促进了培训质量的提升。首先，管办评分离有效防止了垄断产生的利益部门化。交通运输部负责制定驾驶员培训的教学要求，并对驾驶员培训工作进行宏观管理。公安部则根据教学要求编写考试大纲，并负责考核。考核既包括驾驶能力，也包括学员安全意识、文明素养等。两部各司其职，既共同负责，又相互制约。其次，驾驶员培训机构的自主性有效促进了培训质量的提高。在培训教学要求和考试要求的指导下，如何开展培训，是驾校的事，完全由市场来主导，培训质量、服务态度成为驾校竞争的有力武器，客观上促进了培训质量的提高。

在高职教育乃至整个高等教育方面，培养和考核主要是由院校独立完成，很少有第三方真正参与评价，院校年度质量报告也是由学校独立完成，除院校举办方的政府主管部门对高等院校的教育质量进行定期评估之外，作为毕业生消费主体的用人单位几乎没有话语权，学生更没有选择权。2012 年，国务院教育督导委员会办公室成立，标志着我国教育质量保障体系的顶层设计做出重大调整，对深化教育督导改革、完善专项督导、推进教育管办评分离有积极的意义，但承担该委员会日常工作的办公室仍然设在教育部，基本还是在教育的体制内，监督制约的功能相对较弱。因此，可以借鉴驾驶员培训，进行高职教育管理机构职能的重组，由教育部门负责办学、用人主管部门负责质量监督，这也许是可以进行尝试的改革举措。

2017-1-22

漫谈教育、工业与农业

在《叶圣陶教育文集（第二卷）》中，教育家叶圣陶写了一篇《吕叔湘先生说的比喻》的文章，非常深刻。文中写道："最近听吕叔湘先生说了个比喻，他说教育的性质类似农业，而绝对不像工业。工业是把原料按照规定的工序，制造成为符合设计的产品。农业可不是这样。农业是把种子种到地里，给它充分的合适的条件，如水、阳光、空气、肥料等等，让它自己发芽生长，自己开花结果，来满足人们的需要。"①

教育、工业、农业这三者之间有什么不同点和相似之处呢？教育、工业和农业的共同点是，它们都是为"人"服务的，都是围绕着"人"的生存与发展而存在的。不同点在于农业为人的生存服务，而工业和教育则为人的发展服务，主要表现：首先，三者分属的产业不同。农业属于第一产业，工业属于第二产业，教育属于第三产业。其次，三者的工作过程和对象不尽相同。农业是利用动植物的生长发育规律，通过人工培育来获得产品的产业，农业的劳动对象是有生命的动植物，获得的产品是动植物本身。工业是指采集原料，并把它们加工成产品的工作和过程。教育是一种人类道德、科学、技术、知识储备、精神境界的传承和提升行为，是一种提高人的综合素质的实践活动，也是人类文明的传递，工作对象是人本身。

如果细分的话，工业、农业和教育三者之间还可具体分为快与慢、长与短、个性与统一的不同。

首先，是"快"与"慢"。

工业讲究的是快节奏，产品从设计到投放市场，越快越好，讲究占领市场的速度，以求得最大的经济效益和投资回报。农业和工业则不一样，它快不起来，因为农作物生长是有季节的、有时令要求的，要符合生长规律。现在的农业也在向工业看齐，借用工业化的成果片面追求"快"，如西瓜用膨大剂，豆芽用生长激素，鸡鸭用催生素，等等，其结果是虽然产品"快"了，但不仅失去了原先的味道和营养价值，而且对人类的身体健康造成了不利的影响。说教育像农业，是指教育也是"慢"的艺术。对待学生的成长，教师来不得半点儿

---

① 刘国正．叶圣陶教育文集：2卷［M］．北京：人民教育出版社，1994：531.

急躁，要遵循教育内在的规律，尊重它自然生长的性态。知识学习要由易到难，技能训练要循序渐进，习惯养成要日积月累。如果比“慢”的话，教育比农业还要慢，所谓“十年树木，百年树人”。农民种地和教书育人两者都需要精耕细作、耐心等待、慢慢欣赏，方能收获硕果。当前，在教育领域，也存在工业领域“扩大再生产”的现象，如雨后春笋般疯狂生长的“早教班”“速成班”“特长班”，就违背了教育规律。再如“高考工厂”，向时间要效益，全然不顾学生的身心健康，“考考考，老师的法宝；分分分，学生的命根”的现象依然存在。教育如果不讲规律，一味追求“快”，那无异于“揠苗助长”，虽然没有输在起跑线上，但也到不了终点线。

其次，是“长”与“短”。

如果市场反应好，消费者认可度高，工业品可以扩大再生产，增加投资，添置设备，加班加点，产品就可以大批量地生产出来。农业则无法短期内扩大再生产，如果某个农产品销量好，受到人们的追捧，即使想扩大种植面积，也只能等待来年下季。另外，工业品有“回炉”一说，而农产品只能是“歉收”或者“绝收”。《孟子·梁惠王上》中说“不违农时，谷不可胜食也”，指的不能违背农作物的生长季节。说教育是农业，一是指教育也有规律，要按照学生的年龄、特点等实施不同的教育，因此，教师和农民一样，要有耐心；二是指提高效益必须讲究科学方法。如袁隆平团队研发的杂交水稻，这是在科学的基础上追求效益。教育也需要效益，前提是要科学施教，改革教学方法，而不是“蛮干”，不能用时间换分数，更不能用学生的身心健康换成绩。

最后，是“个性”与“统一”。

工业品整齐划一，从设计到生产，几乎“长得”一模一样，产品之间的“公差”越小越好，讲究的是统一性。农产品则不同，每个个体都不一样。说教育是农业，意思是两者的对象都是鲜活的生命，每个生命都有特殊性，都应特殊对待。农产品也需要“卖相”好，但无论是西瓜还是番茄，它们都“个性十足”，要挑出两个一模一样的来，几乎不可能。《国家中长期教育改革和发展规划纲要（2010—2020年）》提出要“为每个学生提供适合的教育”，就是指尊重教育规律和学生身心发展规律，关心每个学生，促进每个学生主动地、生动活泼地发展。因此，教育要像农业一样，实施个性化的培养，“一树一策”“一苗一案”，才能百花齐放；教师要像农民那样，把每一个学生看作具有自身个性的人，既要“扬其长”，也要“补其短”。在统一性的基础上，发展每个学生的个性、满足每个学生的不同需求是优质教育追求的目标。

2017-12-30

高职院校如何实施“适合的教育”

中共中央办公厅、国务院办公厅印发的《关于深化教育体制机制改革的意见》指出，要营造健康的教育生态，大力宣传普及适合的教育才是最好的教育等科学教育理念。高职院校落实好“适合的教育”理念，是办好人民满意教育的重要切入点，也是践行以人民为中心发展理念的具体体现。

“适合的教育”有何内涵

据《江苏教育报》报道，2017年6月19日，“适合的教育”讨论会在江苏靖江举行，江苏省教育厅厅长、省委教育工委书记葛道凯在会上介绍了“适合的教育”的由来。他指出，《国家中长期教育改革和发展规划纲要（2010—2020年）》起草过程中，“适合的教育”曾经是讨论的一个题目。基于我国教育发展的阶段特征，“适合的教育”没有最终表述为国家的一个总体目标，但在规划纲要中提出要“关心每个学生，促进每个学生主动地、生动活泼地发展，尊重教育规律和学生身心发展规律，为每个学生提供适合的教育”。葛道凯厅长在《光明日报》上撰文指出，“适合的教育”是江苏教育发展的应然，是群众对教育的期盼和呼吁。“倡导适合的教育理念，发展适合的教育，就是要致力于解决过去没有解决或者没有解决好的及在教育发展过程中出现的新问题，解决人民群众对更好教育的要求与教育发展不平衡不充分之间的矛盾和问题。”江苏是率先对“适合的教育”进行深入思考的省份，基础教育在行动，高职教育如何推进？这是摆在我们面前的一张考卷。

“适合的教育”如何能成

当前，面对生源数量的不足和来源多元化的实际，高职院校应转变教育观念，积极实施“适合的教育”。重新确立人才培养目标，把个性化培养作为当前及今后较长一段时期的首要任务，在“有教无类”的基础上实施“因材施教”，以学生为中心，根据学生的不同情况，确定适合学生的培养目标、培养模式、教学方法、评价办法，开展系统化设计和实施。

第一，制定适合生源多样化的人才培养方案。

当前高职教育面临巨大的挑战，不仅生源下降，且来源多样、学业基础参差不齐，差异较大。面对这些差异较大的学生，高职院校要积极探索技术技能型人才成长的规律，制订人才培养的多种方案，以此作为实施"适合的教育"的起点。从培养规格看，根据不同的人才培养目标及学生的不同诉求，可制定技能型、技术型和升学型三类人才培养方案。根据不同的人才培养方案，可实行不同的学制。技能型实行"2+1"学制，两年在校学习，一年顶岗实习。技术型实行"2.5+0.5"学制，两年半在校学习，半年顶岗实习。升学型实行"3+0"学制，强化基础课程，为学生升入本科院校打下坚实基础。与此同时，根据不同的人才培养目标，构建多样化的课程体系。此外，根据产业转型升级对技术人才的需求，建议在高职院校恢复"双专业"招生，以培养跨专业的复合型技术人才。只有这样，"适合的教育"才能起好步。

第二，推行适合学生智能特点的学分互换教学制度。

高职学生学业基础差，并不意味着他们身上没有闪光点。根据多元智能理论，高职学生的形象思维能力优于逻辑思维能力，他们往往对理论性、概念性知识不太感兴趣，但对实践类课程比较感兴趣。因此，高职院校要了解学生的学习需求和学习特点，积极探索个性化培养、自主性选择、多样化发展的人才培养模式改革，推行以学分互换为主要内容的学分互换制度。一是学生可以在专业大类范围内跨专业选修课程。二是认定素质拓展学分。学生可根据自己的特长与爱好参加各类竞赛、技能认证、科技发明、社会实践、文艺创作等各项活动并取得一定成果，通过申请和审核后可被认定为个性化学分。修完规定学分可以提前毕业，这样有助于推动学分制在高职院校真正"落地"。满足学生不同的个性需求，促进学生多元发展，这是高职院校推行"适合的教育"的关键所在。

第三，优化适合"做中学"的学习环境和教学组织方式。

支持和促进学生学习的环境，在职业教育中起着举足轻重的作用。为此，需要优化高职院校的学习环境。一是图书馆到科技馆。确定图书馆兼具科普教育和专业教育的基本功能定位，融知识学习与技术展示为一体，实物与虚拟相结合，满足学生"看"和"做"的需求。二是"排排坐"到"学习岛"。逐步改造现有的"排排坐"式的教室，一类改成多媒体教室，便于模拟工作场景，另一类改成理实一体化专业教室，再现工作实景，开辟"学习岛"，融教、学、做为一体。三是虚拟到顶岗。加大以实训为中心的"校中厂"建设力度，满足学生从学生到"准员工"的体验需求。

"小班化"教学是当今世界教育发展的趋势之一。当前高职院校的规模已基本稳定，生师比也进一步缩小，这使得“小班化”教学成为可能。“小班化”教学不仅有利于解决高职人才培养“粗放式”、效率低等问题，也有利于因材施教、学生自主学习和合作学习的开展。

第四，探索适合职校生个性成长的评价制度。

高职院校要改变以分数论英雄、以学业成绩定成败的评价观，要探索创新学生评价的载体。成长档案袋则是当前能够实施的一项适合高职院校学生的评价载体。成长档案袋具有开放性、纪实性、激励性、电子化等特点。第一，成长档案袋不仅可以存放传统意义上的成绩单，也可以存放学生的文学、艺术、技术等作品。第二，成长档案袋可以电子和纸质共存，平时记录电子化，需要时可以纸质输出。第三，成长档案袋有别于传统的个人档案，成长档案袋里面放什么、何时放、如何保管等都可以由学生自己决定。学生毕业后，成长档案袋还可以继续保留，便于学生继续放入学生毕业之后的材料。成长档案袋不仅可以自己阅读，还可以设置一定的权限，方便其他人访问。成长档案袋记录的是学生进步的点点滴滴，反映的却是学校教育活动的方方面面。

“适合的教育”有何前景

适合的教育是否取得成功，可以从宏观、中观、微观三个维度进行考察。从宏观层面看，“适合的教育”是以人民为中心的发展理念在教育领域的具体体现，作为教育主管部门，有责任有义务提供适合不同学习者需求的教育资源，制定“有教无类”“因材施教”的教育政策。从中观层面看，“适合的教育”是新时代对素质教育的召唤。各级各类学校有责任有义务让有差异的学习者学得快乐、学有所获、学有所成。从微观层面看，学生的能力、水平、素质是否达到合格建设者和可靠接班人的标准，是检验适合的教育成败的试金石。就高职教育的现实看，适合的高职教育主要体现在三个方面。首先，适合的教育应该不是师生相互抱怨的教育。教师不再抱怨现在的学生难教，学生不再抱怨什么课程都听不懂。其次，适合的教育应该是想学、能学、乐学的教育。课堂上大面积打瞌睡现象已杜绝，靠“手机袋”维持正常教学秩序的现象基本消失。最后，适合的教育应该是社会认同度较高的教育。从“进口”看，高职院校的招生市场人头攒动，孩子考上高职院校，家长也能高高兴兴地摆上一桌“升学宴”。从“出口”看，到了毕业季，高职院校门庭若市，用人单位纷至沓来，毕业生供不应求。如此，高职教育才真正称得上“适合的教育”。

2018-1-16

望闻问切：高职内部质量“四步诊断法”

2015 年教育部办公厅印发《关于建立职业院校教学工作诊断与改进制度的通知》和《高等职业院校内部质量保证体系诊断与改进指导方案（试行）》，要求高等职业院校建立常态化的诊断与改进制度，以此推进高等职业院校持续提高人才培养质量。随后各省级教育行政部门纷纷发布实施意见和工作方案，部分高职院校随后开展试点工作。

“望闻问切”合称“四诊”，是中医诊病的基本方法，也是中医专家的“核心技术”。望，指观气色；闻，指听声息；问，指询问症状；切，指摸脉象。高职院校要构建常态化的内部质量诊断与改进机制，诊断是基础，改进是目的。在开展内部质量诊断过程中，可借鉴这一方法。

“望”，就是观察

观察的主要途径有：一是观察决策。通过参加学校的各种会议、论证会、报告会等，掌握学校人才培养决策情况。二是观察教学。通过深入教学一线，了解课堂教学、实践教学、顶岗实习等情况。三是观察活动。通过参加学校组织的文化活动、体育比赛、学术交流与校外组织和团体的交往活动等，感受学校的校园文化氛围。通过观察，能够近距离地了解学校日常运行与管理的真实情况，掌握学校人才培养的“动态”状况。

“闻”，就是听汇报

听汇报的内容主要包括：一是听学校近年来的系列报告。如生源质量报告、学生成长报告、师资发展与保障报告、毕业生就业报告、质量年度报告等。二是听满意度测评情况汇报。包括学生对教学、学生、后勤保障等方面的满意度测评，教师对学生学习、自我发展、管理方面的满意度测评，用人单位对毕业生的满意度测评等。三是听学校人才培养状态数据汇报。通过这些报告和数据，可以发现学校人才培养的“静态”状况，了解学校人才培养的主要成绩、存在问题及改进措施等。

“问”，就是调查

调查也是诊断的一项重要工作，调查的过程，既是信息收集的过程，也是释疑解惑的过程。对“望”“闻”过程中发现的问题，可以通过访谈的形式进行进一步的求证。调查对象包括学校所有干部、教师及学生。调查的常用方法包括座谈会、问卷调查、个别访谈及设置意见箱等。人员访谈可以达成“问”的深度，问卷调查可以达成“问”的广度，两种方法结合使用，可以达到定性分析与定量分析相结合的目的，使“问”的结果更加精准。

“切”，就是检测

“切”的任务就是检测，检测应以结果为导向。由于人才培养的特殊性和人才培养效果的滞后性，成效检测就需要多样化的手段。知识与技能、过程与方法、情感态度与价值观是人才培养的三维目标。知识和技能通过某种手段可以检测，过程与方法也可以通过其他有效手段观测得到，唯有情感态度与价值观不太容易检测，需要通过长时间的观察或者个体在重大事件中的表现才可以观测得到，这也是教育评价的难题所在。因此，在当前条件下，“切”可以在两个层次展开。第一层次是对知识和技能的检测，可以采用课程统考、技能测试、毕业设计（论文）抽查等方法。第二层次是对过程与方法、情感态度与价值观的检测，可以采用面试、综合素质测评、专题研讨会等方法。

在开展内部质量“望、闻、问、切”诊断探索过程中，应把握三大原则。一是由外知内。在中医看来，外是指疾病表现于身体表象的症状，内则是指脏腑等内在的病理本质。由外知内，就是说通过诊察其反映于外部的现象，便有可能测知内在的变化情况。在人才培养诊断过程中，通过望、闻、问、切发现的问题，都只是人才培养过程中的表象，透过问题看本质，要通过这些问题，认真查找产生这些问题的深层次原因。二是见微知著。中医认为，微是指微小、局部的变化，著则是指明显的、整体的情况。见微知著，就是指通过机体微小的局部变化，可以测知身体的整体状况。在人才培养过程中，通过一堂课、一次座谈会、一次学生活动，可以发现学校的人才培养工作的常态。虽然这些都是局部的、点上的“缩影”，但可以了解学校整体的、面上的大致情况。三是以常衡变。按照中医学，常是指健康的、生理的正常状态，变则是指异常的、病理的状态。以常衡变指的是在认识正常的基础上，能够前瞻性地预知异常变化。“不识庐山真面目，只缘身在此山中。”人才培养工作中大多是日复一日的常规工作，通过望、闻、问、切，进行反复观察和比较，就能够从正常中发现异常，从对比中找出差别，进而认识存在问题的“真面目”。

“望、闻、问、切”是诊断的基本手段，诊断的目的是改进。只有诊断准确，才能找准“病因”，为开出精准的“处方”打下坚实基础。因此，在高职院校开展内部质量诊改过程中，应高度重视诊断方法的探索与创新。

2018-2-23

“钱学森之问”与高职教育

2005 年 7 月 29 日，温家宝总理探望住在解放军总医院康复楼病房中的钱学森，谈了未来 15 年科技工作指导方针（自主创新，重点跨越，支撑发展，引领未来）后，钱老说：“您说的我都同意。但还缺一个。”温总理亲切地说：“好哇，我就是想听您的意见。”钱老接着说，“我要补充一个教育问题，培养具有创新能力的人才问题”，“现在中国没有完全发展起来，一个重要原因是没有一所大学能够按照培养科学技术发明创造人才的模式去办学，没有自己独特的创新的东西，老是‘冒’不出杰出人才。这是很大的问题”①。这个问题后来成为著名的“钱学森之问”。

“钱学森之问”，其实质就一个，即人才培养问题，包括两个层面：一是学校培养创造发明型人才的模式，二是构建创新创业型人才在社会上发挥作用的机制。世界银行专家贾米尔·萨尔米（Jamil Salmi）提炼出建设一流大学的三要素：人才汇聚、资源丰富及管理规范。“钱学森之问”主要谈论的是世界一流大学建设及创新拔尖人才培养，关键在于一个“新”字。对于高职教育而言，则是如何创新双师型教师的培养、如何改革人才培养模式及如何创新经费投入保障机制。

一是双师型教师的培养。

高职院校师资力量薄弱是建设一流高职教育的主要短板。早在 2000 年，教育部就在《关于加强高职高专教育人才培养工作的意见》中提出，要抓好“双师型”教师的培养，积极从企事业单位聘请兼职教师，淡化基础课教师和专业课教师的界限，逐步实现教师一专多能。2002 年教育部《关于加强高职（高专）院校师资队伍建设的意见》提出，至 2005 年，获得研究生学历或硕士以上学位的教师应基本达到专任教师总数的 35%，大力提高教师使用现代教育技术的能力等。2006 年，在《关于全面提高高等职业教育教学质量的若干意见》中对“双师型”教师、兼职教师等又作了强调。2011 年教育部联合财政部在《关于实施职业院校教师素质提高计划的意见》中提出实施职业院校专业骨干教师培训、职业院校兼职教师推进

---

① 张瑜．正确解读“钱学森之问”［J］．红旗文稿．2013（4）：36-38.

及职教师资培养培训体系建设等项目。目前，高职高专院校专任教师中获得研究生学历或硕士以上学位的教师已达到了总数的35%，其他的建设项目尚需进一步推进。对于高职院校来说，拥有高水平的师资是培养高质量人才的基础。

二是人才培养模式改革。

在计算机技术和互联网日益发达的今天，高职教育的教学受到了前所未有的挑战。无论在大街上，还是在大学课堂里，低头“阅读”成了一道风景线。“互联网+”的提出，大有颠覆原有教学理论的趋势，言必谈“网”，而“碎片化”的知识和浅尝辄止的学习态度与创新型人才的培养是背道而驰的。

自2006年教育部发出《关于全面提高高等职业教育教学质量的若干意见》以来，各地开发了以典型产品或服务为载体的项目课程模式、工作过程系统化课程模式等具有高职特色的课程模式，他们的共同点都是试图解构学科体系，围绕“做”来重构符合高职教育特征和学生特点的行动导向课程体系。由于师资水平、分配制度、资源条件等方面的限制，课程改革没有得到有效实施，放眼当今的高职课堂，以教材、教师、教室为中心的现象还有较大市场。由于生源多样，且学业基础参差不齐，学生学得痛苦，教师教得艰辛。一项针对职业院校学生的调查显示，感到学习很无聊的学生比例达到了23%，高达69%的学生只是偶尔预习或复习，46%的学生从未尝试过自主学习①。

三是经费投入保障机制的构建。

1993年，中共中央、国务院颁布《中国教育改革和发展纲要》，提出财政性教育经费占国民生产总值的比例在20世纪末要达到4%。2012年国家财政性教育经费支出2.2万亿元，占GDP的比例达到4.28%，实现了2010年《国家中长期教育改革和发展规划纲要（2010—2020年）》提出的4%的目标。这一目标的实现经过了三届政府两任总理，可谓来之不易。党的十八大报告提出了“两提高、两进入、一基本”的教育发展目标，即“全民受教育程度和创新人才培养水平明显提高，进入人才强国和人力资源强国行列，教育现代化基本实现”。要实现这一目标，各级政府要严格落实教育经费法定增长要求，依法加大财政投入力度，巩固4%的成果，进一步提高教育经费保障水平。

2006年教育部对高职院校提出了“要树立科学的人才观和质量观，把

---

① 赵蒙成，吴紫凝．如何帮职业院校学生有质量地学习［N］．中国教育报，2017-11-07（9）．

学校的发展重心放到内涵建设、提高质量上来”的要求。高职质量建设进入“快车道”，并把项目引领作为推动高职教育内涵发展的重要抓手。2006 年实施“示范校”建设计划，2010 年实施“骨干校”建设计划，2015 年启动创新发展三年行动计划，2019 年又推出了“双高计划”，各级政府投入了大量的财力和物力，旨在提升高职教育的不可替代性。然而，总体看，这些计划并没有取得预期成效，高职有“高峰”，但还没有形成“高原”，高职的吸引力还不强。在高职教育领域，通过项目建设，获取各级政府的经费支持，少数院校发展较快，起到了示范引领作用。但从整体看，高职院校的经费投入明显不足，收入增长与学校资金需求明显不匹配，高职院校缺乏“造血”机制，办学经费的不足直接导致基础设施、办学条件改善的滞后，少数高职院校甚至出现生存危机。

只有教育主管部门、高职院校齐心协力才能回答好“钱学森之问”这一艰深命题。

2018-3-29

让生产生活中的鲜活案例进入职教课堂

据报道，武昌工学院“经济法”课程教师袁岑，经常把生活中的趣事、话题、段子引入课堂，帮助学生们理解教学内容，这不仅让课堂氛围变得更加活跃，还能让枯燥的法律知识变得“接地气”，受到学生们的普遍欢迎。袁岑老师的做法，值得借鉴①。

生动实践

在无人不网、无时不网、无处不网的时代，学生每天获取的信息量非常大，如果职业院校的教师不注重吸收网络时代的新鲜知识，而是照本宣科，抱住课本、教材不放的话，其教学效果可能会打折扣。2017 年 9 月 8 日，教育部部长陈宝生在《人民日报》撰文，就“努力办好人民满意的教育”做了深入阐释，并提出要深化基础教育人才培养模式改革，掀起“课堂革命”，培养学生的创新精神和实践能力。“课堂革命”不仅是基础教育的事，职业教育也不例外。因此，把生产生活中的鲜活案例引入课堂，与教学内容有机融合，是职业院校教师的一项基本功，也是职教领域课堂革命的一次生动实践。

首先，可以有效改变课堂的“沉闷”氛围。在当今的职教课堂，学生睡觉、玩手机等现象经常被媒体报道。在网络不发达的年代，教师往往是知识的权威，是信息的拥有者，课堂是学生接受知识和信息的主渠道。然而，随着网络和信息技术的发展，人们接受信息的渠道日趋多元化、多样化，课堂已不再是教师向学生传输信息的单一通道，而是一个信息共享的平台。教师把生活中发生的与教学有关的事件引入课堂，可以激发学生的学习兴趣，让学生对教学内容产生共鸣，引导学生积极地投入课堂研讨学习之中，有利于打破课堂的“沉闷”氛围。

其次，可以有效活化书本知识。部分职业院校教师，不能跳出以教材为中心的固有思维，一旦离开了教材，就不知所措。随着技术的快速发展和产业的转型升级，教材的更新速度远远跟不上技术的发展。因此，职业

---

① 乐毅，雷蕾，雷雯慧．母亲与女友落水先救谁？法学老师：先救女友违法[EB/OL](2018-04-10)[2018-05-16]http://baijiahao.baidu.com/s?id=1597351803473860477&wfr=spider&for=pc.

院校的教师尤其是专业课教师，要经常深入企业生产一线，把收集到的企业管理实践案例和技术进步的素材有机融入课堂教学和实践教学中，这样不仅能更好地帮助学生理解教学内容，使课本的“死知识”活起来，还可以引发学生的思考，培养学生理论联系实际的学习习惯，从而提高学生发现问题、分析问题、解决问题的能力，同时，还能加快教材的更新速度，使教学内容与时代脉搏同频共振。

未来挑战

当然，把生产生活中的鲜活案例引进课堂，推进“课堂革命”的同时，也给职业院校的管理者、教师和学生带来诸多挑战。

挑战之一：对现有教学管理制度可能会产生一定冲击。

教师把生产生活中的鲜活案例引进课堂，组织小组讨论、到现场开展教学，势必要对原有的教学内容进行筛选和重组，也需要对原有的教学计划做出适当的调整，教学时间也不如以前那样紧凑，如此等等，这都会给原来的教学秩序带来变化。因此，作为职业院校的管理者，就要对现有的教学管理制度进行“松绑”，使教学管理制度体现一定的张力和弹性。要鼓励教师大胆进行教学改革，对现有的教学内容、教学组织方式、教学方法等进行探索，营造勇于改革的氛围，为推进课堂革命提供政策支持。

挑战之二：对教师教学能力提出更高要求。

如何结合教学把生产生活中的鲜活案例引进课堂，发掘有新意的内容，如何把相关内容巧妙“渗透”到教学中，对教师教学综合能力提出了更高要求。一是教师要有灵敏的“嗅觉”，能够及时捕捉到对教学有用的信息。如果教师还停留在教材上，满足于把教材内容“传输”给学生，那再多再好的案例也会从身边“溜走”。二是教师要对这些有用的信息进行再加工，思考如何与教学内容进行有机“衔接”，防止简单的“穿靴戴帽”，生拉硬拽。三是如何在最佳时机将生产生活中的案例展现在学生面前，达到预设的教学效果，这对教师把控教学进程提出了极大的挑战。

挑战之三：对学生自主学习能力提出挑战。

教师的“教”，最终要体现在学生的“学”上，就如再好的导演也要通过演员的表演才能将其想要表达的东西呈现给观众。无论教师备课如何用心，也无论生产生活中的案例与教学内容结合度有多么高，如果学生还是习惯于“老师讲、学生听”，那也只能是表面上一时的“热闹”，不能对引发思考、深入探究、发展能力发挥积极作用。因此，职业院校的学生要不断拓展知识面，关注社会热点问题，改变被动接受的学习习惯，善于并敢于提出自己的独到见解，积极参与到课堂教学和讨论中来，成为课堂革命的支持者、参与者和受益者。

2018-5-16

高职的浮夸

2018 年 12 月 4 日，《中国教育报》刊发了广东轻工职业技术学院马克思主义学院副教授胡冰、广东省职业技术教育学会会长兼华南理工大学马克思主义学院博导李小鲁的文章《高职怎样创建马克思主义学院》。文章认为，近段时间，诸多高职院校在原有的思政部或社科部基础上成立了马克思主义学院，然而在缺乏马克思主义专业的依托、基础条件相对薄弱的情况下，马克思主义学院出现了“名不副其实”“换汤不换药”“剃头挑子一头热”“重利益、轻效益”“学生完全置身事外”等一些脱离实际的问题。笔者非常同意文章作者的观点，并非反对高职成立马克思主义学院，而是对于当前存在于高职的某些浮夸之风感到忧虑。高职院校的浮夸之风具体有三种“症状”。

“自大症”

首先是学校名称上，追求“大”。1950 年 8 月 14 日，中央人民政府教育部颁布的《高等学校暂行规程》第三条规定：高级学校包括大学及专门学院两类。1986 年 12 月 15 日，国家教育委员会发布的《普通高等学校设置暂行条例》中对大学、学院、高等专科学校、高等职业学校的名称、培养层次、学科范围、在校生规模等做了具体要求。2006 年 9 月 28 日，教育部又发布了《普通本科学校设置暂行规定》，在设置标准的条款中，对学院和大学又进行了规范。然而，在高校设置上，教育主管部门率先没有遵守自身制定的规则，在全国高校中，本科与专科校名区分度不明晰的情况早已存在，如，全国含有“应用”的高校 25 所，其中本科 13 所，专科 12 所。现在又出现了本科层次的职业技术大学，这样就很容易与专科层次的职业大学相混淆。况且专科层次的职业技术学院一下子全部升格为“大学”，有的学校根本达不到《普通本科学校设置暂行规定》中“大学”的设置标准，如此轻易地从专科层次的学院直接升格为大学，那众多的普通本科院校如何想？在博大精深的汉语言文学中，难道就找不出更好的词汇吗？这背后要么是“自大症”在作祟，要么就是教育主管部门“善心大发”，认为高职院校在社会上备受歧视，所以在教育内部给予其某种“补偿”。

有人说，高职已经进入高等教育的行列，作为“大学”就要学“大”。诚然，高等职业教育是高等教育的重要组成部分，在办学治校过程中，无论是本科院校还是高职院校都有一定的相通性，但作为一种教育类型，现阶段的高职院校还是应该把探索的重点放在“特”上，走出一条有别于普通本科教育的办学新路径，不是“人有我也要有”，而是“人没有的我要有”，这才是作为一种教育类型应该追求的重点。

“跟风潮”

在高职教育领域，一种盲目跟风潮越演越烈。首先表现在专业设置的同质化倾向上，你办这个专业，我也办这个专业。在同一个园区，虽然校门各异，但所办专业几乎一致，令考生家长选择时“一头雾水”。其次是校内机构的设置上，同样存在着跟风现象。虽然《中华人民共和国高等教育法》第三十七条规定高等学校可以“自主确定教学、科学研究、行政职能部门等内部组织机构的设置和人员配备”，但同时也强调要遵循实际需要和精简、效能的原则。然而一些高职院校认为，凡是本科院校有的，高职高专也要有，导致行政职能部门一应俱全。当然有的是上级主管部门的刚性要求，但也有很多是高职院校的盲目跟风。如本科建马克思主义学院，高职也要建，其实“换汤不换药”。作为一个学院，要有教师、有学科支撑，还要有学生，但目前来看，高职院校的马克思主义学院做的事和原来思政部几乎没有两样。又如，本科院校有二级学院，高职院校也把系一级全部升格为“学院”，校一级才是学院，系一级又是学院，于是创造性地提出了“二级学院”的概念。再如，大部分高职院校规模不大，约有1000亩土地、700名教职工，有的院校也纷纷仿照本科院校增设了很多处室，导致职责单一、人浮于事，造成人力资源极大的浪费。同时现在的高校都是科层制，部门越多，部门间的边界就越多，就越容易出现“扯皮”现象。最后的结果是：行政人员越增越多，而生师比却居高不下。

“包装风”

在我国，高职教育发展的历史虽不太长，但高职教育的规模扩张却异常迅猛，院校数和在校生规模都占据了高等教育的半壁江山。同时通过示范院校、骨干院校、双高院校等建设项目的拉动，我国建成了一批标杆高职院校。在这一过程中，一些高职院校的领导者开始飘飘然起来，有的高职院校甚至提出了一些不切实际的口号，诸如建设国内一流、世界著名的高职院校。暂且不论“一流”和“著名”的标准是什么，单看现在一些高职院校不把精力放在内涵建设上，而是整天搞一些花架子，其水平便可略知一二。以四年一度的国家教学成果奖评选为例，获得特等奖、一等奖的项目，“工程”“模式”满天飞，全靠“包装”功夫，其实效如何则没有人关心。为此，建议对那些特等奖和一等奖获得者或者单位，主管部门组织可驻点调研，对其效果进行一定程度的认定，最大限度地还原真实。改革开放后的实践证明，照搬照套国外所谓的先进理论和模式，耗费大量人力、物力和财力。结果几乎都是“学之不像、移之不活”。大多数的试点，几乎都很成功，然而等到全面试行后又几乎都推广不下去，成为中国特色的“负资产”。发达国家的经验之所以成为经验，主要的一条就是有历史沉淀和积累，符合本国的国情和传统文化。在《叶圣陶教育文集（第二卷）》中，教育家叶圣陶写了一篇《吕叔湘先生说的比喻》的文章，非常深刻。吕叔湘先生把教育比作农业，就说明教育是慢的艺术，有自身发展的规律。我国高等职业教育从起步到现在，才刚过而立之年。试想若真能在这么短的时间内创造出如此多的模式来，那中国的高等职业教育早就屹立于世界高等教育之巅了，事实是这样的吗？答案显然是否定的。如果真是这样，职业教育包括高等职业教育还需要年复一年地呼吁增强吸引力吗？

走中国特色高等职业教育发展道路，既要牢记本来，也要吸收外来，更要面向未来。勤勤恳恳、埋头苦干，杜绝各类浮夸之风，中国高等职业技术教育之“树”才能深深扎根中国大地，逐步枝繁叶茂，最终长成“参天大树”，屹立于世界职业技术教育之“林”。

2018-12-4

高职教育的新要求与老问题

2019 年，《国家职业教育改革实施方案》（以下简称《方案》）提出了 7 个方面 20 项政策举措，被誉为“办好新时代职业教育的顶层设计和施工蓝图”。在《方案》的引领下，如何抓住这一重要机遇，搞好教学领域的改革，是高职院校面临的一次大考。

《方案》对高职教育提出了新要求

2018 年 7 月 25 日，国家主席习近平在金砖国家工商论坛上指出，“未来 10 年，将是世界经济新旧动能转换的关键 10 年。人工智能、大数据、量子信息、生物技术等新一轮科技革命和产业变革正在积聚力量，催生大量新产业、新业态、新模式，给全球发展和人类生产生活带来翻天覆地的变化”。《方案》对标新时代所处的历史方位，对高职教育和高职院校提出了新的更高的要求，具体可以概括为“一优化”“两培养”“三服务”。

“一优化”，就是要把发展高等职业教育作为优化高等教育结构的重要方式。高校大扩招的 20 多年，高等职业教育为我国高等教育大众化和普及化做出了重要贡献，但目前高职教育偏重于学历教育，职业培训仍是短板。因此，在新的历史阶段，高职教育要按照育训结合、长短结合、内外结合的要求，开门办学，为有需求的城乡新增劳动力接受高等教育做出新的贡献。

“两培养”，就是成为培养大国工匠、能工巧匠的重要方式和培养高素质技术技能人才的重要基地。人才培养始终是高职教育的最重要的职能，高职教育要根据学生的特点、特长，开展分层次教育，既要能够培养“高精尖”的技术技能精英，也要培养能够在中小微企业“用得上、留得住”的高素质劳动者。

“三服务”，就是服务企业科技研发、服务社区教育和服务终身学习。2005 年《国务院关于大力发展职业教育的决定》要求“每个市（地）都要重点建设一所高等职业技术学院”，其目的就是要发挥高职院校的综合服务职能，一是重点服务企业特别是中小微企业，根据当地的产业发展需求，助力企业的技术研发和产品升级；二是服务社区教育，定期或不定期为社区提供教育、文化娱乐等服务活动；三是服务终身学习，开展多种形式的继续教育，面向在校学生和全体社会成员开展职业培训。

高职教育需把握的着力点

《方案》提出了新时代职业教育发展的目标愿景，描绘了今后一个时期职业教育改革发展的线路图。与此同时，《方案》也突出问题导向，诸如体系建设不够完善、职业技能实训基地建设有待加强、制度标准不够健全、企业参与办学的动力不足、有利于技术技能人才成长的配套政策尚待完善、办学和人才培养质量水平参差不齐等问题。在这些问题中，有些是政府层面需要解决的问题，有些则是院校需要努力的方面，主要应在三个方面下功夫。

一是高职教育与产业如何从“游离”走向“融合”。

2017 年《国务院办公厅关于深化产教融合的若干意见》尖锐指出，我国教育“受体制机制等多种因素影响，人才培养供给侧和产业需求侧在结构、质量、水平上还不能完全适应，‘两张皮’问题仍然存在”。这虽然是针对整个教育而言的，但高职教育的产教融合、校企合作“经常表现为合作雷声大雨点小、重挂牌轻落实、开头轰轰烈烈而后无声无息、合作欢天喜地中途矛盾重重的现象”①。高职教育与产业之间存在“游离”现象，学校和企业的合作还处于较低层次，“高职院校技术服务能力总体欠缺的现实……缺乏行业企业的有效参与，导致学生实践能力训练时间不足、场所不足、师资不足的现象比较普遍”②。为此，要在《方案》的引领下，着力构建基于校企价值共识、责任共担、利益共享、发展共赢的产教共同体，明确学校、政府、行业企业等利益相关者在共同体中的职责，促进高职教育与产业从“游离”逐步走向“融合”。

二是人才培养方案如何从与生源实际和用人单位需求“脱节”走向“对接”。

1999 年高校大扩招之后的 10 年，高职院校招收的是清一色的高中毕业生，这类学生文化基础较好。随着高职招生制度的改革，高职生源开始出现多元化的趋势，不仅有提前单招、普招、注册的高中毕业生，还有对

① 郑艳秋，周林娥，贾光宏．产教共同体：内涵价值、问题困境与路径优化［J］．职业技术教育，2019（35）：6-9.

② 上海市教育科学研究院，麦可思研究院．2019 中国高等职业教育质量年度报告［M］．北京：高等教育出版社，2019：69-70.

口单招和注册的中职生，学生的文化基础和技能水平参差不齐。面对如此差别化的学生群体，高职院校仍然按照“一个专业一套人才培养方案”进行教学。据江苏省高校招生就业指导服务中心统计，2016 届专科生工作与专业相关度为 59.90%，公办高职高专院校为 60.20%，民办高职院校为 54.96%。该届 25.33%的毕业生认为与专业相关的工作很难找。该届毕业生的离职率达到 35.35%，民办高职高专院校为 36.99%，公办高职院校为 35.33%①。由此可以看出，单一的“标准化”人才培养方案，刚性有余，柔性不足，课程的针对性不强，实用性不够，与用人单位需求不符，培养方案与生源实际出现了一定程度的“脱节”。从当前高职院校的实际状况看，高职院校要确立多层次的人才培养目标，研制“一专多本”的人才培养方案。至少应确定升学型、就业型、培训提高型、文化体验型等培养目标，并据此改造原有“刚性”且单一的人才培养方案，制定不同培养目标下的“柔性”人才培养方案，使人才培养方案与生源实际、用人单位需求从“脱节”走向“对接”。

三是外延扩张与内涵提升如何从“失衡”走向“守恒”。

早在 2006 年，教育部就提出要“适当控制高等职业院校招生增长幅度，相对稳定招生规模，切实把工作重点放在提高质量上”。然而部分高职院校的质量建设首位度不够，质量至上只是一句口号而已。一是“向钱看”。高校大扩招后，高职院校注重外延扩张，只顾做大规模，没有顾及做强质量，迫于生源减少的压力，在“宽进”与“严出”的十字路口苦苦挣扎，专业标准无法坚持，毕业标准严重失守，“清考”制度最终使“宽进”演变为“宽出”。二是“向上看”。“部分高职院校发展自信不足，不是集中力量立足本位、提高质量、办出特色，而是把工作的着力点放在了推动学校升格上。”② 部分高职院校即使有“国字头”的光环也难掩质量下滑的真实处境，正在经受由于办学质量不高带来的生源竞争、社会吸引力不高等诸多压力。为此，新一轮教改的重点要以培养方案调整为引领，以课程体系重组、教学组织方式变革、教学方法改进、学生评价改革等为途径，在多类型的培养方案、选择性的课程体系、机动性的教学组织方式、灵活性的教学方法和多维度的学生评价等方面下功夫，对高职教学形态进行体系性重构。

---

① 苏春海．江苏省 2016 届专科毕业生就业情况调查报告［M］．南京：江苏凤凰教育出版社，2017：39-44.

② 谢俐．中国特色高职教育发展的方位、方向与方略［J］．现代教育管理，2019（4）：1-5.

明确方位就能找准方向，把握大势才能赢得未来。有理由相信，在《国家职业教育改革实施方案》的指引下，高职教育要锚定新要求、新目标不放松，进一步拓展教育职能，加速推进内涵建设，着力解决高职教育与产业“游离”、人才培养方案与生源实际和用人单位需求“脱节”、外延扩张与内涵提升“失衡”等三大老问题，真正成为与普通教育等值的成熟教育类型。

2019-2-20

高职“宽进严出”，任重道远

2019年3月6日，《北京青年报》发表了一篇题为“高职院校办学全面进入‘宽进严出’时代”的文章。文章作者根据2019年国务院《政府工作报告》中高职院校当年要大规模扩招100万人的要求，提出要改革完善高职院校考试招生办法，鼓励更多应届高中毕业生和退役军人、下岗职工、农民工等报考，并对高职招生改革提出要进一步扩大高职自主招生、提高中职升高职的比例，对于退役军人、农民工、下岗职工等实行注册入学、申请入学制度等建议，最后得出了“高职院校办学必然进入‘宽进严出’阶段”的结论①。

其实，就目前的政策和实际情况看，高职“宽进”已经实现。高职入学已经没有“门槛”，注册入学只要参加高考报名，成绩已无要求，对于农民工、退伍军人也已经全面开放，但结果却有点出人意料，回应没有预期的那样热烈。究其原因，主要在于缺乏吸引力：一是在中国这样一个“学历社会”，高职的毕业文凭“含金量”不够高；二是高职毕业生的动手能力与培训几个月就上岗的农民工区别不大。因此，高职的“生存”仍面临问题，现在讨论“严出”恐怕为时尚早。

“严出”需要社会氛围

2018年，华中科技大学18人因学分不达标由本科转为专科，引发舆论广泛关注。10月17日，教育部高教司司长吴岩对华中科技大学此举给予肯定。他认为，“适度增加学生不能按时毕业是应该的，本科生有一定的淘汰率也是必然”②。笔者非常认同吴岩司长的观点，对教育部提升本科教育教学质量持乐观态度。然而，对于高职能否“复制”本科的做法则深表怀疑，虽然也有个别高职院校“痛下杀手”，严抓质量建设。

据报道，为全面从严治校，狠抓“校风、学风、教风”，湖南环境生物职业技术学院党委研究决定，对2017—2018学年经补考后学业成绩未达到要求的22名学生予以一次性退学，另外40名学生予以留级处理。该校

---

① 蒋理．高职院校办学全面进入“宽进严出”时代［N］．北京青年报，2019-03-06（A2）．

② 杨佳峰，党波涛，王潇潇．教育部高教司司长：本科生有淘汰率是必然［N］．武汉晨报，2018-10-18（4）．

党委书记苏立说，“退学、留级只是全面整治学风的手段，学校经过了反复教育、考察、谈话，慎之又慎之后才做的决定”，“这也是不得已而为之”①。由此可见，做出这样的决定，学校领导背负了巨大的压力。

与湖南环境生物职业技术学院相隔200千米的长沙民政职业技术学院，10多年前就已经关闭了“清考”的大门。近3年来，学校1.8万名学生中，有167名学生因为成绩不合格被学校发出退学警示，每年都有一些学生因为未修满学分无法拿到毕业证而“掉队”。近几年，学校每年不能如期毕业的学生达到了毕业生人数的10%，其中2018届毕业生中有612人未能如期拿到毕业证书。该院院长李斌告诉记者，10多年前该校就是湖南省学分制改革的试点单位，并且一直坚持了下来②。

“玩命的中学”“快乐的大学”是人们对我国中学和大学学业状况的一个通俗的说法，因为，在中国当前的教育制度下，只有“考不上的”，基本上很少有“毕不了业的”。狠抓学风、校风之所以会成为新闻，就是因为当前全社会对于“严出”还没有形成一致的认识。对于高职而言，“快乐的中学”“快乐的大学”似乎更贴切。很多高职学生高中时学习也不紧张，进入大学后，既无求学之心，也无成才之志，而大部分高职院校事实上也存在放任他们混学的现象。“入学无门槛，毕业无忧虑”成为常态，致使高职成为高等教育的“鸡肋”，成为低水平的“代名词”，在这种社会认知情况下，“严出”就是奢谈。

“严出”需要经济支撑

在高校扩招至高职实施单独招生这段时期，由于高职院校的数量较少、录取分数较高，高职曾是高等教育“稀缺资源”的一部分。然而，随着高职院校数量的“爆发式”增长及高职分类招生制度的改革，高职在社会上的声誉呈现“日薄西山”的景象，具体表现在入学几乎没有“门槛”、专业相似度高、教学标准难以实施，其毕业生与中职毕业生的综合素质、实践动手能力的区分度不高。

无论是公办高职院校还是民办高职院校，绝大多数院校长并不是不想抓人才培养质量，而是他们也有“难言之隐”，其中很重要的就是高职院校的经费原因。以公办高职院校为例，学校的经费收入主要由三部分组成：财政拨款、学生缴费、科研等其他收入，三者大致的比例为60%、

① 刘旺，顾裕文．“狠心”清退不合格学生［N］．中国教育报，2018-10-23（10）．

② 洪克非．湖南两高职向“混学”“混教”者开炮［N］．中国青年报，2018-10-29（10）．

30%和10%。对于院校来说，学生就意味着“学费”，生源就意味着“财源”。高职院校的院长、校长们既是教学质量的第一责任人，也是学校运转的“掌舵人”，在经费紧张的阶段，“两害相权取其轻”，他们被迫选择了“从众”，先争取把学生招进来，对人才培养质量只能“睁一只眼闭一只眼”，当下的日子总得过下去。

长沙民政职业技术学院院长李斌说：“高职学校绝不是一手交钱一手发文凭，也不是马路上随时可以捡到的饭菜票！”① 这需要多大的勇气！全国1300多所高职院校，有几个院长敢于说出这样掷地有声的话！在向湖南两所高职院校领导致敬的同时，笔者不免也有些担忧，忧来自两个方面，一是这两所院校能否坚守这一抓住质量建设“牛鼻子”的举措，二是如何顶住学校的财政压力。

“严出”需要配套政策

“严出”不仅需要社会氛围和经济支撑，还需要政府出台相应的配套政策。当务之急是对人才培养质量的评估和评价，要由政府主管部门组织评估，根据评估结果决定拨款标准，体现“优质优价”，同时向社会公布评估结果，以此扩大社会共识。

首先要抓好教育部门的内部评估。2012年教育部公布了第一批涉及18个大类410个专业的高等职业学校专业教学标准。这些专业教学标准在专业名称、专业代码、招生对象、学制与学历、就业面向、培养目标与规格、职业证书、课程体系与核心课程、专业办学基本条件和教学建议、继续专业学习深造建议等10个方面对各专业提出了具体要求。这些标准对规范专业建设和人才培养将起到一定的促进作用，但在实际中学校是否按照标准执行则无法保证。从高职院校的超高毕业率可以推测，这项制度并没有执行到位。

其次要抓好用人单位的外部评价。用人单位的满意度调查是监测高职人才培养质量的基本手段。一些高职院校委托第三方机构进行了人才培养质量的满意度调查，但由于是高职院校自身的行为，其社会认可度并不高。部分省级教育行政部门，如江苏省教育厅已积极开展对高职人才培养质量的满意度调查，但目前该调查的社会影响力还不够，对高职人才培养、质量把控还没有达到预期效果。

由此可以得出初步结论，高职“严出”未来还有很长的路要走。

2019-3-6

---

① 王石川．为职校严把学生毕业关喝彩［N］．中国教育报，2018-11-02（2）．

一位高职学院院长的期待

改革开放以来，无论是中等职业技术教育还是高等职业技术教育，都取得了令人鼓舞的成绩。近年来，中职毕业生就业率保持在95%以上，高职毕业生半年后就业率超过90%，中高职年均向社会输送1000万毕业生。① 据统计，在现代制造业、战略性新兴产业和现代服务业等领域，一线新增的从业人员70%以上来自职业院校毕业生。近三年来，850万家庭通过高职教育拥有了第一代大学生②。然而，放到世界这个大平台上，中国职业技术教育似乎又缺少令人信服的“中国化”的理论和实践成果。无锡职业技术学院原院长戴勇教授在一次访谈中也曾提到，“现在中国经济上去了，我们国家‘985’大学今后可能可以跟世界上的同等高校进行交流，那高职院校是不是也能产生一批跟世界上同行对等交流的学校？”③ 戴勇教授自20世纪80年代起担任中等职业学校校长，后又担任首批国家示范高职学院院长达15年，是改革开放后我国职业教育恢复重建、发展壮大的见证者和参与者。他提出的这一问题反映了一名高职学院院长的期待，其核心要义就是经过改革开放40年的大发展，我国职业教育有没有特色？有哪些特色？院长期待的背后有许多值得我们深思的问题。

指导思想上，关注“显绩”多，关注“潜绩”少

改革开放以来，无论是领导的讲话还是学者的研究，谈到改革开放以来我国职业技术教育值得骄傲的成绩，已经形成了三大习惯。一是习惯讲规模。我国形成了世界上最为庞大的中等职业技术教育和高等职业技术教育体系。二是习惯讲比例。中等职业技术教育和普通高中的招生规模“大体相当”，高等职业技术教育的院校数和在校生数占据高等教育的“半壁江山”。三是习惯讲贡献。我国经济一直以“两位数”的增长速度高位运行，其中职业技术教育功不可没。这些固然是中国职业技术教育的成绩，

---

① 谢俐．奋力推进新时代职业教育实现高质量发展［J］．中国职业技术教育，2018（19）：25-28.

② 谢俐．中国特色高职教育发展的方位、方向与方略［J］．现代教育管理，2019（4）：1-5.

③ 黄达人．高职的前程［M］．北京：商务印书馆，2012：270.

但套用企业管理“一流企业做标准、二流企业做品牌、三流企业做产品”的说法，中国职业技术教育目前还处于“做产品”的阶段，其“庞大的身躯”上，安装的似乎都是外来的“组装件”，缺少体现中国元素和核心技术的“芯片”。

教育研究上关注“外来”多，关注“本土”少

改革开放之前，我国教育主要是模仿和参照苏联的教育教学理论。改革开放之后，随着国门的打开及人员往来的日益频繁，更为广阔的大门向广大教育研究者打开，职业教育领域掀起了一波又一波的教育理论研究与教育教学改革实验高潮，其路径为“自西向东往南拐”。

所谓“自西”，就是改革开放后的职业技术教育研究，首先来自欧洲，以德国为主，研究的主题主要是双元制、现代学徒制等；“向东”是指北美地区的职业技术教育，以加拿大和美国为研究对象，研究的主题是能力本位（CBE）课程模式、社区学院等；“向南”则是指对澳大利亚职业技术教育的研究，研究主题是技术和继续教育（TAFE）。

诚然，上述国家的职业技术教育有着非常明显的特色，发展也非常成功。但这些职教模式取得的成功、结出的果实，都是在国外的环境、土壤、制度、文化基础上取得的。一些学者在推介这些成果时，往往忘却了一个很重要的事实，就是文化、制度、国情的差异，诸如双元制、学分制、现代学徒制等教育教学改革在我国开不了花结不了果，更难于生根，这些改革最终没有取得预期的成效。

因此，教育研究者必须在关注“外来”的同时，更加关注“本土”，研究中国职业技术教育必须与中国的国情相结合，对“中国特色职业技术教育”作更深入的研究。

教育管理上“改革”多，“坚持”少

“职业教育制度的每一次转变都彻底否定过去，但新的制度却未能如愿以偿，职业教育的命运在兴起与停滞之间循环往复。”① 这是学者对过往职业教育改革的反思，也是我们必须时刻保持警醒的重点。诚然，“创新是一个民族不竭的动力”，然而一些管理者为创新而创新，不注重实际效果。具体表现为：第一，“新官上任三把火”。一些院校的领导者，到了新

---

① 王红艳．变革下的本土化进程：20世纪上海职业教育研究［D］．上海：华东师范大学，2013.

的单位和岗位，不是埋头开展调查研究，而是立刻忙于推进改革，新举措不断，名义上进行了课改，实际上还是教师、教室、教材“三中心”，没有实质性改变，“换汤不换药”。第二，“玩概念”。在职教领域，很多教学改革停留在表面，喜欢跟风，玩文字游戏，人才培养模式“满天飞”，但真正能够落实到教学中并长期坚持的却比较少。“理实一体化”还停留在口号上，在教学内容、教学方法、管理体制等方面还是“两张皮”。第三，缺乏“专注”。一些职业院校像“猴子掰玉米”，什么新鲜学什么，没有自身的主见，更不能持之以恒。很多领导者急功近利，喜欢“一年干几件大事”，缺少“几年干一件大事”的耐心和“一棒接着一棒干”的韧劲。

要将戴勇院长期待变成现实，当务之急是要处理好“显绩”和“潜绩”、“外来”和“本土”、“改革”和“坚持”等三大关系。

2019-5-15

《静悄悄的革命》给高职教育的三点启示

最近，重读了由教育科学出版社2014年再版的日本教育学会会长佐藤学先生的著作《静悄悄的革命——课堂改变，学校就会改变》。作者在书中花了很大的篇幅阐述“以学生为中心”的理念，批评了教研活动“走过场”的现象，提出了学校管理应以教学为中心的具体举措等，这些理念和举措体现了作者对基层学校的了解和一线教学情况的掌握，值得高职教育管理者与教师反思、学习和借鉴。

教师教学层面要真正体现以学生为中心

佐藤学先生认为，在学生、教师、教材、学习环境4个教学要素中，“学生”是这些要素的中心。然而，在日本的学校中，学生中心却没有得到很好的体现，突出表现：一是缺失，二是虚假。所谓缺失，就是“把‘教的课程’组织得十分细致、周密、有计划，而与此相反，‘学的课程’的设计却十分薄弱”①。所谓虚假，就是一些学校和教师为了突出以学生为中心，在幼儿园、小学时代，教师过分地强调学生的主体地位，到了初中、高中后，学生就会尽全力去反抗小学时代被驯服出来的所谓主体性，其结果是“小学教室里的特征是‘闹哄哄’（发言过剩），而初中、高中教室的特征是‘静悄悄’（拒绝发言）”②。

佐藤学先生把教学过程的互动分成两种形式。一是教师与每个学生应对的活动。他把这种活动称为“tailoring”——“服装的裁剪”，意即这种活动如同裁缝师傅缝制衣服，是经过设计、裁剪而来的。二是与学生各种各样的想法、认识相互激荡回响的活动。他把这种活动称为“交响乐团”③，意思是不仅有师生互动，还有生生互动。佐藤学先生认为，一般来说，教师能够与学生个体开展互动，在教学中常常被忽略的是“交响乐

---

① 佐藤学．静悄悄的革命：课堂改变，学校就会改变［M］．李季湄，译．北京：教育科学出版社，2014：85.

② 佐藤学．静悄悄的革命：课堂改变，学校就会改变［M］．李季湄，译．北京：教育科学出版社，2014：10-11.

③ 佐藤学．静悄悄的革命：课堂改变，学校就会改变［M］．李季湄，译．北京：教育科学出版社，2014：34-35.

团”式的。如果教学以学生的“学”为中心，那么这种“交响乐团”式的活动就必不可少。因为在大部分的课堂上，恰恰是在这样的互动中，才能产生未经预设的问题、想法，从而真正达到启发思维、大胆设想的目的。

佐藤学先生还认为，“倾听远比发言更加重要”①，因为“善于学习的学生通常都是擅长倾听的儿童。只爱自己说话而不听别人说话的儿童（人）是不可能学得好的”②。在过往的教学过程中，教师上课时总是要求学生大声地、活泼地发言，而其实，在学生以自然的轻声细语来交谈的教室环境里，更能培育自立、合作的学习者，因为在感到放心、安全的氛围中进行有意义的交流时，学生通常都是在思考的同时把自己的心声慢慢地讲出来的。他还举例说明这一现象，一个在课堂中不喜欢发言的学生，在课后并不一定就是缄默的人，教师“最好仔细去看看课间休息时的学生，哪个学生‘发表能力和表现能力很欠缺’呢”③？

佐藤学先生在书中阐述以学生为中心的观点主要强调了两个方面：一是在教学过程中，学生中心没有得到很好的体现；二是如何客观地评价学生在教学过程中的表现。

在高职院校，以学生为中心虽早已提出，但在教学实践过程中，以学生为中心的理念并没有完全落实到位，如：高职教育的人才培养方案还是单一的方案，而学生的来源却呈现多元化趋势，有提前单招的、统招的，还有注册入学的，这些学生文化基础参差不齐，而按照统一的人才培养方案施教，肯定不能满足全体学生的诉求。再如：当前高职学生评价存在不少问题，从评价目的看，虽然高职教育已经成为高等教育发展中的一个类型，但学生评价制度仍然沿袭基础教育的做法，评价还侧重于学生智育方面，对学生的能力、态度、兴趣、实践、创新等方面的评价还较少涉及，学生评价还难以准确、全面地反映高职教育多元价值的达成情况。从评价主体看，对学生的评价主要发生在学校范围内，社会参与面不广，学生个体参与评价的机会就更少，教育是否满足自身发展的需求，学生更是缺少应有的话语权。从评价过程看，教育的复杂性和学生发展的多样性被一组

---

① 佐藤学．静悄悄的革命：课堂改变，学校就会改变［M］．李季湄，译．北京：教育科学出版社，2014：21.

② 佐藤学．静悄悄的革命：课堂改变，学校就会改变［M］．李季湄，译．北京：教育科学出版社，2014：59.

③ 佐藤学．静悄悄的革命：课堂改变，学校就会改变［M］．李季湄，译．北京：教育科学出版社，2014：23.

组僵硬的数字所湮没。从评价内容看，传统的学生评价过分注重学业和课堂，忽略了学生的精神世界和社会生活，发现学生身上闪光点的机制还没有形成。因此，当前高职教育落实以学生为中心的理念，一是要制定“一纲多本”的人才培养方案，以满足不同求学诉求的学生。二是制定专业选择制度，允许学生在一定期限内试读专业并提供选择专业的机会。三是改进评价方式，实施真正意义上的学分制，激发不同潜质学生在自己感兴趣的领域获得发展。

教科研工作要真正体现以运用为中心

教研活动，顾名思义就是研究教学的活动。在书中，佐藤学先生对当前的教研活动进行了批评。他认为，过去“大部分的教研活动往往在准备工作上倾注了大量的精力，准备过程中进行多次的商量讨论，但是最终不过是搞过了事”①。教师们追求的只是“做过了”“做完了”，根本找不到“有趣、愉快”的充实感。

佐藤学先生分析了这一现象背后的三大原因，主要是校长的领导力、教师的思维习惯及不恰当的教师文化等。为此，佐藤学先生认为，改变学校教研工作的第一步，就是要提高校长的领导能力。校长是学校的法定代表人，推进学校工作既是校长的责任，也是校长的权力。第二步就是改变教师的思维习惯。不能一说到研究课题，就习惯性地认为是全校统一规定的，都是学校科研处的事。全体教师要认识到教师才是教研的主体，科研部门只是协调和提供必要的服务。第三步是营造积极向上的教师文化。一是建立“合作性同事”（collegiality）制度②。佐藤学先生认为，“即便都是好的学校，也并非都好在同一个地方，所有好的教师也并非是同一类型的人”③。因此，要鼓励教师间互相学习、共同成长。二是建立所有教师一年一次的、在同事面前上公开课的制度。一些教师“在对待别的教师的工作时，可以毫无顾忌地指出其存在的问题，并趁那个教师不在的时候，散布含批评意味的闲言碎语”④。如果这种现象不改变，教师们自然不会愿意

---

① 佐藤学. 静悄悄的革命：课堂改变，学校就会改变［M］. 李季湄，译. 北京：教育科学出版社，2014：55.

② 佐藤学. 静悄悄的革命：课堂改变，学校就会改变［M］. 李季湄，译. 北京：教育科学出版社，2014：61.

③ 佐藤学. 静悄悄的革命：课堂改变，学校就会改变［M］. 李季湄，译. 北京：教育科学出版社，2014：57.

④ 佐藤学. 静悄悄的革命：课堂改变，学校就会改变［M］. 李季湄，译. 北京：教育科学出版社，2014：53.

敞开教室的大门，欢迎同事们来观摩。三是改变“年轻教师上公开课、年长教师提意见”的不平等现象。作者认为，要不以年纪大小论英雄，所有教师都有参与教研、共同创造教学方式的义务，无论年轻的还是年长的，都要站在同一起跑线上，都成为公开课的开设者、意见的提供者和教学的改进者。

看到上述文字，我们不禁要惊叹，这是何等熟悉的状况！在高职院校也存在着类似的情况，如：科研、教研工作还存在重申报、轻结果，重奖励、轻运用等现象。申报课题时层层发动，搞得声势浩大，等到课题申报成功之后，则鲜有人关心，结题往往是走个形式。申报到什么级别的课题给予什么样的奖励，文件规定得清清楚楚，然而对于课题的成果运用则很少要求。久而久之，科研、教研就变成了形式主义的“重灾区”。因此，高职教育的科研、教研工作要改变以级别论英雄的现象，坚持结果导向，聚焦研究质量，以运用为中心，以成效为关键，对于取得社会效益和经济效益的项目才给予奖励。同时，作为教学型的院校，高职院校应以教研为重点，聚焦如何提高教学效果。

学校管理要真正体现以教学为中心

为体现以学生为中心，佐藤学先生在书中也提出要对学校的管理进行改革，主要举措包括学校内设机构改革、教师管理及家校沟通工作等。

关于学校内设机构，作者对日本的一些学校提出了尖锐的批评。他认为，“教师之间的关系越是不太融洽的学校，学校的校务分管部门和委员会就越多，组织和机构也就越复杂。并且，越是分管细致、组织和机构复杂的学校，教师对于全校事务的责任感越是薄弱”①。关于教师管理，作者认为，“教师近一半的时间浪费在各种各样的会议和杂务上，而体现教师教育专家的工作时间，如授课、课前准备、教研活动、课程建设等却只占其中的一半”②。为此，作者呼吁管理工作要服从、服务于教学工作，要为教师“松绑”，要把宝贵的时间归还给教师，让他们专心研究教学业务工作，把以教学为中心真正体现在管理和服务工作全过程。

在高职院校，机构庞大、职能过细一直为人诟病，有机构必定要配备

---

① 佐藤学．静悄悄的革命：课堂改变，学校就会改变［M］．李季湄，译．北京：教育科学出版社，2014：62.

② 佐藤学．静悄悄的革命：课堂改变，学校就会改变［M］．李季湄，译．北京：教育科学出版社，2014：62.

一定的工作人员，最终导致行政人员与教学人员的比例严重失调。因此，当前最重要的是树立“小机关、大教学”的理念，党政职能部门实行“大部制”，合并职能相近的部门，空出的人员编制充实教学一线。同时，充分发挥信息技术的作用，改变“信息孤岛”现象，实行“一网通办”，让“数据多跑路，师生少跑腿”。同时要改变管理层级多、部门多、非常设机构多而形成的指挥多、会议多现象，能合并的会议尽量合并，能通过其他方式贯彻上级和学校要求的就不要再开会，切实让教师有更充裕的时间用于教学和研究。

读完《静悄悄的革命——课堂改变，学校就会改变》一书，笔者深深感到佐藤学先生观察日本学校之细、分析问题之深、解决问题的举措之实。日本、中国同属东亚文化，在日本学校出现的情况，在中国的学校中也是广泛存在的，因此，佐藤学先生的理论和实践对于解决我国高等职业教育教学和管理中存在的问题也有着重要的借鉴意义。

2019-8-20

中学语文名篇与职业启蒙教育

《国家职业教育改革实施方案》中指出，“鼓励中等职业学校联合中小学开展劳动和职业启蒙教育，将动手实践内容纳入中小学相关课程和学生综合素质评价”。

职业启蒙教育是开启学生的职业兴趣、职业情感和职业理想，培养学生职业倾向、职业意识及初步职业技能的教育。从小开展职业启蒙教育，有助于孩子尽早了解职业世界，认识职业的性质，培养良好的职业态度，进而激发自身的职业兴趣，为今后适应职业环境奠定坚实的基础。

我国的职业启蒙教育发展缓慢，而美国、英国、日本等发达国家的职业启蒙开始较早，具有丰富的理论研究成果、明确的政策规划和多样的实践路径。中小学是人的职业意识觉醒的重要阶段，如果把职业启蒙教育“嵌入”中小学课程中去，则可以有意识地培养中小学生的职业意识，达到事半功倍的效果。以中学“语文”课程为例，教材中选用了许多脍炙人口的名篇，其中一部分就是职业启蒙的“活教材”。

如《卖油翁》是宋代文学家欧阳修创作的一则写事明理的寓言故事，记述了陈尧咨射箭和卖油翁酌油的事，通过卖油翁自钱孔滴油技能的描写及其对技能获得途径的议论，说明了熟能生巧的道理。语文教师一般都是从故事情节、写作手法、文章风格方面进行分析，但是如果换一个视角，把这篇文章与行行出状元的道理结合起来进行职业启蒙教育，那么这篇课文就是一个很好的案例。卖油这一职业非常普通，但是该文中“卖油翁”把倒油技术练到了炉火纯青的程度。通过对这篇课文的学习，教师可以告诉学生职业没有高低贵贱之分，把平常的事情做到极致则是不平常，只要对自己的职业感兴趣，有志于为自己从事的职业而努力，最终一定会获得成功，成为这些职业中的“大师”。

再如《庖丁解牛》也是大家耳熟能详的一篇名文。《庖丁解牛》是先秦道家学派代表人物庄子（庄周）创作的一则寓言故事。全文分四段：第一段写庖丁解牛的熟练动作和美妙音响；第二段写文惠君的夸赞，从侧面烘托庖丁技艺的精湛；第三段是庖丁对文惠君讲述自己如何达于“道”境的三个阶段；第四段写文惠君听后领悟了养生的道理。作者原意是用它来说明养生之道的，借此揭示做人做事都要顺应自然规律的道理。从语文教学的角度分析，《庖丁解牛》是采用夸张、对比、映衬、描摹等多种手法，表现庖丁解牛技巧的纯熟、神态的悠然、动作的优美、节奏的和谐、身心的潇洒等。如果与当下大力倡导的精益求精的工匠精神联系起来，这篇文章也可以成为职业启蒙教育的一个案例。敬业、精益、专注、创新是工匠精神的重要内涵。庖丁历经反复实践，终得解牛之道，终成厨工翘楚。他的技艺不是凭空得来，而是历经日复一日的实践磨砺而成，正如老子所言："天下大事，必作于细"，要想使技艺炉火纯青，须得踏踏实实做功夫。

现代文也有许多可以作为职业启蒙案例的文章。如《从百草园到三味书屋》《邓稼先》等文章，就可以在鲁迅选择弃医从文、邓稼先隐姓埋名最后成就伟大的事业的案例中嵌入职业理想的启蒙教育；《苏州园林》《中国石拱桥》《桥之美》《故宫博物院》等文章，则可以通过介绍园林之美、建筑之雄伟，培养学生对园林、建筑的浓厚兴趣；《敬业与乐业》可以通过论述有业之必要、敬业之重要、乐业之重要，讲述敬业和乐业的重要；外国文学名篇《威尼斯商人》则可以通过夏洛克这一唯利是图、冷酷无情高利贷者的典型形象，揭示诚实守信、诚信为本的从业之道。

在赏析这些名篇的故事结构、遣字造句、语言特色的同时，可以将其作为职业启蒙教育的生动教材，以此增加这些名篇名著的"附加值"。职业启蒙教育在我国尚处于"启蒙"阶段，在大力倡导"三百六十行，行行出状元"和大力弘扬劳模精神、劳动精神、工匠精神的新时代，职业启蒙教育尤为重要。开展职业启蒙教育是一项系统工程，需要全社会的共同努力。作为中小学的各科教师，要做个有心人，充分挖掘课程中的职业启蒙元素，把学科课程与职业启蒙教育有机融合起来，从而达到"润物细无声"的效果。

2019-10-8

高职“扩招学生”如何教

2019年国务院《政府工作报告》首次提出高职扩招100万，扩招主要面向应届高中毕业生和退役军人、下岗失业人员、农民工和新型职业农民等对象（以下简称“扩招学生”）。高职扩招是党中央、国务院立足当前、着眼长远，统筹经济社会发展做出的一项利国利民的重大举措，无论从经济社会发展对高素质技能人才的大量需求，还是从当前如何稳就业、促就业来看，十分必要，意义重大。一是稳就业的重要举措。随着经济下行压力等多种因素叠加影响，就业形势严峻复杂。高职扩招将有助于缓解就业压力，也有利于社会和谐稳定。二是扩大高等教育人口比例。扩招使退役军人、下岗失业人员、农民工和新型职业农民有了接受高等职业教育的机会，为他们实现更高质量就业提供了重要保障。三是有利于提升高等职业教育服务能力。高职扩招是《中国教育现代化2035》提出的八大发展目标之一的“职业教育服务能力显著提升”的集中体现，将为现代制造业、现代服务业、现代农业等产业一线输送更多高素质的技术技能人才，同时倒逼高等职业教育的大改革大发展。当前，这批扩招学生已陆续开学，开始一段不同寻常的求学之路。高职扩招学生，与普通高职学生相比，他们的年龄悬殊较大，社会阅历各异，文化基础参差不齐，升学诉求也不尽相同。因此，针对这一特殊群体，如何做好接收社会生源的充分准备，学校如何转变教学模式成为承担扩招任务的高职院校的一道必答题。要答好这道题，高职院校必须做好以下几个方面的工作。

定制人才培养方案

扩招生源存在年龄层次大、基础知识能力参差不齐等特征。生源结构发生重大改变，势必倒逼高职教育教学模式要随之发生变革。因此，高职院校不能简单照搬普通的人才培养方案，而是要加强学情分析，及时了解扩招学生的诉求，适应多类型生源特征，根据他们的学业基础，制定有针对性的人才培养方案。其课程体系要体现“实践到理论”“实践先于理论”“实践多于理论”的理念，合理确定实践与理论教学的比例。

再造职业情景

实践教学在高职人才培养过程中起着至关重要的作用，重视实践教学条件建设和强化实践能力培养是我国职业技术教育的一条宝贵经验。扩招学生社会阅历丰富，大多有一定的工作经验，实践动手能力较强，但文化基础知识相对薄弱。因此，高职院校要着力于职业情景的构建和再现，通过理实一体化教室和“学习岛”等，为理实一体化教学、项目教学、工作过程系统化教学、工学结合式教学等“做中学”提供便利的条件。

实施“小班化”教学

与普通的全日制高职学生相比，扩招学生大多是有家庭、有工作的社会人员，虽然性质为全日制，但却具有明显的“成人教育”特点。因此，如何帮助扩招学生协调好学习与工作、家庭的关系，教学组织方式的调整势在必行。要根据扩招学生的实际情况，实行弹性学制，采用灵活机动的“小班化”教学组织形式，实施因材施教。在教学中，要以工作任务为导向，以“做中学”为主线，积极探索自主学习、合作学习、远程学习等形式。

确立个性化评价方法

要根据扩招学生的学习需求和学习特点，改革“一考定成绩”的评价制度。要积极推行学分制，给予学员更多的选择，满足学员不同的需求。积极探索“1+X”模块化课程需求，帮助学员获取职业技能等级证书。如果取得职业技能等级证书，可以根据证书等级和类别免修部分课程。对于学员其他的学习成果，高职院校要进行合理的认定、累积和替换。

遴选“教练型”教师队伍

高职院校要选拔一批既有扎实理论基础又有较强实践动手能力的“教练型”教师来从事扩招学生的教学工作。同时可以推行导师制，不仅对扩招学生的日常思想进行引导，还要对他们的学习开展全方位的指导，改变教与学相分离的状况。

挑战和机遇从来都是一对孪生兄弟。高职扩招 100 万，既是巨大压力也是强劲动力。招收扩招学生，这是一个新生事物。高职院校的招生录取、教学管理、学生管理等许多制度都要针对这一情况进行修订。教育部门和高职院校只有真正用心去做，才能获得扩招学生的认可，才能使这项民生工程成为民心工程。

2019-11-30

“教育焦虑”何时休

现在让人焦虑的事情特别多，尤其是家有孩子的家长。要上幼儿园了，该上公办还是民办？家长焦虑。要上小学了，要不要买学区房？家长还是焦虑。要中考了，“普职分流”，家长更焦虑。最近，关于“普职分流”，北京出台了一个政策，似乎可以减轻点家长的焦虑。

2022 年 3 月 19 日，北京市教育委员会发布了《关于做好 2022 年高级中等学校考试招生工作的意见》（以下简称《意见》）。《意见》中提到，为系统推进教育评价改革，探索多元招生录取方式，2022 年将开展中等职业教育自主招生试点，在东城区和西城区的部分普通高中开展登记入学试点，具体办法由东城区、西城区制定发布。3 月 22 日，北京东城和西城两区教育部门都发布了关于开展普通高中登记入学试点工作的通知。根据通知，东城区试点校为北京市第二十一中学和北京市第五十中学分校，西城区试点校为北京市第五十六中学、北京市宣武外国语实验学校和北京市西城职业学校附设普通高中班。其中，前 4 所学校的登记入学计划均为 80 人，西城职业学校附设普通高中班登记入学计划为 100 人。通知明确规定，已参加 2022 年初三年级初中学业水平考试报名、具有普通高中升学资格且具有本区所在学校连续三年学籍的应届初三年级学生可自愿报名参加登记入学，报名学生还需满足初中综合素质评价等级达到 B 等及以上，地理、生物科目初中学业水平考试的卷面成绩不低于 42 分（卷面成绩总分值 70 分）的要求。各试点校报名时间均为 4 月 16 日，每名学生仅可报名 1 所试点校（同时报名 1 所以上学校的学生将被取消报名资格）。符合条件的报名学生人数小于或等于试点校登记入学计划时，全部予以录取；符合条件的报名人数大于登记入学计划时，严格按照登记入学计划人数录取。4 月 22 日，报名学生可通过北京教育考试院网站查询录取结果。被普通高中登记入学录取的学生继续参加初中学业水平考试，成绩记为“合格/不合格”，不再参加中招志愿填报和其他招生录取。这意味着，北京东城区和西城区将有共 420 名学生的中考成绩不影响他们入读普通高中。

两种观点

消息一经发出，立刻形成了两种观点。一种观点是“乐观派”。持这一观点的人认为，这一政策给初中成绩相对靠后的学生，特别是可能考不上普通高中但又不想上中职的学生，增加了上普通高中的机会。另一种观点是“悲观派”。持这一观点的人认为，此次试点的几所学校中考分数线靠后，本身生源不佳，对大多数学生和家长的吸引力较小。2022 年北京普通高中招生规模为 7.4 万人左右，中等职业教育招生规模为 3.3 万人左右。按此计算，普职比约为 7∶3。因此，北京的教育焦虑主要不在“普职分流”上，而在于让孩子“上名校”。因为北京的教育资源相对丰富，实际能上高中的学生不会低于七成，“普职分流”压力并不算太大。同时，北京的教育资源丰富却不均衡，高中名校主要集中在东城、西城和海淀三个区，“上名校”的竞争比较激烈。无论对这一政策持乐观还是悲观的态度，其共同点在于都不反对这样的政策，只是认可这一政策的程度不一样而已。

高中在行动

尽管登记入学举措未必能缓解北京家长、学生的教育焦虑，但值得关注的是，北京正在努力解决优质教育资源分布不均衡的问题。北京市教育委员会的《意见》按照教育部关于完善优质普通高中招生计划分配到初中学校相关政策要求，将全市优质普通高中不低于 50%的招生计划分配到一般初中校，统筹优质教育资源配置，落实校额到校政策，有利于促进基础教育优质均衡发展。因此，北京的政策具有“风向标”意义，在一定程度上有利于减轻一部分家长和学生的焦虑。

中职怎么办

2022 年 3 月 18 日，《解放日报 · 上观新闻》记者专访了华东师范大学终身教授石伟平。石伟平是华东师范大学终身教授、华东师范大学职业教育与成人教育研究所名誉所长，是我国职业技术教育学专业第一位博士生导师，曾任亚洲职业教育学会（AASVET）会长、中国职业技术教育学会副会长兼学术委员会主任、国家宏观教育政策研究院首席专家。他认为，“普职分流”是我们国家一项既定的教育政策。长期以来，上海的普职比基本维持在 6∶4，60%的学生进入普通高中，40%进入中等职业学校。实际上，中等职业学校的学生并不像以前那样毕业后都去就业了，在长三角和珠三角这些经济发达地区，中职学生毕业以后直接升学的比例都在 75%

以上，有的省甚至达到85%以上。原来中等职业学校是以就业为主、升学为辅；现在是倒过来了，基本上中职毕业生是以升学为主、就业为辅。石伟平教授坚信，对于职业教育的偏见一定会被打破，现在高中已经在行动，中职校怎么办？“十四五”期间，中职校要思考如何提高办学质量、如何增强吸引力两大关键问题。

高中和中职，家长怎么看

当前，存在教育焦虑是普遍的社会现象，有的家长在孩子入学时遇到一定的难题，如家校距离远等实际困难，让他们举棋不定，一时难以抉择，产生一定的焦虑，这是正常的，并且这种焦虑是短暂的。另一种焦虑则是不顾自家孩子的情况，把目标设定得过高，在孩子没有达到预设的目标时，就产生焦虑，且这样的焦虑不是短期能消除的，这样的过度焦虑就不足取。

教育分流是世界上大多数国家的通行做法，只是有的国家早一点，有的国家晚一点，但大部分都是在学生初中毕业以后开始实行普职分流。当然，现在有些中职学校的校风不太好，中职生的学习习惯也不够好，这是中职缺乏吸引力的主要原因。另外，以前中职的培养目标主要是就业，从事“蓝领”岗位工作，在“唯有读书高”的传统文化氛围下，很多大学毕业生都在“考研”“考公”，不要说中职，就是高职甚至高职本科都处于教育的弱势地位。因此近几年不断有人提出，要把“普职分流”推迟到高中毕业以后。笔者也同意这样的观点，至少在全国不要搞“一刀切”，既不要全国统一的“五五”比例，也不要全国统一的初中后分流。最好的办法是把决定权下放到省级层面，由省级政府根据本地的经济社会发展情况，通过地方立法解决这一问题。

作为家长也要认清两个基本事实。第一，目前在中国，考试还是最公平的办法，分数面前人人平等，通过中考分数实现分流无可厚非，至少在目前的情况下，没有比考试更好的方法。第二，要搞清楚自己的孩子是否适合继续读普通高中。一部分学生的语数外学习有差距，动手能力有天赋，更适宜职业教育。因此，家长过度的焦虑完全没有必要，条条大路通罗马，要转变观念，放下焦虑，让孩子勇敢地走适合自己的道路，不要人云亦云，要多做“纵向比较”，善于发现自己的孩子在持续进步，要少做“横向比较”，不要动辄“别人家的孩子”，给自家孩子制定不切实际的目标，否则不仅自己焦虑，还会让焦虑代际传递。

2022-3-22

新职业教育法实施后的高职愿景

职业教育是我国国民教育体系和人力资源开发的重要组成部分。1996年公布实施的《中华人民共和国职业教育法》对发展职业教育、提高劳动者素质发挥了积极作用。随着我国进入新发展阶段，职业教育重要地位和作用越发凸显，为推动职业教育高质量发展，着力解决职业教育体系建设不够完善、企业参与办学动力不足、办学和人才培养质量参差不齐等问题，2022 年 4 月 20 日，第十三届全国人大常委会第三十四次会议审议通过了新修订的《中华人民共和国职业教育法》（以下简称“新职业教育法”）。

据教育部政策法规司司长邓传淮介绍，新职业教育法主要体现了加强党的领导、强调同等重要、加强统筹管理、推进体系贯通、坚持多元办学、深化产教融合、突出就业导向、强调德技并修、完善保障机制等十大亮点①。教育部职业教育与成人教育司司长陈子季说，“国家对职业教育的认识越来越清晰，发展路径越来越清晰。可以预期，修订完善后的职业教育法，必将更加充分地发挥出其作为我国职业教育领域基本法的规范、引领作用，为促进职业教育高质量发展打下坚实的基础”②。现以高职教育为例，谈谈新职业教育法实施后高职教育的愿景及评判标准。

第一，取得同等地位，高职院校的学生及家长脸上是否有“光”。

新职业教育法规定了职业教育是与普通教育具有同等重要地位的教育类型。在价值追求上，要营造人人努力成才、人人皆可成才、人人尽展其才的良好社会氛围，把学业证书、培训证书、职业资格证书和职业技能等级证书作为受教育者从业的重要凭证，强调提高技术技能人才的社会地位和待遇。2021 年中共中央办公厅、国务院办公厅印发《关于推动现代职业教育高质量发展的意见》提出，“到 2035 年，职业教育整体水平进入世界前列，技能型社会基本建成。技术技能人才社会地位大幅提升”，因此，职业教育与普通教育无论在国家认识层面还是法律层面，都取得了同样重要的地位，但当前在群众认可度方面，职业教育仍被认为是次等教育。因

① 张欣，欧媚．十大亮点保障职业教育高质量发展［N］．中国教育报，2022-04-28（1）．
② 欧媚，张欣．修法带来职教改革红利［N］．中国教育报，2022-04-28（1）．

此，新职业教育法实施后，广大考生如果能够按照自己的职业倾向和兴趣爱好主动选择高职院校，考上高职院校的学生家长也能和考上普通高校的学生家长一样风风光光地办一次“升学宴”，那就说明职业教育的吸引力确实得到了增强，不仅是在国家认识和法律地位层面，而且在大众认知层面，职业教育已经真正和普通教育“平起平坐”了。

第二，职教体系完备，看院校结构是否有“型”。

新职业教育法提出，要构建现代职业教育体系，既要实现纵向贯通，形成技术技能人才培养的完整通道，又要横向融通，构建职业教育与普通教育的“立交桥”。在纵向贯通方面，2019 年国务院《国家职业教育改革实施方案》明确提出要“开展本科层次职业教育试点”，旨在打通高职教育体系的“断头路”。2021 年《关于推动现代职业教育高质量发展的意见》又要求加快建立“职教高考”制度，并提出到 2025 年，职业本科教育招生规模不低于高等职业教育招生规模的 10%。之后，本科层次职业学校设置工作稳步推进。2021 年全国教育事业统计结果显示，全国高职（专科）学校 1486 所，本科层次职业学校 32 所；高职（专科）招生 552. 58 万人，职业本科招生 4. 14 万人；高职（专科）在校生 1590. 10 万人，而职业本科在校生仅为 12. 93 万人。虽然目前本科层次职业学校数量明显偏少，招生数、在校生数量也偏少，但希望随着新职业教育法的实施，本科层次职业学校会有一个加速发展期，最终形成专科、本科层次高等职业学校的合理结构，由此构建起中国特色的高等职业教育学校“型态”。

第三，突出类型特色，看教学体系是否有“变”。

新职业教育法首次以法律形式明确“职业教育是与普通教育具有同等重要地位的教育类型”，但关于高职教育的类型特色，目前还没有达成共识。笔者认为，构建行动导向教学体系是职业教育类型特色的应有之义。

根据系统论的观点，体系是具有一定结构的、由若干要素组成的并体现一定功能的一个整体。教学体系一般包括教学理念、教育主客体、课程、教学组织形式、教学方法、教学环境及教学评价等要素。要素一致，但内涵不同，发挥的功能也不一样，由此形成不同的教学体系。那要素的内涵究竟是什么？笔者认为，理论和实践是教学体系各内涵的重要变量，“理论导向”是普通高等教育教学体系的重要特征，而“行动（实践）导向”则是高等职业教育教学体系的重要特征。

新职业教育法实施后，可以从以下 7 个方面观测高等职业教育的类型特色：一是高职教育要遵循实践导向理念而非理论导向理念，从教学理念看其是否实现了从知识本位到能力本位的转变；二是高职教育培养目标是实践能力较强的技术技能型人才而非具有扎实理论基础的学术型人才，从培养目标看其是否实现了从传统知识传授到综合职业能力培养的转变；三是高职教育以完成工作任务为主要学习方式，从课程体系看其是否实现了从学科体系到项目课程体系的转变；四是高职教育要求以小组为单位开展合作学习，从教学组织形式看其教学活动是在便于理实一体的专业教室进行还是在便于理论教学的普通教室进行；五是高职教育是基于问题、任务和情境的学习，从教学方法看其教学过程是从实践切入还是从理论切入；六是高职教育强调完成真实情境中的工作任务，从教学环境看其是否实现了单一的学习场景向多功能的工作环境转变；七是高职教育注重学生行动能力的培养，从评价重点看其学习是否实现了从理论知识的掌握到完成实际工作任务能力的转变。

由此可见，高职教育是否用行动导向的理念赋予现有教学体系各要素以新内涵，是体现高职教育的类型特色、真正实现职业教育从“层次”到“类型”转变的重要方面和关键指标。

第四，注重双师队伍建设，看教授手上是否有“油”。

新职业教育法明确要着力加强“双师型”教师队伍建设，国家建立职业教育教师培养培训体系，建立适合职业教育特点的教师岗位设置、职务评聘制度，创新方式聘请技能大师、能工巧匠、非物质文化遗产代表性传承人等担任专兼职教师。

教育部职业技术教育中心研究所借助全国职业教育调研联盟，在 2020 年 4 月至 5 月开展了首次全国职业院校教情调查。调查结果显示，在做职教教师前，高职教师与所教专业相关的企业工作年限中位数为 1 年，48.4%的高职教师不具有任何与所教专业相关的企业工作经历；在所教专业领域的企业现用技术工艺、新技术新工艺与新规范两方面，仅小部分掌握或完全不掌握的高职教师相应的比例分别为 13.6%和 17.7%①。为此，新职业教育法颁布后，对高职教师开展企业实践轮训是一项重大工程。

职业院校的“双师型”教师，通俗一点讲，就相当于教练。教练是训练他人掌握某种技能活动的专业人员，适用于所有的学习关系，其工作就是运用自身的知识和技术帮助学习者获得某种技术和技能。一个优秀的教练需要具备相关专业的基础理论、较高的技术水平、先进的教育教学常识及独特的训练方法等。为此，高职院校“双师型”教师要向优秀的教练看

---

① 教育部职业技术教育中心研究所课题组．全国职业院校教情调查报告［N］．中国教育报，2020-10-16（10）．

齐。开创高校社会服务功能的开山鼻祖、美国威斯康星大学校长查尔斯·范海斯曾提出“教授靴子上要有牛粪”，意思是要求高等学校的教授要走出校园，在为社区经济与社会发展服务的过程中提高自身的实践能力。因此，新职业教育法实施后，观测高职“双师型”教师队伍建设的成效，就是要看高职院校的教授能不能履行教练的职责，他们的手上是否有“油”，即在学校能进得了课堂，在工厂能开得了机床，在农场能下得了鱼塘，还要上得了技能大赛的赛场。如此，高职既有扎实理论基础又有过硬技术技能的“双师型”教师队伍才算真正建成。

第五，依法自主设置专业，看高职院校能否克服“千校一面”。

新职业教育法规定，职业学校可以根据产业需求，依法自主设置专业，在专业发展的重点上，要大力发展先进制造等产业需要的新兴专业，加快培养托育、护理、康养、家政等方面技术技能人才。2021 年，《关于推动现代职业教育高质量发展的意见》明确提出，“围绕国家重大战略，紧密对接产业升级和技术变革趋势”，优先发展一批新兴专业，加快建设一批人才紧缺专业，改造升级一批传统专业，“撤并淘汰供给过剩、就业率低、职业岗位消失的专业，鼓励学校开设更多紧缺的、符合市场需求的专业，形成紧密对接产业链、创新链的专业体系”。然而，现在高职院校专业“同质化”现向仍然非常严重，这说明以往高职院校专业设置的自主性过大，而政府主管部门对专业设置的监管明显乏力。因此，新职业教育法实施后，理想状态就是在专业建设上切实改变“千校一面”的倾向，开创百花齐放的良好局面，每个学校都有各自的特色，“说到哪个专业就能想到哪些学校，说到哪些学校就想到哪些专业”。

第六，建立质量评价体系，看行业组织、企业等参与者是否有“权”。

新职业教育法明确要建立符合职业教育特点的质量评价体系，评价过程应当吸纳行业组织、企业等参与，应当突出就业导向。

利益相关者理论认为，“一个利益相关者是任何一个影响公司目标的完成或受其影响的团体或个人。利益相关者包括雇员、顾客、供应商、股东、银行、政府，以及能够帮助或损害公司的其他团体”①。按照这一理论，高职教育的相关方主要包括履行监管职责的政府、学生及家长、用人单位三大主体。政府主管部门对高职人才培养的评价主要包括评估、考核及各类单项检查等，相对比较健全，而学生及家长、用人单位的评价目前

---

① 爱德华·弗里曼. 战略管理：利益相关者方法［M］. 王彦华，梁豪，译. 上海：上海译文出版社，2006：2.

不够完善。因此，新职业教育法实施后，应重点加强学生和家长及用人单位评价的力度，真正让他们在高职质量评价上有“话语权”。学生和家长的评价主要聚焦在学校人才培养过程的满意程度上。用人单位对同类专业毕业生的总体评价，包括毕业生的职业道德、职业素养、技术技能水平、创业能力、稳定性等方面。如此，构建起政府、学生及家长、用人单位“三驾马车”组成的高职人才质量评价主体，才能共同推进高职人才培养过程的优化与持续改进。

有理由相信，在新职业教育法的引领下，我国现代职业教育体系建设的步伐将不断加快，职业教育的适应性和社会认可度也将得到有效提升，职业教育为全面建设社会主义现代化国家提供有力人才和技能支撑的能力将不断跃升，职业教育也将真正成为就业有能力、升学有优势、发展有通道的教育类型。

2022-5-28

教育管理面面观

教育管理是对整个教育系统进行规划、统筹、指导、协调和监督的过程，是促进教育改革、发展、稳定的重要手段，既包括教育行政管理，也包括学校管理。我国教育行政部门和各级各类学校在《国家中长期教育改革和发展规划纲要（2010—2020 年）》和《关于深化教育体制机制改革的意见》指导下，开展了深层次、宽领域的改革工作。在管理实践中，有争议、有瑕疵，但更多的是教育智慧。这部分内容主要记述的是发生在我们身边的各种教育热点及对这些热点的反思。

从“院士站着讲课，学生趴着睡觉”说开去

据媒体报道，2014 年 9 月 16 日下午，在北京人民大会堂 2014 年首都高校科学道德和学风建设宣讲教育报告会上，92 岁高龄的国家科技最高奖获得者吴良镛院士一手拄着拐杖，一手在工作人员的搀扶下，一步一步缓缓走上了报告台。他用 35 分钟做完了以“志存高远 身体力行”为题的报告。他坚持站着做完了报告，此情此景让不少与会听众为之动容。但放眼台下，就在吴老做报告的过程中，大批后排的学生“倒”下，趴在桌上睡去。当天，台下坐着的是首都多所高校近 6000 名新入学的研究生①。

此事一经媒体报道，引来一片哗然，大致出现 4 种声音：一是“没有素质”说，不少网友批评学生“没素质”；二是“内容不接地气”说，对于学生睡“倒”不少，有人质疑报告内容是否接地气；三是“安排不妥”说，有学生反映，中午未及休息，又没有水喝，导致疲惫，“倒下”难免；四是“媒体夸张”说，有人指责媒体以偏概全，夸大其词。一时间，围绕“院士报告，学生睡觉”，参与者、旁观者、评论者等各方展开了“论战”，笔者也想在此凑个“热闹”，从组织者、讲座者、听讲者、报道者等 4 个方面谈点个人看法。

组织者是否考虑了学生的基本需求

据报道，“首都高校科学道德和学风建设宣讲教育报告会”自 2011 年开始，已连续举办了 4 届，今年的报告会于 9 月 16 日在北京举行，邀请了著名建筑学家吴良镛院士、基础数学家杨乐院士和固体力学家杨卫院士作报告。全国政协副主席、中国科协主席韩启德出席报告会并作了讲话。首先登场的是两院院士、国家最高科学技术奖获得者吴良镛。吴老上一次站在这里是在 2012 年年初，那年，他从时任国家主席胡锦涛手里接过国家最高科学技术奖的大红证书。那次，他在台上的时间也不过 5 分钟。令人感动的是，吴良镛院士婉拒主持人和主办单位坐着讲的请求，坚持走上讲台，站着做完了报告。为防止老人出现意外，组织方还安排一名工作人员

---

① 宋广玉．院士讲座有人睡倒谁之过［N］．中国青年报，2014-09-18（2）．

搬了凳子坐在其身后。

在考虑吴院士身体状况方面，组织者在细节方面做得很好，但对听讲者的安排和要求则显得不够人性化。据受访学生透露，为了参加在人民大会堂举办的这场报告会，部分高校要求学生在中午 12 点 40 分集合完毕坐车出发，并根据要求不让学生携带书包、水等物品，有的还禁止携带手机。这样的安排，直接导致学生中午没有时间午休，在听讲过程中，又没有得到水、饮料等补充，难免困倦。

反思一下我们的学生活动，烈日下军训、雨中集会这样的事情还是经常出现的。由此带给我们的启示是，作为组织者，在组织相关活动时，也要换位思考，如果考虑得不够周全细致、缺乏人性化的安排，可能就达不到预期的效果，还可能事与愿违。

院士的讲座内容是否让人期待

再来看吴院士的报告，是否存在报告内容不怎么吸引学生导致学生“倒下”的情况呢？从两个方面来佐证。一是吴院士本人的看法。吴老对媒体表示：“我还比较注意这个问题，因为我经历的年代和当前不一样，所以比较注意，尽量选择让当前学生能够了解的（内容）。”① 由此可以看出，吴良镛院士对报告的内容和时间还是有所考虑的，考虑到自己经历的年代和现在的学生有所不同，考虑到学生的感受。由此他与同学们分享了几个亲身经历，其中包括 1946 年他得到梁思成赏识和言传身教，在梁思成的推荐下赴美留学，然后响应号召回国投入建设的往事。二是现场听众的反映。“吴老讲的比教科书上真实有趣得多。”据一些同学回忆，吴院士演讲全文里并没有特别晦涩的内容，但现场或许吴老年岁已高，声音不是特别清楚，大家只能借助屏幕来理解报告内容。从“凤凰网”整理的书面文字看，吴院士的报告条理清晰，并没有太多的空泛口号，有的只是亲身感悟式的教导，若非有亲自聆听者所称的“年岁已高，声音不是特别清楚”的情况外，应该是一篇非常励志的演讲。

听众最起码的尊重到哪去了

身为大学教师的陈鲁民认为，“对学生上课打瞌睡这事早已见怪不

① 许路阳，侯润芳，赵欢．院士作报告学生睡觉 学生称睡的不多［N］．新京报，2014-09-18（19）．

怪……学生打瞌睡与讲课水平未必都有必然联系"①。学生打瞌睡与讲座、讲课内容没有必然联系，那必然联系到底是什么呢？

本次报告是否存在违背学生意愿，被强制来听讲座接受教育的情况呢？据一位亲身参与的学生介绍，这个活动是自愿参加的，而且名额很少，名额需要先报名才能抢到，他们班级 39 人只有 3 个名额。由此看来，学生并不是强制而来。

既非强制而来，讲座内容也考虑了学生的期待，那只能从学生自身查找问题了。在报告会上"倒下"的除了身体，还有什么呢？一是实在差劲的耐力。吴院士的讲座安排在第一个，且也只有短短的 35 分钟，就有那么多学生"倒下"，说明有些学生的身体素质和心理素质实在不能令人满意，与在电脑前鏖战通宵打游戏的精气神形成了鲜明对照。二是无视别人劳动的行为。浙江大学农学院叶恭银教授认为"目前很多大学生的失'礼'行为，源自他们在家庭教育中被过度宠爱，形成了以自我为中心的思维习惯，在公共生活中容易忽视'礼'"。叶教授认为，大学里最基本的，就是学会尊重、学会感恩②。如果说现场的研究生对吴院士不够尊重，也有失公允，最起码对大多数没有"倒下"的同学不公平。据有的学生代表回忆，当看到 92 岁高龄的吴良镛院士在工作人员的搀扶下，拄着拐杖进门，和其余几人走向主席台时，同学们纷纷自发鼓掌致敬。那些"倒下"的学生不仅是无视演讲者的辛勤劳动，也空占了宝贵的名额和资源。三是眼高手低的做派。此次作宣讲报告的嘉宾是我国三大领域德高望重的三位院士。尤其是吴良镛教授，还是两院院士、国家最高科学技术奖的获得者。据报道，参加本次报告会的研究生来自首都高校、科研院所及部队高校等 60 多家研究生培养单位，包括了理、工、农、医及人文社会科学、艺术、体育等各学科的研究生新生。作为研究生新生，能够亲耳聆听院士的教诲，不仅是一种福分，我们更应该把他们作为自己的人生标杆。遗憾的是，那些"倒下"的研究生，错失了宝贵的机会。面对这样的现象，作为大学生思政教育工作者，不要说什么"成就感"了，连"存在感"也荡然无存。

媒体在报道中有没有夸大其词和以偏概全

从现场图片看，在人民大会堂一层斜后排，至少有十余名学生趴在桌

---

① 陈鲁民．"成片睡倒"怪谁？［N］．长沙晚报，2014-09-23（17）．

② 王若青．人人都成为崇德向善的主体［N］．中国教育报，2014-03-17（12）．

上。但针对媒体的报道及泛滥而至的批评之声，一位名叫@逍遥 0425 的山东网友表示，他亲自参加了活动，睡倒的同学并没有新闻画面里展示的那么多，并高呼“睡觉这事越来越离谱了！亲身经历一次，才发现媒体有多不靠谱”。在吴老作报告的时候，现场多次响起热烈掌声，睡觉的特别少，记者发的那几张照片，仔细看的话，很像是同一些人，只是从不同角度拍摄的。他还表示，“6000 多人，如果真睡觉的特别多，用得着这样吗？”

同样是现场参与者，网友的观点和记者的相片，读者到底是信谁的？不过有一点是值得大家关注的，就是现时媒体的“狂热症”。发生一起幼儿园砍人事件，全国各地竞相报道；发生一起大学生失联事件，全体媒体紧紧跟上；发生一起军训事件，全部舆论紧抓不放。有些媒体唯恐学生没事，唯恐学校风平浪静，世界这么大，社会阶层这么多，而学生、学校现时正成为某些媒体消费的重点、负面新闻炒作的热点。

从“院士站着讲课，学生趴着睡觉”这一事件看，无论是组织者、讲座者、听讲者、报道者，都有许多值得反思之处。

2014-10-7

胡适先生的毕业致辞给大学校长的启示

每到开学和毕业季，媒体总会把焦点对准大学校长在典礼上的致辞，有追捧的，也有贬损的，可谓热闹非凡。

引领“新潮”致辞的校长代表

不知从何时起，在开学和毕业典礼致辞中，一些校长一改往日四平八稳的致辞风格，开始“狂飙”网络热词、潮流用语，开创了校长致辞的一股新潮流。在这一潮流中，华中某科技大学的L校长和扬州某职业技术学院的S院长可谓是代表人物。L校长自2010年开始，改变了以往固化的语言风格，在他的演讲中，大学生们熟悉的网络热词、潮流用语信手拈来，亲切随性，非常接地气，被大学生们冠名为“G叔体”。而高职学院院长致辞引起较大反响的则有扬州某职业技术学院的S院长。据报道，2014年9月17日早晨，在该院2014级新生开学典礼上，S院长的致辞包含了同学们喜爱的韩剧、流行歌曲歌词及最新鲜的网络语言和流行元素，超级“接地气”的讲话，让3000多名新生对这位教授校长记忆深刻，也让这位50岁的校长成了该校百度贴吧里的“头条人物”。

凡事都要一分为二辩证地看待。当大学校长“俯下身子”“潜进网络”竭力拉近与大学生距离的时候，也出现了不同的声音。《南方周末》曾认为现在的大学校长不会“说话”，更有大学校长不认同这样的同行。在2011年7月举办的一个校长论坛上，西安某大学校长就批评了近年来大学毕业典礼上校长狂飙网络用语的现象。那么大学校长的致辞要注意哪些问题呢？或许曾任多年校长的北京外国语大学党委书记韩震的分析可以提供借鉴。他在接受《中国青年报》专访时表示，“接地气”是一种社会进步，校长讲话可以“生活化”，但不能“低幼化”，“我们的确要尽量去找共同话语，但也不是哄小孩子。大学校长还是要通过广博的知识、独到的观点、深邃的思想去影响学生”①。一言以蔽之，“内容为王”，风格要为内容服务。

---

① 蒋肖斌．大学校长开学致辞要情怀也要接地气［N］．中国青年报，2014-09-16（11）．

胡适先生的经典致辞

在这些不同的声音中，笔者不由想起了80多年前胡适先生给大学毕业生的致辞。胡适先生是中国现代思想家、文学家、哲学家，民国时期曾担任北京大学教授、文学院院长、校长等职。1932年6月27日，胡适先生发表了著名的《赠与今年的大学毕业生》一文，这是为全国大学毕业生写的毕业赠言，并于1932年7月3日在《独立评论》第7号上刊登。

胡适先生的毕业演讲，重点讲了三个方面的内容。首先，学生毕业之后可走的几条路；其次，有些人可能堕落的两大方式；最后，提出了三种防止堕落的"药方"，即"问题+兴趣+信心"。整篇演讲非常有特色。一是巧用比喻。如在演讲中，胡适先生把自己的建议比喻成"救命毫毛""锦囊"，把"一两个值得解答的问题"比作"就会同恋爱一个女子发了疯一样，坐也坐不下，睡也睡不安，没工夫也得偷出工夫去陪她，没钱也得撙衣节食去巴结她"等，这些形象生动、诙谐幽默的比喻背后是严肃的话题。二是层层推进。演讲中，胡适先生用"第一个方子""第二个方子""第三个方子"来引出自己对毕业生的三大希望，从"总得时时寻一两个值得研究的问题""总得多发展一点非职业的兴趣""你得有一点信心"层层推进，逻辑清晰，有一种引人入胜的感觉。三是会讲故事。演讲中，胡适先生大量引用了伽利略、牛顿、弥儿、斯宾塞、费希特、巴斯德等名人的故事作为论据，既贴合演讲内容又生动形象，足见胡适先生知识的渊博。四是善于用典。在演讲中，《孟子》里的"待文王而兴者，凡民也。若夫豪杰之士，虽无文王犹兴"，佛典里的"福不唐捐"，俗语里的"只要功夫深，生铁磨成绣花针"等信手拈来，增加了演讲的魅力。五是频出"金句"。在这篇演讲中，还有许多经典的句子，如"脑子里没有问题之日，就是你知识生活寿终正寝之时""你的闲暇往往定你的终身""成功不必在我，而功力必不唐捐"　"一粒一粒地种，必有满仓满屋的收"，等等①。

胡适先生的毕业致辞，以小见大，以问题为起点，以兴趣为关键，以信心为动力，为即将毕业的大学生提出了可操作性的策略。胡适先生的这篇毕业演讲对国内外形势分析之贴切，对毕业生的问题把握之准确，字里行间蕴含着拳拳的忧国之情和对青年学生的殷殷之意。

当大学生怀揣梦想踏入大学校门的时候，开学典礼是大学生开启大学

---

① 胡适．赠与今年的大学毕业生［M］．华东师范大学教育系．中国现代教育文选（修订版）．北京：人民教育出版社，1998：280-287.

新生活的第一课，优秀校长的开学致辞不仅能够让大学生“入耳”“入脑”，还能够成为他们在校期间的座右铭，成为激发他们不断进取的“醒世名言”；而当大学生完成学业，收拾行囊，即将离开大学校园的时候，校长的毕业演讲则会像邻家大叔的“临别赠言”，成为激励他们争创人生辉煌的“职场秘籍”。如此，校长致辞才真正称得上是经典致辞，而这一切，都有赖于大学校长深厚的学养、广博的知识、敏锐的观察和驾驭语言的能力，胡适先生的这篇毕业赠言堪称经典之作，值得当下的大学校长们学习借鉴。

2014-11-5

对两起大学生安全事故的反思

据《新京报》报道，2015 年 5 月 17 日，江苏某大学一学院两名大三学生前往山东威海国际海水浴场旅游时遭遇不测，他们所乘的皮划艇在海上失联，次日凌晨被搜救人员发现，一人获救，一人经抢救无效死亡。无独有偶。据新华网呼和浩特 2015 年 5 月 29 日电，内蒙古阿拉善盟委宣传部上午发布消息，在穿越巴丹吉林沙漠时失联的两名大学生已找到，其中 1 人已死亡，1 人获救。两人系吉林某建筑大学学生。

一个月内，两名风华正茂的在校大学生就这样离开了。这样的悲剧时常出现在媒体上，一次次为人们敲响警钟，然而悲剧却一而再再而三地重演，其中的原因值得我们深刻反思。

一是家庭的安全启蒙教育是否到位。

安全教育要从娃娃抓起，家长是孩子的第一任老师，责无旁贷。家长有责任和义务从小教育孩子如何预防溺水、触电、火灾、交通事故等，用正面、反面例子引导孩子学会识别危险和避开危险。

二是学校的安全教育是否系统。

安全无小事，抓好安全工作是维护学校正常秩序、提高教育质量的基础。在各个学段开展安全教育是各级各类学校的应尽义务。大学生在进入大学前大多接受的是零星的、碎片化的安全教育，致使一些学生安全意识淡薄，不懂也不会处理安全问题。为此有必要开设“大学生安全教育”课程，应包括教学活动安全、交通安全、食品安全、用电安全、防溺水安全、火灾预防与自救及防止意外伤害等内容，使大学生接受全面、系统的安全教育，提高学生安全意识，帮助学生预防各种危害的发生，不断提升大学生在突发情况下懂逃生、会自救的能力。

三是景区安全风险防范机制是否健全。

如今，年轻人去户外旅游探险已越来越普遍，然而事故也频频发生。当下充斥电视网络的各种自然探索、挑战极限等节目，时时挑动着大学生们跃跃欲试的神经。然而，他们可能不了解在这些节目的幕后有多少人在策划、在做安全防范。无锡市探险协会一名专业救援人员介绍说，他们探险队穿越沙漠，事先要做至少半个月的准备工作：要精确考察探险线路，充分准备专业探险装备，带卫星电话，考察当地的气候、环境是否适合进入，等等。为保障旅游者和旅游经营者的合法权益，各景区要切实按照《中华人民共和国旅游法》的规定，做好景区的安全保障服务工作，具体包括明晰景区管理界限、加强景区安全风险评估、规范实施景区流量控制、合法经营高风险旅游项目、切实落实高风险旅游项目经营者责任保险制度及遇险救援能力建设等，依法履行安全生产主体责任，提高经营主体单位的安全意识，杜绝责任事故的发生。

四是学生的安全自我防范意识是否确立。

内因是事物发展的根据，外因是事物变化发展的重要条件，外因通过内因起作用。家长和学校的安全教育及景区的风险防范最终都要落实在大学生的行动中，大学生是自我安全的“第一责任人”。大学生是成年人，应当具备必要的安全防范意识。外出旅游，未尝不可，但探险式旅游却不应提倡。外出要做好自我保护的预案，要对安全隐患有足够的心理准备，尽量不参与高风险的游乐项目，避免不安全因素对自身的伤害。

安全教育要从小抓起，安全防范意识要从自我做起，风险防控要从细从严抓起，两起悲剧再次为全社会敲响了安全警钟。

2015-6-16

大学党委书记抓厕所卫生之“小”与“大”

据2015年4月28日《中国青年报》报道，一场有关扫厕所的清洁运动在西北师范大学搞得风风火火。据说，这是西北师范大学新任党委书记上任后的第一把“火”。① 以大学之大，至少有招生就业、学科建设等一系列千头万绪的工作要做，没想到，这位大学的新领导却在厕所这个“小问题”上做起了“大文章”。不少人起初以为这只是走走过场，不过，很快就发现这是动真格的。4月7日，“世界卫生日”当天，西北师范大学全校总动员，召开了“公共卫生间专项治理动员大会”。西北师范大学的领导“上纲上线”似的强调：“一所连自己的厕所都整治不干净的大学，是没有资格谈一流、说先进的。”

与此有着异曲同工之妙的是，2012年5月16日，时任浙江省省长的夏宝龙在出席浙江省高校科研成果面向企业转化推介会后，开始和该省31所本科高校和10所高职高专院校负责人谈起了学校管理的话题。他说，“举个具体例子，我去过一些学校，有些学校学生不让老师进宿舍，因为里面乱得跟狗窝似的”。他对在座高校负责人提出建议，“能不能今年下半年一开学，在全省狠抓我们的寝室卫生，从寝室卫生看学校的管理，看学生的素质”，并拍着桌子明确要求，“我不管别的省，浙江省省长要求寝室要干净”。

新任领导，无论是地方官员抑或高校领导干部，上任伊始，总要“放几把火”，然而西北师范大学的党委书记不是把“火”放到教学、科研和社会服务等事关大学“高大上”的项目上，而是放到了厕所管理这类“小事”上。同样，作为新上任的一省之长，可以说是日理万机，然而在谈完成果转化后，在高校管理方面没有谈那些宏观内容，而是谈一个本该由辅导员或者物业管理员去管的学生宿舍这样的“小事”。无论是党委书记抓厕所卫生还是省长抓学生宿舍管理，看似“小题大做”，实则“以小见大”。高校管理应从细节入手，从小事抓起。厕所卫生、宿舍卫生反映了大学教育管理的三重认知。

---

① 张鹏．大学党委书记抓厕所卫生是否小题大做［N］．中国青年报，2015-04-28（2）．

第一重认知，厕所和宿舍卫生体现了大学生文明素养的程度。当代大学生大多是独生子女，生长在条件相对优越的环境中，对大学集体生活有的还不太习惯，生活自理能力较弱。因此，抓好厕所和宿舍卫生，不仅可以营造良好的学习和生活环境，还可以养成大学生的良好生活习惯、卫生习惯和劳动习惯。

第二重认知，厕所和宿舍卫生反映了高校的管理水平。在学校管理中，厕所和宿舍是两个最不起眼的管理单元，然而却是学生离不开的生活场所。良好的生活环境不仅是大学生活的底色，也是校园生态环境质量的一件大事。厕所和宿舍卫生不仅能反映大学生个人的文明素养，还能从一个侧面反映大学学生管理和后勤管理的水平。试想如果一个大学，厕所蚊蝇乱飞、臭气熏天，学生宿舍杂乱无序、乌烟瘴气，那么教书育人、管理育人、服务育人该如何开展？

第三重认知，厕所和宿舍卫生彰显了高校管理者的教育理念。“一屋不扫何以扫天下”，无论是西北师范大学的党委书记还是时任浙江省省长，他们将目光聚焦在厕所和宿舍卫生这两件“小事”上绝非偶然，在两位领导眼里，厕所和宿舍不仅仅是大学生生活的场所，从某种程度上说，也是重要的育人场所和载体。因此，如果仅仅把厕所和宿舍的清洁卫生当作一种体力劳动的话，那这样的管理还只是一种浅层次的要求；如果把厕所和宿舍的清洁卫生当成一种教育的过程，让学生在打扫卫生的过程中体会“我为人人、人人为我”的意义，并感受劳动的快乐，进而养成公德意识，这才是高层次追求。一流大学既要包括高质量的学术体系、高水平的师资队伍，也要有高水平的管理服务能力和高品质的校园生活环境，从这个意义上说，厕所、宿舍卫生绝非“小事”，而是关乎育人的“大事”。

2015-5-1

高校工作中的“走动管理”

麦当劳曾有一段时间面临严重亏损的危机，其创始人雷·克罗克发现，经营亏损的一个重要原因是公司部门经理习惯于躺在舒适的椅背上对下属指手画脚，把许多宝贵的时间耗费在抽烟和闲聊上，于是克罗克想出一个“绝招”：将所有经理的椅子靠背锯掉。从此，经理们被迫纷纷走出办公室，深入基层了解情况，现场解决问题，终于使公司扭亏为盈。

麦当劳的管理实践其实就是“走动管理”的雏形，“走动管理”这一概念，最早是由管理学大师帕卡斯尔提出，后经过汤姆·彼得斯在《追求卓越的激情》一书中将其具体化，使得这一管理理念被无数企业奉为“圣经中的圣经”。“走动管理”又称作“巡视管理法”（management by wandering around）。其本质是讲求一种和谐的非正式沟通氛围，要求管理者走出办公室，深入工作第一线，深入职工、顾客、管理服务对象之中，并与之保持密切的联系和接触，同时给予关心和激励。

苏联管理学家波波夫指出，“管理是我们生活中不可缺少的一个组成部分，如果不提高组织水平，不利用管理杠杆，人类就不可能向前发展”。“走动管理”作为科学管理的一种，在高校工作中也显得非常重要。

在“走动”中可以掌握实情

高校的教学科研、学生管理、行政后勤工作千头万绪，这些大量的繁杂的工作，哪一项出现疏漏，都会直接或间接影响管理绩效，给师生员工学习、工作和生活带来不便。管理者不需要事必躬亲，但一定要明察秋毫。敏锐的观察力是“走动管理”成功的要素。作为管理者，不能满足于在办公室看材料、听汇报，而要勤于“走动”。通过“走动”，能够对工作观察得更细致、更周密。按照控制论理论，要按计划标准来衡量所取得的成果并纠正所发生的偏差，以保证计划目标的实现。在“走动管理”的过程中，管理者可以掌握实际情况，了解到工作计划的执行情况及执行过程中的偏差，以便及时采取补救措施。

在“走动”中可以加强沟通

随着网络和信息技术的快速发展，人们获取信息的渠道不断加大，获取信息的速度也不断加快，但这并不意味着可以摒弃传统的面对面的交流。相反，“面谈”在管理中变得更加重要。因为，网络上的信息是“硬信息”，而人是有感情的高级动物，且每个个体对每件事情都有着不同的看法和感受。管理者经常到师生员工中间走走，与师生员工谈谈心，倾听他们的心声，掌握他们的思想情况，了解他们的需求，不仅能密切管理者与师生员工的关系，还能创设一种平等和谐的氛围，利于更好地开展工作。

在“走动”中可以提高工作效率

目前，我国高校采用的大多是“科层制”的管理结构，层级较多，一级对一级负责。在解决问题的过程中，向下一级下达指令时，指令可能会走样；向上一级反馈信息时，信息可能会失真。一般来说，管理者需要解决的问题主要可分为三类：一是即知即改的工作；二是通过努力可以改进的工作；三是目前还不具备条件，需要较长时间才能改进的工作。其中即知即改的问题通过“走动”，一般可以立即得到解决，而不用再通过“校长信箱”“书记信箱”“校领导接待日”等途径解决，可以大大提高工作效率和师生员工的满意度。同时通过“走动”，管理者可以掌握第一手资料，为解决第二、第三类问题提供决策依据。

“走动管理”是一种方法和技术。“看、访、查、核”是“走动管理”的四部曲。“看”是“走动管理”最重要的环节，就是深入基层，看课堂、看宿舍、看食堂，了解现场的、动态的情况，掌握第一手资料。“访”就是走进师生中间，一方面通过对话了解他们的所思所想，另一方面，把上级的要求及时传达给他们，起到答疑解惑的作用。“查”就是检查，主要体现在两个方面，一是设施设备的完好情况，二是制度的执行情况。“核”就是对决策的事项及要求解决的问题是否落实进行现场核实，以此实现管理工作的“闭环”。

管理有法，但无定法，贵在得法。管理者应该把“走动管理”作为一门功课来做，只有这样，才能让走动行之有效，才能把管理落到实处。

2015-8-30

大学新生按星座等方式分配宿舍，“听起来很美”

据《澎湃新闻》2015年9月9日报道，NJ理工大学设计艺术与传媒学院为2015级入学的新生“量身定制”了一套全新的宿舍分配方法，那就是，确保每间宿舍的4位舍友中多多少少都会有一些相同之处。比如，都是“夜猫子”，或者都想选修双学位。让人惊讶的是，还有的宿舍，4位舍友都是同一个星座，如4位舍友都是双鱼座，脾气相投，生日相近，甚至过生日时，还可以一起过。这样的“理想状态”，已经或正在变成现实。按照NJ理工大学设计艺术与传媒学院2015级辅导员宋杨的说法，“这样分配，避免了很多生活中可能出现的矛盾，让志同道合的孩子住在一起，互相鼓励”。

不同的声音

这种新颖的宿舍分配方式一经媒体报道就立即引发热议，这真的能减少摩擦、有利于学生的成长吗？新的分配方式，改变了长期以来分配宿舍的传统模式——按照学号随机分配。近年来，因为生活习惯不同或者其他琐事引发的校园“宿舍事件”时有发生，因一言不合，一些同宿舍同学拔刀相向甚至暗自投毒的情况，也偶有发生。针对这种新颖的宿舍分配方式，也有网友表示，“虽然看起来可爱有新意又觉得和谐合理，可是大学就是因为充满多样性和不可预知性才精彩”。笔者认为，这种方式，虽然从理论上可增加舍友之间的相同（相通）之处，但也有可能会抑制学生化解分歧和矛盾的能力，影响学生的全面发展。

扁鹊三兄弟治病的现代意义

随着人们生活水平的提高，生活的压力、工作的压力等导致的心理健康问题纷至沓来。中考的压力、高考的压力、家庭的因素也诱发了青少年群体的心理健康问题。有专家指出，同伴的缺失、玩耍的缺少、父母陪伴的缺位是造成青少年群体心理健康问题的三大诱因，等到有了心理健康问题再去实施干预等外部措施，只能治标而不能治本。为此，笔者想起了古代扁鹊三兄弟治病的典故。据《鹖冠子·世贤第十六》记载：魏文侯求教于扁鹊，询问他家兄弟三人中谁的医术最好。扁鹊如实回答，在他兄弟三人中，大哥的医术最好，二哥的医术次之，他的医术最差。魏文侯大惑不解，为什么你自以为医术最差，名声却闻于天下呢？请扁鹊予以解释。扁鹊回答道："大哥治病，在病情尚未发作前就施法将病根予以铲除，其医术高超外人不知道，只有家人知道，所以没有名气。二哥治病，是在疾病初起、症状表浅时施治，虽药到病除，但乡里人认为他只是会治小病的医生，故名声不大。而我治病，都是在病人病情危重、痛苦万分之时予以施治，分别应用针灸、药物内服外敷，甚至动用手术，均能够使病人转危为安逐渐痊愈，大家都认为我的医术神奇，所以能名闻天下。'上医治未病，中医治欲病，下医治已病'，由此，大哥是上医，二哥是中医，自己只能算是下医。"如果把扁鹊三兄弟治病的方法用到心理健康上来，则可以发现，心理健康干预属于"下医"，"治已病"；心理健康预警属于"中医"，"治欲病"；而心理健康预防则属于"上医"，"治未病"。发生在高校宿舍的极端个案，与其说是由于大学生心理健康原因造成的恶果，还不如说是个别大学生的"社会化"改造未完成而引起的后果。

改革开放以前，青少年的"社会化"在家庭就已经开始了，多子女的生长环境、缺衣少食的生活环境、"穷人的孩子早当家"的家庭教育理念，促进了青少年的心理成熟，几乎不存在严重的心理健康问题，即使有，也在"社会化"的过程中得到了持续的调适。

独生子女政策的实施，形成了"421"的家庭结构，孩子成了家庭的中心，一度被称为"小皇帝"。在基础教育阶段，少年儿童一般不住校，难以实现真正意义上的"社会化"，青少年真正的"社会化"往往要从大学开始。随着改革开放，越来越多的青少年都有机会上大学。大学对他们来说，意味着第一次真正脱离父母的影响，开始经营他们的朋辈关系。

NJ 理工大学设计艺术与传媒学院这种新的宿舍分配方式，在短期内也许会减少一些矛盾和冲突，能暂时缓冲新生的内心压力，但星座一样就什么都一样吗？因此，这一做法不仅不利于大学生的社会化适应与改造，也与大学教育的育人初衷背道而驰。学校的安排看似是一种人性化的安排，但人的成长就是在一次次受伤害、受挫折后一次次的调适过程中完成的，也就是在逐步"社会化"的过程中完成的。培养大学生如何与自己不喜欢的人打交道，如何包容与自己观点不一致的人，这些正是大学的责任，也是大学生的必修课。试想，大学生毕业到了工作单位，是否还有人会如此迁就他们，按照星座组建团队，按照脾气分配工作，按照喜好选配领导，恐怕这些都是天方夜谭。

因此，大学新生按星座等分配宿舍，只能是“听起来很美”。

2015-9-12

大学“抓阄分专业”的是与非

据《中国教育报》2015 年 9 月 15 日报道，NH 大学 2014 级土木工程系决定采用抓阄的方式进行专业分流。在这份专业分配方案中，成绩排名前 200 位的学生可自选一次喜欢的专业，抓阄后如有学生不满意，可自行找其他学生进行一次互换，二年级时成绩若在专业排名前 10%，还可申请一次调整专业或方向。[①] 消息一经媒体报道，立即引发关注，并形成了褒贬两种意见。中国教育科学研究院博士姜朝晖助理研究员认为，别一听“抓阄”就武断地举棒子，学校随机进行专业分配，并不是不可理解。而信阳师范学院教师郭立场则认为，“抓阄分专业”只是最低级的公平，这样的公平是以剥夺大学生个人兴趣爱好为代价的，不是长久之计。《中国教育报》配发的“编者按”指出，一方面是学校专业“冷热不均”的无奈，另一方面是学生不能就读理想专业的质疑和抱怨，这真实反映了当前高校在兼顾学生意愿和学科专业发展方面的突出矛盾。

三个阶段

在我国，转专业制度作为高等学校教学管理的一项基本制度，大致经历了三个阶段。

第一阶段为新中国成立后的社会主义革命和建设时期的严格限制阶段。1958 年高等教育部颁布并试行《关于处理高等学校学生转专业、转学、休学、复学、退学等问题的规定（草案）》。1960 年，教育部公布了正式的《关于处理高等学校学生转专业、转学、休学、复学、退学等问题的规定》，要求高等学校学生转专业需满足以下三类条件中的一项。一是有某种疾病或生理缺陷，经学校指定的医疗单位证明不能在原专业或原校各专业学习，但尚能在其他专业或其他高等学校适当的专业继续学习的；二是学校认为不适合在现在的专业学习，而转入原校别的专业或其他学校别的专业学习，更能发挥学生所长的；三是本人或家庭确有特殊困难，必须调换学习地区，否则无法继续学习的。同时规定，学生转专业、转学由

① 编者按．大学“抓阄分专业”你怎么看？[N]．中国教育报，2015-09-15（2）．

学校审查批准；对于一般强调因志趣不合等原因要求转专业、转学的，不应该同意①。从上述政策规定可以看出，对于转专业基本持限制态度。除生理原因外，其他条件虽严苛但却模糊，在计划经济的体制下，当时大学生的数量极少，大学生属于“天之骄子”，服从组织安排、接受祖国挑选是基本的价值取向。因此，那个时代的大学生学什么专业、今后从事什么工作都是组织的事，一切听从国家的安排。

第二阶段为改革开放和社会主义建设新时期的积极探索阶段。这一阶段，改革的春风吹拂神州大地，也吹进了大学校园，再加上国际交流的日益频繁，发达国家的高等教育理念也逐步被教育主管部门和高校管理者所接受。与此同时，学分制、双学位制、选修制等教学制度的试行，逐渐为放开转专业奠定了基础。1990 年教育部出台了新版的《普通高等学校学生管理规定》，其中第二十条和第二十二条分别规定了可允许转系（专业）、转学的 3 种情形和不予考虑转系（专业）、转学的 7 种情形。其精神与 20 世纪 50 年代的规定基本一致，就是严格控制。这一时期，高校招生录取也是体现社会公平的重要内容，社会关注度较高，高考被社会普遍认为是最公平的一项工作，转专业作为招生录取工作的“后道工序”，自然也要体现公平。因此，要防止一些考生以低分录取冷门专业，进校后再通过转专业转到热门专业，这在“分分计较”的高考制度下是有违公平原则的，既是对高分考生的打击，也是对高考公平原则的冲击。因此，这一时期对于转专业，教育主管部门和高校都持审慎的态度继续加以严格控制而未实行大规模实质性的放开制度。

第三阶段为高校扩招之后的有序放开并逐步规范的阶段。1999 年高校扩招以来，逐步实行“缴费上学”的制度和“自主择业”“双向选择”的就业制度，大学生从“天之骄子”转变为高等教育的“消费者”和“顾客”。因此，这一时期转专业就成为非常合理的诉求。与此同时，办人民满意的教育、以生为本的高等教育理念也促使高校完善并加快实施自由转专业的制度。2005 年 9 月 1 日教育部第 21 号令《普通高等学校学生管理规定》明确，“学生可以按学校的规定申请转专业。学生转专业由所在学校批准。学校根据社会对人才需求情况的发展变化，经学生同意，必要时可以适当调整学生所学专业”。之后，各高校都在积极探索有序放开转专业的制度。2011 年中国农业大学学生转专业实行“零门槛”。2014 年江苏

---

① 何东昌．中华人民共和国重要教育文献（1949—1975）［M］．海口：海南出版社，2003：958.

省教育厅《关于进一步加强和规范普通高等学校学生转专业工作管理的通知》规定，严禁高校利用转专业直接或变相收取除国家和省规定学费以外的任何收费或捐赠。随着转专业制度的“松绑”，还出现“抓阄”“电脑随机派发”等转专业的“神操作”。

四大益处

无论是从理论上还是情感上讲，大学都应该尽可能地满足学生的专业志愿，那为什么在新中国成立后的几十年都没有达成这样的目标呢？其中很重要的原因是部分国家需要的艰苦行业和艰苦职业，学生不太愿意选择，但这些专业又牵涉国计民生，必须有人攻读这样的专业，因此，在计划经济体制下，国家只能做出牺牲个人兴趣爱好去满足国家需要的制度安排。改革开放后，随着高校办学自主权的扩大，高校在办什么专业上有了一定的自主权。在转专业上，形成了两种截然不同的倾向。一种是鼓励。为了吸引考生，有的高校不考虑自身的办学条件和师资储备就仓促上马，盲目开办所谓的热门专业，等到大批考生报考之后，又由于条件所限，无法满足学生的专业需求，只能千方百计地动员学生转往一些冷门专业。另一种是阻止。对于一些热门专业，学校人为设置“门槛”，千方百计阻止学生转专业。因此，笔者赞同全面放开转专业限制，这样做至少有以下 4 个好处。一是可以弥补“一考定终身”的体制弊端，让学生根据自己的兴趣爱好选择自己的专业，可以有效解决考生因考试“一失误成终身恨”的遗憾。在高等教育从大众化向普及化迈进的阶段，更应该允许学生自由转专业。二是可以提高学生的学习积极性。兴趣是最好的老师。有研究表明，对所学专业感兴趣会有效增加学习动力并为此投入足够的精力。三是可以有效推动高校内部管理水平的提升，倒逼冷门专业的自我改造与提升，促进学校慎重开设新专业。四是可以促进现代大学制度的完善。为改变专业同质化和高校“千校一面”的倾向，今后还要积极探索自由转学制度，对高校来说，不仅要招得到学生，还要留得住学生，高录取率不能替代高“保持率”，这是我国大学未来改革的一个方向。

三项机制

为杜绝“一管就死、一放就乱”的管理怪圈及有效防止在转专业的过程中的“神操作”，在允许自由转专业的过程中，还有必要建立和完善与之相配套的工作机制。

一是专业咨询机制。在计划经济体制下，实行的是统招统分的政策，加之高校数量又少，对转专业管理过紧还情有可原，但现在出现“抓阄”“电脑派发”等转专业的行为，这是披着“公平”外衣的“懒政”行为。在转专业有了合法地位后，高校要体现学生中心的办学定位，避免从“限制”的极端走向“盲目”的极端。上海大学校长、著名教育家钱伟长说过：“我们希望学生到学校来主要是掌握一种正确的学习方法、工作方法和思想方法，也就是辩证唯物主义的方法，所学的课程也好，专业也好，无非是一种载体，通过这个载体来训练大家掌握这种方法。”具体的专业知识固然重要，但更重要的是通过接受高等教育发展自身的素质和能力。为此，高校要设立“专业的”转专业咨询机构，接受学生的咨询，做好教育引导工作，最大限度地给予学生科学、精准、合理的转专业服务，教育学生做到“选我所爱，爱我所选”。

二是建立资助帮扶机制。在转专业逐步成为常态后，自然会有一些冷门专业受到“冷落”，而这些专业又是国家和社会急需的领域。因此，对于那些将来要在尖端科技领域、艰苦行业就业的专业，要建立从入学到就业全过程的保障服务机制，建立有别于其他普通专业的学费、就业、薪资制度，以吸引更多的优秀大学生报考并终身在这些领域和行业服务。

三是完善课程机制，开设生涯规划课程。国家要建立覆盖基础教育到高等教育全学段的生涯规划必修课程，从小帮助学生认识职业，发展兴趣爱好，规划自己的未来，以价值观为生涯课程的“中心”，以兴趣和能力为生涯课程的“基本点”，形成从萌芽、认识到发展三个阶段相互衔接的一体化生涯规划课程体系，帮助学生更好地了解自己、了解职业，为选好专业、实现人生梦想奠定坚实的基础。

2015-10-5

大学军训缘何频出“新闻”

大学生军训是根据《中华人民共和国国防法》《中华人民共和国教育法》《中华人民共和国兵役法》的要求进行的。军训是培养大学生德智体全面发展的现实需要，也是加速人民解放军现代化和国防后备力量建设的迫切要求，更是加强全民国防教育的重要途径。普通高等学校在校大学生接受基本军事训练是一门必修课。军训可以激发大学生的爱国情怀，增强他们尊重军人的意识，可以增进大学生的集体荣誉感，可以起到强身健体、锻炼坚强意志的重要作用。然而，每年的军训，或多或少都会爆出一些“新闻”。

军训“新闻”面面观

梳理一下网络上关于大学生军训的“新闻”，大致可以分为三类。

一是学校领导检阅军训学生。

最早引起媒体关注大学军训大概是在 2007 年，关注点是有两位大学领导乘车检阅军训学生。2007 年 7 月 13 日，首都某大学党委书记乘车检阅学生，引起媒体关注。9 月 18 日，山东某大学校长在负责军训的当地野战军某部政委陪同下，乘着牌号为“阅兵-001”的越野车，面带微笑，戴着白手套，挥手检阅受训学生，这本是一篇普通新闻报道，却引起网友广泛关注，该校长被称为“史上最牛校长”。从此，凡有大学领导乘车阅兵的都会成为媒体报道的重点。据不完全统计，媒体报道的有：2008 年 9 月 23 日，华南某大学校长乘军用吉普车在操场进行了大阅兵；2009 年 9 月 21 日，安徽某学院院长乘军用车检阅军训；2010 年 9 月 19 日，南京某学院院长乘车绕场一周；2014 年 9 月 19 日，安徽某学院院长乘车检阅该校 2014 级新生军训；2015 年的军训则以河北某学院董事长乘皮卡车检阅新生军训而成为媒体报道的一大“亮点”。

二是军训中出现的各类意外。

每年军训中出现的意外情况也往往会成为媒体关注的热点。2012 年 1 月 14 日，华南理工大学大学城校区的大一新生进行军训会演彩排演练，其中一名男生突然晕倒，后脑撞上后面学生所持的刺刀致大量出血，该生送医后被缝了近10针。2014年9月12日，三峡职业技术学院4500余名新生参加的军训中，很多女生在穿着学校统一采购的军训服第一次集合时裤子裆部开裂，这一“尴尬事”引起社会广泛关注，并被爆20万元结余“军训费”去向成谜。

三是军训过程中的一些不当举措。

由于大学生是一群血气方刚的青年，而承担军训任务的教官也只不过比他们大几岁而已，“年轻气盛”是施训者和受训者最大的相同点，而他们之间发生的种种“故事”也成为媒体追逐的“爆炸性”新闻。

学生军训时也会由于一些不当举措而成为舆论焦点。2014年9月14日，泰州某学院教官体罚学生，要求男上女下做俯卧撑，图片被传上网后引起不小争议。同年9月15日，在西北某大学一校区，军训过程中，男生被要求头发必须剃成3毫米长，训练姿势不标准就要被罚在雨中坐在地上，下雨还不能打伞等，也被网络曝光。2015年1月20日，四川某职业技术学院一学生在贴吧发布了两张舔厕所的图片，知情学生称此举为证实宿舍清洁卫生，实则抗议军训和内务检查的严苛规定。2015年6月27日，有网友在微博上爆料称，江苏某大学让学生在大雨中军训，学生全身湿透，不能换衣服鞋子，教官和学生们一起淋，而领导则在看台上打伞观看。2015年9月22日，军训教官向女生表白一事在网上引起关注，涉事的是商丘某高等专科学校，军训结束，承训教官在教室向大学女生表白。

如何规范军训

从历年发生在军训过程中的负面新闻报道来看，高校领导也应该思考如何把军训做得更好，让军训更好地发挥育人的作用。

首先，彰显军训的严肃性。

军训作为教育主管部门规定的必修课，在培养大学生的国防意识、集体意识和军事素养等方面具有重要价值，不仅有现实的意义，更有法律法规作为依据。军训是大学生的一门必修课程，不是可有可无的选修课程，更不是供学生张扬个性的娱乐秀场。学校要做好顶层设计，并做好过程控制。

其次，加强军训的规范性。

高校作为军训的实施者，对军训的效果负有重要责任，要在思想上对军训高度重视，按照有关规范组织实施军训。以阅兵为例，《中国人民解放军队列条令》中对阅兵有明确的解释及权限规定：“阅兵，由党和国家领导人，中央军事委员会主席、副主席、委员及旅（团）级以上部队军政主官或者被上述人员授权的其他领导和首长实施。通常由 1 人检阅。”因此，根据这一规定，高校就不要再组织所谓的阅兵仪式，但可以开展一些军训成果汇报表演，展示军训成果。

最后，提高军训的协同性。

学校和军事部门要制定切实可行的军训方案，对军训内容进行周密的设计，在保证基本军事理论学习和军事技能训练的基础上，根据学校的条件和学生的特点展开军训，另外，要主动联系媒体，进行正面宣传报道。

2015-10-28

"校长信箱"：沟通学校与师生的桥梁

"校长信箱"是沟通、联系全校师生员工和社会各界的桥梁，是学校师生员工和社会公众向学校反映情况、建言献策的重要渠道。

无论是大学还是中小学，一般都设有"校长信箱"，有的大学还设有"书记信箱"。以前往往是在行政办公楼设置一个木制的信箱，上锁并由学校有关部门专人负责。学生和教职工有什么意见和建议又不便当面向学校领导提出的，一般会用纸质信件通过"校长信箱"向领导传递。随着网络技术的发展，学校都有了自己的官网，原来传统的"校长信箱"自然而然地就被学校官网上的电子"校长信箱"所取代，师生员工可以更加便捷地通过电子邮件来反映情况。常州机电职业技术学院网上"校长信箱"开设于2013年，由专人负责管理，并制定了一个处理"校长信箱"来信的流程。从实践来看，"校长信箱"在学校管理中起到了重要的作用。

一是构建和谐校园的客观需要。

当前，在大学校园中，经常会出现一些极端事件，有的是不当的思想教育方法引起的，有的是学生心理健康出现问题所致，有的则是管理不到位而产生的问题。如果大学都设立"校长信箱"，并建立有效的投诉、干预、反馈机制，当师生投诉有门且投诉后问题又能迅速有效解决的话，结果可能就会不一样，有些悲剧也可能得到避免。为建立"校长信箱"在师生员工中的信任感，"校长信箱"必须由专人负责，并建立受理、批阅、处理、反馈等一整套的管理机制，才能得到广大师生员工的认可，"论坛""贴吧"吐槽的情况也会大大减少，从而有效促进和谐校园的建设。

二是提升管理水平的重要载体。

据统计，"校长信箱"的来信内容主要涉及教育教学、学生管理、生活服务等方面。来信的主体是学生，其次是教职工和校外人员。这些来信，大多数反映的是学校管理问题，有公共利益问题，也有自身诉求的问题。这些问题，有些是我们的管理者没有关注的，有些是还没有处理好的。"校长信箱"的管理员收到来信后，首先进行登记，再由部门负责人进行审阅，然后呈送相关校领导批示，根据校领导批示交由责任部门办理，办理结束后再由信箱管理员反馈办理信息。通过"校长信箱"，校领导增加了一个了解师生需求的渠道，同时加快了一些问题的处理速度。因此，把“校长信箱”反映的问题处理好，也是提升学校整体管理水平的重要方面。

三是培养师生主人翁意识的有效途径。

把“校长信箱”反映的问题处理好，这只是“校长信箱”的显性目的，“校长信箱”还是培养师生主人翁意识的一种有效途径。这也是“校长信箱”与政府机关领导信箱的显著区别。从有些来信看，有些师生反映的并不是自身的利益问题，而是对学校管理提出建议，体现了师生强烈的主人翁意识。学校是培养人、教育人的地方，如果在处理“校长信箱”问题的同时，及时给予这些师生一定的鼓励，那么在“校长信箱”原有功能基础上延伸出来的附加值，将具有更深层次的教育载体作用。因此，各级各类学校有必要把“校长信箱”维护好，把“校长信箱”的作用发挥好。

2015-11-23

记笔记成新闻，我们的课堂到底怎么了

2015年12月，宁波大学校园内大学生们的手机屏幕被一篇篇课堂笔记“刷屏”了。这是该校团委发起的“最·悦读”读书笔记评选活动。该活动号召让记笔记成为一种习惯，鼓励“低头族”成为行动者，引起了校园内的热烈讨论。该校材化学院2014级应用化学班的方同学说，以前她没有整理笔记的习惯，关注活动后，发现错过了很多课上的知识点。外语学院刘老师则感慨地说：“现在的学生上课很少做笔记，即使有，也仅仅是在书上写几笔。这个笔记评选活动可以鼓励学生回归传统，整理巩固课堂知识，养成在笔记本上整理的好习惯。”①

曾几何时，大学生们背着书包匆匆行走在校园里的场景慢慢变成了男生手中拎本书、女生夹个小坤包，有的干脆玩起“空手道”。而在课堂上专注地听着老师讲课，时而沉思、时而奋笔疾书已然变成了少有的景象。“世界上最遥远的距离，莫过于我坐在你面前，你却一直低头玩手机”，许多大学课堂上低头刷手机已成了一道“风景线”，因而大学的管理者和教师们采用五花八门的“创新”方式来管理手机，仿佛大学生的手机也变成了电影《手机》中描述的“手雷”。

宁波大学团委的做法，有其积极意义，正如该校团委书记说的那样，“举办此次活动是为了用同学们喜爱的自我展示方式，倡导良好的学习习惯，营造整个校园浓厚的学习氛围，让同学们从晒生活、晒美食、晒风景转变成晒学习、晒成果、晒态度”。既然是倡导，也不可强制，再说团委也不是课堂的“主政者”，想到这种办法也已属不易。但是，记笔记是否就能解决大学课堂的问题呢？如果不去追本溯源，找到问题的真正根源，恐怕晒课堂笔记也只能是一阵风，最终仅是一则新闻而已。

那么，大学生在课堂玩手机这一现象的根源到底是什么？应该如何来解决呢？

首先，记笔记有必要，但可以根据自己的意愿选择记笔记的方式。

的确，记笔记不仅可以培养个人的学习专注力和学习兴趣，还可以加

① 陈凤莉，游玉增，钱欢欢．宁大校园的“笔记风”是怎样刮起来的［N］．中国青年报，2015-12-15（7）．

深对学习内容的理解和记忆，也为日后温故知新提供了方便。但在电子化、信息化浪潮下，互联网技术得到极大的普及，大学生们越来越依赖电子设备，被称为“数字土著居民”，一些传统的方法诸如记笔记在他们看来似乎是“累赘”。通过拍照等方法可能更高效，因此，要正确认识为什么要记笔记、记了笔记又能收获什么这一问题。如果硬要大学生用笔和纸记笔记的话，他们是否会要求教师必须用粉笔板书而弃用PPT呢？想必教师也不会答应吧！所以说，作为教师，不要把记笔记作为一项刚性要求，而是要因势利导，充分利用现代化技术手段来代替原有的传统做法，至于要不要记笔记、用什么方式记笔记不是关键，提高学习效率才是目的。时代在发展，技术在进步，如果还一味地纠结于传统的方式，可能就是故步自封，或者自寻烦恼。

其次，课堂上刷手机是表象，深层次原因是课程改革和评价机制。

作为管理者，应正视大学课堂上出现的种种不正常现象。这些现象表面上是学生的问题，是学风问题，其实有些则是教师的授课问题，深层次则牵涉到课程改革、人事分配制度改革及大学评价制度改革等问题。

第一，当前最要紧的是推进课程改革，提高教学的吸引力。要改变教学组织形式，改革教学方法，逐步改变“教师备笔记、课堂讲笔记、学生记笔记、考试考笔记、考完全忘记”的状况，让学生真正在课堂上受益，不仅仅体现在精美工整的笔记上，而是体现在对教学内容的反思上，正如爱因斯坦说的一样，“如果人们已经忘记了他们在学校里所学的一切，剩下的就是教育”。第二，加快推进分配制度改革。要改变按课时计算的传统分配模式，采取以时间加质量的薪酬制度，使教师真正愿意花时间、乐于花精力考虑教学改革。第三，改革当前的大学评价制度，实施“严进严出”的制度，让适当淘汰成为常态，真正让“混日子”的学生感到危机，让学习成为大学生的自觉行动。

2015-12-21

看书，非要到图书馆吗

2015年12月16日，一条微博在网上引发热议。该条微博称，SC大学JC学院计算机科学与软件工程系规定，这个学期，学生必须去满30次图书馆，并且每次时间不少于30分钟，否则将影响期末成绩。为此，《华西都市报》记者采访了该校计科系主任ZZM教授，了解了制定这一规定的原委。ZZM教授认为，因为高中时期学生学习紧张，进入大学后一下子放松，一部分学生就会经常待在寝室，沉迷于电脑，玩游戏、看视频、聊天，学校也曾经用各种办法试图激励学生，鼓励他们走出寝室，到教室、图书馆去学习，但效果甚微。于是，经讨论决定实施“每名学生一个学期必须进图书馆30次”这项规定。但规定实施后，发现少数学生进图书馆后马上又出来了，纯粹是为了“刷卡”，于是决定在次数的基础上规定每次不少于30分钟。为确保实施的效果，又把这项政策与学生成绩结合在一起，如果没有完成将减扣相应的平时成绩。政策实施一个学期下来，待在寝室的学生明显减少，到图书馆看书学习的人数明显增多。

积极的初衷

首先需要肯定的是，SC大学JC学院计算机科学与软件工程系的初衷是积极的，出发点是促进学生多读书。我国有“悬梁刺股”“凿壁偷光”等励志读书典故，但在当代中国，尤其是当今网络时代，快餐文化盛行，这样的大环境对大学生也产生了消极影响。根据2012年的数据，全世界每年阅读书籍数量排名第一的国家是以色列，平均每人一年读书64本，韩国为11本，法国、日本约8.4本。正是源于高阅读量，以色列成了世界上唯一没有文盲的国家。为此，中央宣传部、中央文明办和新闻出版总署自2006年开始推出“全民阅读”活动，旨在推进学习型社会的建设。自活动开展以来，全民阅读活动在全国各地蓬勃开展，成效显著。从2010年到2014年，我国成年人图书阅读率由52.3%增长到58.0%，提高了5.7个百分点；成年人数字化阅读率由32.8%增长到58.1%，提高了25.3个百分点；成年人人均纸质图书阅读量由4.25本增长到4.56本，增加了0.31本。中国新闻出版研究院公布的第13次全国国民阅读调查数据显示，2015

年我国国民人均纸质图书阅读量为 4.58 本，报纸和期刊阅读量分别为 54.76 期（份）和 4.91 期（份），电子书阅读量为 3.26 本。因此，SC 大学 JC 学院计算机科学与软件工程系推出的到图书馆“刷卡”的规定，也可以看成是“全民阅读”活动的重要组成部分，通过硬性规定促使一部分不够自律的学生能够走进安静又有氛围的图书馆，享受读书的快乐，其目的是让大学生不要浪费 4 年的美好时光。

存在的争议

对于到图书馆“刷卡”看书，则存在一定的争议。争议之一：是否只有图书馆一个地方可以学习。答案是否定的。随着我国高校条件的改善，在当今的大学校园，适合看书的地方比比皆是，有的高校甚至在食堂、餐厅都开辟了“书吧”“读书角”，既可招徕顾客又方便学生读书自习。争议之二：是否看纸质图书才是读书。答案也是否定的。随着计算机技术的发展和网络技术的发达，通过网络阅读电子书籍变得更加方便快捷，既可以坐着阅读，也可以在乘车、散步时通过耳朵“阅读”。争议之三：到图书馆“刷卡”是否存在形式主义倾向。这一点，ZZM 教授在接受记者采访时也承认，有的学生确实存在为“刷卡”而不得不去图书馆的情形。如果不是心甘情愿地去阅读，恐怕也是“人在曹营心在汉”，读书的效果肯定会打折扣。

图书馆的“困惑”

图书馆也有无奈，有的高校图书馆需要排队等候，还需要占座，而有的高校图书馆虽是标志性建筑，却门可罗雀，显得非常寂寞，被戏称为“最空闲”“最安静”的地方。试想，现在是大学的一个系做出了此项规定，如果其他教学单位也仿照跟进或者加大力度的话，一个图书馆是否有这么大的容量。曾几何时，有媒体报道，每到学期末，有的高校图书馆就要排队进入，这一方面说明图书馆的条件舒适，冬暖夏凉，环境安静，氛围较好，适合学习；另一方面，也说明图书馆的空间有限、座位有限，存在一定程度上的资源紧张。

因此，高校要打造“时时都是读书时，处处都是读书地”的书香校园，在校园长廊中可以读书，在食堂“书吧”可以读书，在宿舍公共空间也可以读书。如此，想读书，未必都要到图书馆。

2015-12-30

为厦门大学校长的身体力行点赞

据报道，厦门大学在2016年新年伊始，就召开全校体育工作大会，部署全校体育工作，会上61岁的校长朱崇实按照会议议程作了讲话。在说到目前厦大体育工作存在的不足时，他指出，问题之一在于：体育工作没有成为师生生活的一个必要内容，没有成为一种生活习惯。讲着讲着，朱校长搬来椅子，在椅子上做起“双杠”直腿撑，并坚持了30秒左右。朱校长的举动感染了所有与会人员，也深深触动了厦大学生。现场的照片、视频瞬间在社交媒体上流传开来，厦大一学生公众号以“直腿支撑无压力，史上最萌的开挂朱校长你值得拥有”报道此事①。一次很普通的会议，因为校长的一个不经意的举动，成了一个舆论热点，并集聚了不少的正能量。看到这里，我们不禁要为朱崇实校长点赞。

他能够把体育工作放在重要位置

厦门大学召开体育工作大会，规格之高，据说是史无前例的。学生公众号写道：“校长好像是在用实际行动告诉学生：年纪轻轻的身体素质连我都不如，赶紧去锻炼!”体育，之于学生的身体素质，之于大学的重要意义，大家都非常清楚，但真正重视体育工作的大学和管理者，却未必很多。有的高校领导，对体育工作，说起来重要，做起来次要，忙起来不要。有的高校不仅体育设施投入不到位，就是教育部要求开设的体育课程也可以随便“砍掉”或者“缩水”。有的高校重视体育也仅仅体现在一般性的号召上，有关体育工作的制度也仅仅挂在墙上，根本没有好好落实。因此，在大学生身体素质普遍不尽如人意的现状下，那些还没有真正重视体育工作的高校管理者着实应向朱校长学习。

他不仅能够重视体育工作，还能身体力行

据说，2015年12月，朱校长刚过完61岁生日。熟悉朱崇实的厦门大学老师说，朱校长算得上是个体育运动爱好者。他夏天下海游泳，平时尽

---

① 佘峥.61岁厦大校长会场玩“双杠”直腿撑30秒［EB/OL］.（2016-01-12)［2016-01-25］. http://news.youth.cn/gn/201601/t20160112_7516423.htm.

可能地走路上班。厦门大学体育部部长林致诚说，朱校长在主席台上完成大约30秒的直腿支撑，很了不起了。因为直腿支撑需要强大的腰腹力量，并且能够坚持30秒左右，如果没有一定的身体条件和运动基础，一般人是做不到的。教育部号召大学生要走出网络、走出课堂、走向操场。“与其坐而论道，不如起而行动”，“喊破嗓子不如做出样子”，作为校长也要以身作则，走向操场，融入师生。厦门大学朱校长做到了，我们要为他的以身作则点赞。

他的这一举动也令会风为之一振

会风反映作风。过去一段时间，一些单位会越开越多，越开越长，话越讲越空。领导在台上讲得口干舌燥、劳神费力，听者在台下味同嚼蜡、昏昏欲睡。会风中的形式主义已成为群众反映强烈的一大顽症。在高校，会议“多一些精简高效、多一些脱稿讲话、多一些简朴节约、多一些交流互动”的呼声也非常强烈。在厦门大学的全校体育工作大会上，朱崇实校长不仅在“说”，更是在“做”，他用一种别开生面的方法，让会风变得活泼起来，会议的精神瞬间就在每名师生的心中扎下了根。一次体育工作会议，由于朱校长的“不经意”之举，达到了号召师生锻炼身体的目的，给刻板、空洞的会风带来了一股清新之意，更是为我们的社会传播了踏踏实实的正能量。朱校长引领了清新之会风，值得我们为他喝彩！

2016-1-25

大学校长向毕业生鞠躬道歉的真诚与无奈

据《中国青年报》报道，2016 年 6 月 29 日上午，在安庆师范大学毕业典礼暨学位授予仪式上，校长 MYX 走上台，为大学生上大学的“最后一课”，大多数毕业生以为校长会说一大段“官话”，然而他们听到的却是，校长将他们曾经“吐槽”的问题统统道了出来。校长深情地说：“图书馆的座位少，一座难求；菱湖校区的住宿差，过于拥挤；双龙湖畔的小道泥泞，雨天难行；食堂的饭菜凉，不那么可口。”这些学生在网上经常吐槽的问题，校长都在致辞中一一承认。其间，他还停下致辞，走到台前，面向在场的毕业生，弯下腰，深深鞠了一躬。校长表示，“作为校长，要向同学们真诚地表达歉意”，并且校长还做出庄重承诺，“在明年的毕业典礼上，我希望不用再道歉了”。校长的真诚之举打动了在场的每一个人，全场掌声响起①。

真诚的道歉

安庆师范大学校长面向全体毕业生的道歉，确实是发自内心，是真诚的道歉，相较于一些大学校长在毕业典礼上的“官话”，更富有感染力，更加接地气。该校长在毕业典礼致辞中讲到的类似问题，有多少大学的校长能够扪心自问，敢于直面学校管理和服务存在的问题，并且当着毕业生的面真诚道歉，同时还能够做出庄严承诺？校长的承诺不仅把自己“逼到墙角”，更是对学校各个层级的管理者发出了号令，对于学校在管理服务方面存在的问题要各个击破、彻底解决并建立长效机制。

毕业生听了校长真诚的道歉，可能会减少对母校的些许怨言，带着对大学美好生活的回忆踏上人生新的征途；在校生听了会拭目以待，期待学校在接下来的各项工作中能够大刀阔斧地推进教学改革，提高管理能力，提升服务水平；而安庆师范大学的“准学生”听了，也会感受到校长的真诚和坦荡。2002 年我国高等教育毛入学率达到 15%，进入了高等教育大众化阶段，2010 年达到 26.5%，2016 年则跃升至 42.7%，将进入普及化阶

① 夏莹，王磊．安庆师大校长向毕业生鞠躬致歉引热议［N］．中国青年报，2016-07-03（1）．

段。高校的竞争是多元的，而生源的竞争是重要的方面。作为准大学生，是选择像安庆师范大学校长这样坦诚直面问题又能够承诺限时解决问题的高校，还是选择文过饰非、招生广告吹嘘得天花乱坠但内部管理一塌糊涂的高校，相信他们自有清晰的判断并会做出理性的选择。

无奈的校长

安庆师范大学校长在毕业典礼上涉及的问题，说到底是一个“钱”字。1999 年在做出高校大扩招的决策之后，中国高等教育迎来了规模扩张、跨越式发展的新阶段。扩招之后对高校最大的挑战就是学校教学条件和后勤服务保障能力短期内是否能够承受扩招带来的压力。为了消除制约我国高等教育发展的“瓶颈”因素，保证新世纪高等教育的健康发展，国家在做出高校扩招的重大决策之后，采取了包括推进高校管理体制改革、大力发展高等职业教育和高校后勤社会化改革等重大举措。为此，1999 年 11 月，经国务院批准，国务院办公厅在上海召开了第一次全国高校后勤社会化改革工作会议，对高校后勤社会化改革进行了全面动员和部署，之后，教育部又分别于 2000 年 12 月和 2001 年 12 月在武汉和西安召开了第二、第三次工作会议，这些会议有力地推进了我国高校后勤社会化改革的步伐。

进入新世纪，高校后勤社会化改革取得了预期成效，然而长期困扰高校的一些深层次问题依然没有得到很好的解决。这就是安庆师范大学校长道歉背后的无奈。这种无奈主要来自两个方面。一是作为校长，缺乏或不能对后勤服务企业实施直接监管的无奈。后勤社会化后，高校不再办“社会”，高校后勤由“社会”来办。而一些社会企业把高校当作“唐僧肉”，认为高校有淘不完的“金子”，缺乏应有的社会效益观念，把公益性置之脑后。高校学生公寓、食堂的经营者，本应坚持微利、保本的经营思想，然而有些人急功近利，甚至牟取暴利。高校后勤服务社会化后，高校与社会后勤服务单位变成了甲乙方关系，虽然高校作为甲方，有履行管理、监督的责任与权利，但往往效果并不明显，无法找准监督的关键“穴位”，如什么叫价格合理，如何进行成本核算。作为通过招标进来的服务单位，客气一点的，对学校的监管阳奉阴违；不客气的，对学校直接置之不理。由于缺乏有效监管，后勤服务企业单位追求利益最大化，最终必然又通过不同方式转嫁到学生身上，势必造成学生对后勤服务质量的不满意，有的高校甚至发生了不该有的事端。二是作为校长，“囊中羞涩”的无奈。后勤社会化以后，在经济效益和社会效益发生矛盾、一时难以协调解决时，条件较好的高校以社会效益为先，缺口的资金由高校予以全额承担或给予外协单位部分补贴，问题自然容易解决。然而当前一些高校，尤其是位于中西部地区的高校，由于人员经费占学校预算经费的比例较大，在“先人员经费、后学校运转、再建设发展”的预算原则下，人员经费已经占据了预算经费的一半以上，这就势必会压减学校发展和建设经费，致使本应由政府或高校财力支持建设的重要后勤设施或重大基础性生活设备不能及时投入经费，该盖的楼没有盖、该修的路没有修、该添置的设备没有添置、该更新的设施没有更新，从而造成基本建设和后勤服务设施严重滞后。因此，如果高校举办者缺乏有效投入的话，即使校长能够通过筹措经费解决了承诺的事项，但恐怕后来的校长再次向学生道歉也在所难免。

2016-7-3

教育应慎提标准

据《中国教育报》报道，2014年被称为中国教育的“标准年”，因为在这一年要制定数量众多的各类标准：从高校辅导员职业能力标准、体育本科教学技能标准、幼儿园园长专业标准，到中小学各学科学业质量标准、高校学科专业类教学质量标准、高校各专业人才培养标准，再到城乡统一的中小学教职工编制标准、义务教育学校管理标准等共20多项，涵盖教师、教育教学、学校管理等方方面面，涉及质量标准、专业标准、技能标准、评价标准、管理标准等多个层面①。

《国家标准GB 3935.1—83标准化基本术语》第一部分将标准定义为：“标准是对重复性事物和概念所做的统一规定。它以科学、技术和实践经验的综合成果为基础，经有关方面协商一致，由主管机构批准，以特定形式发布，作为共同遵守的准则和依据。”《辞海》对“标准”解释为“衡量事物的准则”，引申为“榜样”“规范”②。标准、标准化，首先是在企业界运用，是对产品和服务的要求。在我国教育界，近100年来，教育领域使用“标准”称谓主要在两个阶段，一是新中国成立前，我国的教育仿欧美，对标准使用比较频繁，如课程标准等。二是改革开放后，欧美的教育理念和教育技术再度回归，标准又重回教育界，出现在人们的视野中。从新中国成立后到改革开放前，由于全面学习苏联，标准不被提及，课程标准为教学大纲所取代。现在又重提标准，并且大张旗鼓。然而，笔者认为，“标准”在教育领域应当慎提、慎行，原因有三。

一是“标准”更适用于测量“硬件”，不能反映教育的全部。

既然标准是衡量事物的准则、榜样和规范，那么一般应该是可以观测和具体测量的，而教育领域能够反映这方面要求的是物质层面的、显性的部分。一般可以分为三类，第一类是房屋、设施设备等硬件，如：城乡统一的中小学教职工编制标准、义务教育学校体育器材配备标准、幼儿园玩教具配备标准等。第二类是反映能力的“硬技能”。如：高校辅导员职业能力标准、幼儿园园长专业标准、普通高中校长专业标准、中职学校校长

① 柴葳．冲刺中国教育“标准年”［N］．中国教育报，2014-03-11（3）．
② 夏征农．辞海［M］．上海：上海辞书出版社，1999：1547．

专业标准、高校教师专业标准、特教学校教师专业标准中能够规定和明确的学历、学位、资历、职称等。第三类是能够测量的知识和技能。如：中小学各学科学业质量标准、学生运动技能等级评定标准、国家学生体质健康标准等。但有一类所谓的“标准”很难事先规定和事后准确衡量。如：一些岗位人员的真正履职能力，专业教学质量中的职业素养、学生的艺术素养，这些都是“软技能”。测量知识、技能的掌握程度并不难，难的是对能够反映质量的素养、态度、情感与价值观的测定。既无法测量，恐怕也难以制定出“标准”来。

二是“标准”过于“死板”，不能有效调动育人的积极性。

20 世纪 90 年代上半期，国家教育咨询委员会委员、中国教育发展战略学会学术委员会主任谈松华，曾经参与一项由一位国家副总督学发起的基础教育质量标准的研究工作，但由于条件不成熟，标准编制工作中途搁浅①。教育是科学，更是艺术。科学需要一定的规范和准则，而艺术不需要条条框框，艺术需要的是宽松的环境和想象的空间。既然标准作为人们共同遵守的准则和依据，是必须遵守的规范，具有强制性，没有多少发挥的余地，这与教育提出的启发、创新有着不小的矛盾。设置所谓的标准只会使人联想到统一、服从，让人不敢越雷池一步。“教学有法，教无定法，贵在得法”很好地阐述了这一现象。“教学有法”指的是教学有一定的规律，“教无定法，贵在得法”则是指教育教学有无限的创造性和艺术性。如果教育可以一味地按照标准行事，那长此下去，培养出来的学生就像是一个模子刻出来的。如果教育真能够像企业生产一样，投入和产出的比例正相关，投入的多，产出的也多，那教育就不成为教育，更无艺术性可谈，教师的育人积极性也将受到重大打击。曾经的标准编制工作中途搁浅也许与这有关。教育、教学、管理过程需要一些规范加以约束，但绝非是一概而论的“标准”，不如将“标准”改为有发挥余地和想象空间的“原则意见”更为妥帖。

三是“标准”强化工业思维，不利于人才培养质量的提升。

作为工业革命产物的标准，在教育界容易引起人们的误解，把教育当产业，把学校当企业，把学生当产品，以为教育过程是生产过程，只要控制了过程，就必定能保证质量。所谓的“标准”，也不过是知识、技能那些可以测量的部分，并不是教育质量的全部。广受关注的“高考工厂”，使身在其中的中学生饱受煎熬。备受诟病的“应试教育”衍生出的“标准

① 柴葳．冲刺中国教育“标准年”［N］．中国教育报，2014-03-11（3）．

答案”，统一模式培养下的“高分低能”，同质化严重的“千校一面”，无一不与“标准”有关。吕叔湘先生曾说：“教育的性质类似农业，而绝对不像工业。”说的就是教育有其自身的规律，不能操之过急，更不能制定一些所谓的“标准”而扼杀校长和教师的积极性和创造性。教育的真谛是教学质量的提高，这是一项长期而又具有创造性的任务，通过“标准”是“制造”不出来的。

当然，教育部门制定一些标准，可以作为配置教育资源的手段，也可以成为争取教育经费的途径，本无可厚非，但把“标准”作为教育教学的统领，可能会漠视教育教学工作的特殊性，可能会弱化教师教育教学过程中的创造性，可能会忽视学生素养、情感、态度及价值观等方面的培养。

教育需要预设，但更需要生成。因此，教育还是慎提“标准”为好。

2016-9-25

河北涿鹿教改为何“逐鹿”失败

2016年8月，一场被紧急叫停的教学改革成为全国的教育头条新闻。新闻中心位于河北省涿鹿县，新闻人物是涿鹿县教科局前局长HJL。

这场教学改革的名称为“三疑三探”课堂教学模式。所谓“三疑三探”，是指将课堂教学分解为设疑自探、解疑合探、质疑再探、运用拓展的教学方法。“三疑三探”确实符合教育改革的大趋势。“三疑三探”模式发源地河南省西峡县的高考成绩说明，该模式确实是有效果的。上课时学生被分成一组一组，可能更适合学习自觉性很强的学生。2014年4月7日至11日，河北涿鹿县教科局局长HJL一行到河南省西峡县学习“三疑三探”。同年5月，涿鹿第一批“三疑三探”实验班建成，县教科局同时印发《关于深化教育教学改革工作的实施方案》，标志着教改正式启动。但让人始料不及的是，该项教改从试点开始，就一直风波不断，遭到家长的极力反对，并于2016年7月5日达到高潮，家长们走上街头，酿成了一次群体性事件。当天，涿鹿县委、县政府叫停了“三疑三探”改革。HJL在股级以上干部及各中小学校长会上宣布，辞去涿鹿县教科局局长、党委书记职务。至此，试行两年的教改黯然落幕①。

一次普通的教改，竟然能够演变成一次群体性事件，这一事件或许将载入中国教育改革史。然而探究这一教改失败的原因，可能比教改本身对当前的教育更有意义。

一是教改缺乏“梯度”，用抓经济的方法搞“一刀切”。

对于HJL辞职，涿鹿政界多解读为“一腔热血不被理解”。“一腔热血”，指其力推教学改革；“不被理解”指贯穿改革全过程的争议。笔者认为，这场改革失败的首要原因是缺乏梯度，主要表现在三个方面。

首先，没有对学科特点进行分类指导。涿鹿“三疑三探”教改，没有对学科特点进行分析比较，采取的是“一刀切”的办法。涿鹿中学语文教师李丽（化名）对《新京报》记者表示，教学中她发现，“三疑三探”在讲评练习时比较有作用，但在文言文等方面则效果不好。此外，体育课也

---

① 韩雪枫．涿鹿教科局长辞职背后的教改风波［N］．新京报，2016-08-01（12）．

生搬硬套“三疑三探”，让学生们先讨论、质疑为什么这个动作要这样做，教师们普遍反映，使用“三疑三探”，教学效率太低，教学时间不够用。

其次，行政管理没有体现逐级管理的原则。涿鹿县在全县所有中小学教室安装监控探头，信号直连教科局。通过探头监控老师的课堂，如果发现没有按照“三疑三探”讲课，就会公开批评。学校领导和教师对教育局的越级指挥也表达了不满。该县一位中学副校长说：“我认为教科局直接管到教室的做法，很不妥当。这不是改革，是后退。”

最后，从试点到推广没有适当的过渡期。“其实按照文件，我们是打算慢慢推进的，由点到面、循序渐进，先在几个学校、几个年级、几个班试点。有了对比、说服力，再逐步铺开。”涿鹿县教科局 X 副局长介绍。然而，改革的节奏并未按计划进行。2014 年秋季学期，教科局对原来没有改革的学校、年级提出的“可以改”要求，很快变成了“必须改”。到了 2015 年春季开学，涿鹿县中小学已全部按照要求在教学中推行“三疑三探”。其结果是改革缺乏必要的缓冲期，缺少渐进性，从而对改革产生了较大的冲击。

二是教改缺少“土壤”，素质教育遭遇社会、家长、教师三重“对抗”。

教育改革从来都是敏感地带，尤其是在当下独生子女较多、优质教育资源还比较缺乏的阶段。在普通教育改革的过程中，只要高考的模式没有根本改变，如果不能提高分数和升学率，任何教学改革都会遇到阻力，遭遇挫折甚至失败只是时间问题。阻力一般来自三个方面：校长、教师和家长。

在当前条件下，升学率、状元数是评价校长是否优秀的主要标志。如果升学率下滑，校长不会因为推进教学改革有力而受到褒奖，反而很可能会前功尽弃甚至败走麦城。因此，在推进改革的过程中，绝大部分校长是瞻前顾后，采取的策略是“一看二慢三通过”。

教学改革的动力来自教师，阻力也可能来自教师。有的教师按照老套路讲了大半辈子，现在换一种方式要让学生先讲，大部分教师短期内可能就适应不了，因此，反对改革甚至拖延改革也在情理之中。

来自家长的阻力也可以看成是社会的阻力。家长们谁都不愿意把自己的孩子当“试验品”。教学改革是有风险的，并不像工厂试制新产品，试坏了可以重来，只是受点经济损失，而教育是不一样的，对于孩子来讲，是不可逆的。在当前高考制度下，家长担忧由于教改影响孩子的升学应该情有可原。虽然 HJL 局长极力为他力推的改革辩解，“试看 20 年后的教育界，自主、合作、探究课堂必将大行其道”，但毕竟要到 20 年后。“不管白猫黑猫，捉到老鼠就是好猫”有着广泛的群众基础。家长的想法其实很简单，就是通过学生的成绩来比较不同教学方式的优劣，而学生成绩则主要指高考成绩。

三是教改不够“火候”，堡垒容易从内部攻破。

堡垒最容易从内部攻破。涿鹿县的本次教改遇挫也验证了这一道理。第一，教科局班子成员意见不统一。2015 年年底，涿鹿县教科局班子召开民主生活会。该局一副局长介绍，会上 7 名班子成员，有 4 人对 HJL 提出了批评，主要就是批评他性子太急，太想出成绩。由此可以看出，教科局对此项改革或者说改革的时序没有很好地统一思想，领导班子都没有统一意见，试想全县的校长、教师的思想与步调如何一致？第二是成绩造假，改革成效不真实。对于“三疑三探”改革成效，HJL 曾对媒体用高考成绩来表述，“经过两年的试验，涿鹿一中一本上线翻一番，此前每年 30 到 40 人，2016 年是 94 人”。但涿鹿县教育界就有人对他的说法直接表示质疑。因为改革之前，中考成绩最好的 50 名初中毕业生，几乎全部去了衡水中学等外地“超级中学”就读，而推行教改的这两年，涿鹿教育系统想了很多办法，花了很大力气把好生源留了下来，与其说是教改提高了升学率，不如说是生源素质变好提高了升学率。第三，新旧改革没有实现有机衔接。本次教改前，涿鹿县有自己原创的历时 5 年的教育模式——三环五步循环大课堂。这一模式和“三疑三探”十分相似，都突出调动学生的自主学习能力，但可惜的是没有很好地把两者有机衔接起来，而是推倒重来，这也严重挫伤了先前投入大量心血和精力推进“三环五步循环大课堂”改革的领导者、教研人员和广大教师的积极性，涿鹿县中学一名教师说：“我想不通，我们明明有自己的成熟教育模式，为什么要生搬硬套别人的模式。”这些人后来又都是“三疑三探”的核心成员，硬要本地“和尚”念外来的“经”，把“经”念歪也在情理之中。

2016-11-18

地方普通本科院校转型之惑

2017年春节之后，南京师范大学中北学院即将迁址丹阳办学，这对即将“也要有大学”的丹阳人来说是惊喜，而紧接着该校将转为职业技术学院的消息又给他们带来了不小的冲击。2月9日，丹阳市委宣传部不得不就此专门辟谣，同时介绍南京师范大学中北学院（丹阳）项目一期工程进展情况。

其实早在2015年5月4日，南京师范大学和丹阳市人民政府已就中北学院迁址丹阳合作办学进行了签约。南京师范大学中北学院新校址位于丹阳市练湖度假区，占地900亩左右，计划通过5年左右，建成一所现代化的具有智慧校园、人文、低碳、开放等特色的新校区，届时全日制在校生规模将达到1万人，并在条件成熟时面向“本二”招生。从公开报道可以看出，中北学院只是异地办学，学校性质并没有什么变化，不仅没有“降格”成职业技术学院，反而将在“条件成熟时面向‘本二’招生”，这应该是一个没有多少炒作空间的新闻。

然而就是这样一则“过时”的新闻，如今又借助新媒体跳出来夺人眼球。回顾曾经出现过的教育虚假新闻，大多要经历“消息误读—官方辟谣—还原真实”的过程。分析背后的原因，除了个别媒体缺乏求证、断章取义和一些网民以讹传讹、推波助澜外，恐怕最需要反思的还是教育自身。例如：围绕着本科转型，教育部门前后出现了三种状态，给媒体、大众乃至教育界内部人士造成了不小的困惑。

第一种状态：轻易表态

在一项重大教育政策出台之前，做深入的调研，听取各方面的意见，这既是获取民意的渠道，也是必须要走的决策程序。但是，一些教育主管部门的官员，却往往在政策没有正式出台前，个人先行定调、公开表态，并通过媒体加以传播。2014年3月，教育部分管职业教育的负责人在2014年中国发展高层论坛上透露，中国高等教育将发生革命性调整，1999年大学扩招后600多所“专升本”的地方本科院校将逐步转型职业技术学院，做现代职业教育，重点培养工程师、高级技工、高素质劳动者等。紧随其后，2014年4月15日，在江苏海事职业技术学院举办的省青联教育界别

“转型发展与职业教育”思想分享会上，江苏省教育厅主要负责人表示，“未来我省的职业教育，不仅只有本科生，还将会有研究生。全国600多所地方本科院校，近半数将逐步转型职业教育”①。

从这些报道来看，地方本科院校将逐步转型为职业教育，似乎是板上钉钉的事。

第二种状态：含糊其词

时至2015年10月，教育部、国家发改委、财政部发布《关于引导部分地方普通本科高校向应用型转变的指导意见》，有些政策才逐步清晰。文件解决了“如何转”“哪些学校需要转”“转往何处去”等三个问题。关于“如何转”，文件明确要试点，制定扶持政策，提供经费支持，开展先行先试，要“引导”一部分有意愿的院校主动转型，激发他们转型的内生动力活力，不搞“一刀切”。关于“哪些学校需要转”，文件明确是“部分地方普通本科高校”，并应综合考虑民办本科高校和独立学院。关于“转往何处去”，文件指出，要“探索应用型（含应用技术大学、学院）发展模式”，要把这些学校“转到服务地方经济社会发展上来，转到产教融合校企合作上来，转到培养应用型技术技能型人才上来”，要“形成一批服务产业转型升级和先进技术转移应用特色鲜明的应用技术大学、学院”，而且要“促进与中职、专科层次高职有机衔接。建立与普通高中教育、中等职业教育和专科层次高等职业教育的衔接机制”。

文件明确了本科院校转型并不是简单地将其转为职业教育，更不是“降格”，而是一种新的教育类型。然而，问题在于这份文件既没有使用国际通用的教育类型分类法，也没有使用当前公众熟知的分类法，而是用了一个“应用型”的新类别，不要说媒体和公众一头雾水，就是教育界内部专业人士也未必认同这样一个所谓的“转型”。《国际教育标准分类法（2011）》是联合国教科文组织（UNESCO）在其1997版的基础上修订的。“分类法”进一步对职业教育概念进行了明确界定，指出职业教育主要是为学习者掌握在某一特定或某一类职业或行业从业所需的知识、技艺和能力而设计的教育课程。成功完成这类课程后，可以获得由相关国家主管当局或劳务市场认可的、以从业为目的、与劳务市场相关的职业资格证书。该“分类法”为职业教育构建起一个包含初级中等、高级中等、中等

---

① 杨频萍．省教育厅负责人透露信息：近半数地方本科院校将转型职业教育［N］．新华日报，2014-04-16（A6）．

后非高等、短线高等、学士、硕士、博士的完整体系。“分类法”将2—5级教育课程分为“普通”和“职业”两个类别，6—8级教育课程和5—8级受教育程度分为“学术”和“专业”两个类别。

由此可见，普通教育和职业教育之间最大的区别不是学校，而是提供的课程，我国目前亟待解决的是“机制转型”，就是学分互认和转学机制的建立，而不是要把院校整体“转型”。一是不能通过行政手段“引导”不愿意转型的地方本科院校转型，而是要鼓励地方本科院校扩大对高职、中职的招生规模，形成学术和专业两类课程并存。二是要以课程为纽带，改变中等和高等职业教育间课程脱节、断层或重复的现象。三是要制定政策，鼓励同一层次普通学校和职业院校课程互换、学分互认，完善学生在普通学校和职业学校之间的转学、升学通道，为学生的自我规划、自我发展提供更多的选择机会。

第三种状态：三缄其口

“中北学院迁址丹阳后将转为职业技术学院”这一消息源主要来自2017年2月6日微信朋友圈中一篇名为“288所本科大学转为职业技术学院名单公布，学生家长要收藏”的文章，这条微信出炉后被众人广泛转发。

这条微信传播如此广泛，其中应该不乏教育界人士，如果这是一条不实新闻，关注舆情的教育主管部门更应该第一时间站出来，在官媒上做出澄清，而不是等宣传部门出来“辟谣”，走“据教育主管部门权威解读”这样的“套路”。据了解，各级教育主管部门均设有“新闻发言人”制度，面对层出不穷的教育“假新闻”，发言人应该及时“发言”，而不是三缄其口。

2017年，教育部党组书记、部长陈宝生到江苏省教育厅调研座谈时强调，现在社会上关于教育的各种理念、各种说法、各种舆论不断传播，尤其是借助新媒体，成倍放大。我们全体教育工作者要共同努力，不断改善教育改革发展的环境，而改善的基本路径和要求是“有为”。要通过教育改革、结构调整，争取更多拥护教育改革的人、赞成教育发展的人、给教育点赞的人①。这就要求，教育部门尤其是教育部门的领导，要积极“有为”，但“有为”不是轻易表态，“有为”不是按照个人的意愿行事，而是要按照教育发展规律办事，根据中国的国情决策。

2017-3-30

---

① 教育部党组书记、部长陈宝生与江苏省教育厅领导干部座谈［EB/OL］.（2017-03-04）［2017-03-30］. http://jyt.jiangsu.gov/cn/art/2017/3/4/art_58338_7498869.html.

大学老师与学生签订课堂合同的示范效应

2017 年 3 月 23 日晚，重庆交通大学 WXB 老师在本学期第一节“民法学”选修课上，跟 140 名大学生，点对点签下了一份“课堂合同”。第一节课上，WXB 没有像其他老师那样跟学生约法三章强调课堂纪律，只是当课讲到一半时，将一份早已准备好的“重庆交通大学全校性通识选修课‘民法学’课堂合同”发给教室里的每一位同学①。如果这是一次单纯的课堂管理行为，为了博取“眼球”，那只能算是一次“作秀”，但是通过 WXB 老师与学生签订课堂合同这件事，我们既可以观察当今大学校园内的一些现象，还可以看到这件事的示范效应。

“思政课程”到“课程思政”

WXB 老师与学生签订的课堂合同，甲方是 WXB 老师，乙方是上课的大学生。合同共有 15 条，对甲方和乙方的权利和义务进行了明确的规定，把教师在教学中应尽的义务和需要遵守的师德规范进行了明确，同时对学生参加教学活动应履行哪些职责也进行了界定，合同比较详尽地规范了老师的教学行为和学生的学习行为。

曾几何时，在大学的课堂上，教师只负责“教书”，其他的育人工作、管理工作都是行政人员、辅导员的事。其实，无论是专业课还是文化基础课，其中都有着极其丰富的育人资源。一些教师或缺乏必要的育人意识，或不具备“慧眼”，忽视了所授课程的思政“养料”。当然，也不能为了思政教育、德育渗透而“穿衣戴帽”，这样的话，不仅起不到育人的作用，还会引起学生的反感。WXB 老师从自身的课程出发，把诚信意识、契约精神很好地与教学结合起来，使知识传授、课堂教学增加了更多的“附加值”。在这一点上，WXB 老师为大学教师如何既教书又育人起到了示范作用。

教学改革从细微处入手

这份课堂合同表面上看是为了课堂管理，其实是为了提升这门通识选

---

① 范学建. 跟学生签合同，这样讲民法学挺生动［J］. 课堂内外，2017（6）：6-17.

修课“民法学”的教学质量。通过这份合同，WXB 老师结合民法的相关知识，介绍了合同拟定的常识及法律效应，同学们有权不签这份合同，也有权提出建议和意见，或修改部分合同条款，但如果签了字，就有义务认真履行。

WXB 老师是兼职律师，他把课堂合同作为“民法学”课程教学的切入点，用“做中学”来激发学生的学习兴趣，可谓匠心独运。所谓“大道理不如讲故事”“天边不如身边”，课堂合同有助于学生更好地了解民法基础概念，切身体会契约精神，用身边事教育身边人。当今的大学生基本上“无人不网、无时不网、无处不网”，他们接受信息的渠道非常广，知识面也非常宽。教师可以根据需要把每天发生的“新鲜事”融入教学中，并适当加工和适度改造，从而激发学生的学习兴趣，如果纯粹照本宣科、照“屏”宣科的话，学生在课堂上想不打瞌睡都很难。因此，教学改革并非都要轰轰烈烈、大张旗鼓，而要落小、落细，找准结合点，激发教学的活力，让大学课堂告别死板，再现生机。在这一点上，WXB 老师做到了。

知行合一，身教重于言教

WXB 老师的课堂合同，不仅对学生提出了要求，做出了明确规定，而且他对自己也提出了要求，并且规定得非常具体。如：教师应确保其课程是通过正规渠道开设；讲授的内容应具有实时性、实用性，不得照本宣科；上课期间不得坐着讲课，但课间时间、身体受伤等情况除外；不得委托他人代课、每次上课不得迟到；在上课期间应将手机关机或调为震动模式，不得在课堂上接电话、发短信、聊微信、聊 QQ、打游戏等；双方不得辱骂、侮辱、恐吓、殴打对方等。

这些条款虽是教师应该遵守的职业要求，但大学重科研、轻教学的学术评价体制，使得很多大学教师把主要精力投入科研而不是教学上，本该作为主业的教学工作往往处于边缘地位，能跟学生以合同的形式来约束自己的教师很少。“身教重于言教。”作为课堂管理的第一责任人，教师上课不仅仅是授业解惑，更需要传道，而保证课堂良好的氛围、正常的秩序、优良的学风是学习的前提，也是教师“传道”的第一要务。如果一些师德规定只是“喊在嘴上，写在纸上，挂在墙上”，而没有真正落实在教师的教学行为中，那么“以教风带学风”就会变成一句空话。从严于律己方面讲，大学教师都应以 WXB 老师为榜样。

2017-3-30

两位辅导员不同的发展轨迹说明什么

2016年5月25日《人民日报》刊发通讯《顶天立地谈信仰——解码南京航空航天大学教师徐川的思政工作法》并配发了《把“有意义”的事做得“有意思”》的评论。在“两学一做”学习教育有序推进之际，《人民日报》、新华社、《光明日报》、中央人民广播电台、中央电视台、《中国青年报》等中央新闻媒体及所属网站，聚焦南京航空航天大学能源与动力学院党委副书记徐川，对其创新思想政治理论教育的做法进行了集中宣传报道①。徐川从自身经历出发，讲述自己和身边人的故事，娓娓道来，活泼有趣，拉近了和学生的距离。他以互动的方式和学生谈心交心，开诚布公地探讨问题，启发学生积极思考，再次验证了一个道理：“有意义”的事情，也需要做得“有意思”。徐川也成了高校基层党组织书记的先进典型和引领激励当代大学生成长成才的优秀教师。江苏省委教育工委还在全省高校学习推广徐川思政工作法，“‘徐川思政工作法’在全国巡讲推广”入选“2016江苏教育十大新闻”。一时间，“南航”“徐川工作法”成为“热搜”，辅导员出身的“80后”徐川成了“网红”。

时间过去了一年，又一位辅导员“出名”了。据报道，南京航空航天大学的数十名学生莫名欠了高额债务，原因是有人用他们的身份信息在网贷平台上贷款近百万元逾期未还。而冒名者居然是2016年毕业于该校并留校担任辅导员的硕士WXL。2015年下半年至2016年上半年，这些大学生分别被WXL以“帮朋友办卡”或“在校生领取创业补贴”为由骗取了储蓄卡、密码及详尽的个人身份信息。WXL于2011年9月至2013年6月担任该校辅导员，2013年9月至2016年4月为该校硕士研究生，其中，2013年9月至2014年6月任兼职辅导员，2016年4月毕业离校。2017年2月学校调查时他已处于失联状态。在该校，WXL曾获得过优秀共产党员、优秀学生工作者、学校首届辅导员技能大赛一等奖等荣誉②。

相似的工作，两名辅导员却做出了不同的选择，他们的经历虽是个案，但“窥斑见全豹”，也折射出当前大学辅导员队伍存在整体上的发展

① 光晔．把“有意义”的事做得有“意思”[N]．人民日报，2016-05-25（4）．
② 陈璐．南航大前辅导员用学生信息贷款近百万失联[N]．中国青年报，2017-04-10（3）．

不平衡及个体上的良莠不齐。“进”“升”“出”是当前辅导员队伍建设亟顺解决的三大问题。

如何解决“进”

高校扩招之后，大学生辅导员在高校内部作为教师和管理人员的双重身份得到确认，高校辅导员职业在社会上也得到认可，其岗位在招聘中受年轻人青睐的程度仅次于公务员。2006 年 7 月教育部第 24 号令《普通高等学校辅导员队伍建设规定》，对高校辅导员的目标与地位、要求与职责、配备与选聘、培养与发展、管理与考核等做出了一系列规定之后，各高校均大规模地引进专职学生辅导员，数量上达到了一定的规模。但由于在认识上还存在“重科研轻教学”“重教师轻学工”的偏差，大多数高校“按 1∶200 的比例配备辅导员”仍未达标。教育主管部门应制定配套政策，并加大督查力度。当然，要将辅导员的政治素养摆到首要位置，实行“一票否决”。

如何解决“升”

我国高校辅导员制度大致经历了三个发展阶段。第一阶段是新中国成立前的萌芽和初创阶段。1937 年，在中国人民抗日军事政治大学内，学生编成若干大队，大队配备政治委员；大队下设若干支队，支队配备政治协理员；支队下设若干中队，中队配备政治指导员。这就是高校辅导员的缘起。第二阶段是新中国成立后到改革开放前的确立与探索阶段。这一阶段称为政治辅导员，是在学校党委领导下的服务于最基层的思想政治工作者。第三阶段则是改革开放后的恢复与发展阶段。1980 年 4 月和 1981 年 7 月教育部相继出台《关于加强高等学校学生思想政治工作意见》《高等学校学生思想政治工作暂行规定》，对健全高校辅导员队伍建设提出了原则意见和行动指南。2004 年 8 月，中共中央、国务院《关于进一步加强和改进大学生思想政治教育的意见》指出，辅导员、班主任是大学生思想政治教育的骨干力量，辅导员要按照党委的部署有针对性地开展思想政治教育活动。

从制度设计和现实情况来看，专职辅导员们已经陷入纷繁的日常事务性工作之中，只要是与学生有关的工作，就全部是辅导员的工作内容，而真正需要的思想政治引导、学习生活指导、心理健康辅导工作，辅导员却无暇顾及，更谈不上深入。因此，应按照全国高校思政工作会议的要求，修订《高等学校辅导员队伍建设的意见》，恢复“政治辅导员”制度，进一步明晰辅导员的职责，为辅导员“减负”，让辅导员心无旁骛地做好学生的思想政治教育工作。与此同时要落实辅导员与教师“同工同酬”的政策，在职务晋升、专业技术职务评聘中体现辅导员的价值，职务晋升有空间、职称评聘有通道，让在职辅导员看到希望，安心本职工作。

如何解决“出”

从事业编制统一考试招录的辅导员，由于高校基本没有自主权，很容易产生高分低能的“应试型”辅导员。从个人职业理想来看，选择到高校工作，一些毕业生首选是当教师，然后才是辅导员，因此，从一开始，当辅导员的或多或少都有点心不甘情不愿的意味。此外，对于极少数素质不高、不适合从事学生思想政治教育工作的辅导员，现行政策还无法将其调离辅导员队伍。因此，在新一轮“放管服”改革和人事制度改革中，应考虑辅导员“出得去”的政策制度，对不适合担任辅导员的人员，给予转岗、解聘等处理，从而完善高校辅导员队伍建设过程中素质高的“招得进”、用得好的“留得住”、不适合的“出得去”的制度环境。

2017-4-24

江南大学钱穆先生雕像移位引发的思考

2017 年“五一”期间，一条关于江南大学钱穆先生雕像被移走的微信在无锡市民朋友圈频繁转发。钱穆先生的雕像本来一直摆放在江南大学文学院大楼，此次被移走，引起了不少市民的不解。院方表示，钱穆先生雕像移动是因为文学院和其他学院合并，而且这件事已经是四五年前的事了。钱穆是江苏无锡人，江南大学文学院第一任院长，中国现代著名历史学家、思想家、教育家，中国学术界尊称他为“一代宗师”。5 月 2 日，《现代快报》记者特地到江南大学寻找钱穆先生的雕像，但在校园内转了一圈也没有找到。随后，记者询问了几名学生，也都表示“不清楚”“没印象”。人文学院一位姓钱的同学说：“我在学校快两年了，但从来没发现过钱穆的雕像。”从市民在朋友圈发的图片来看，钱穆先生的雕像被移到了室外的小树林里，雕像本身看起来有些黯淡，部分地方的颜料似乎有些脱落，雕像底座上散落着不少泥土①。钱穆先生雕像被移走，虽然时间过去了数年，但人们还在关注、热议，表面上看是如何对待名人雕像的问题，其背后要探讨的恐怕是校园文化建设的问题。

为什么要建名人雕像

建名人雕像或者纪念馆，目的一般有二：一是传承历史，二是教育后人。钱穆先生是江南大学文学院的第一任院长，不能因为文学院合并了，就认为钱穆先生的作用就改变了，或者说钱穆先生的历史地位就改变了。从报道看，江南大学人文学院的学生，很多都表示“不清楚”“没印象”，由此可以得出初步判断，在人文学院的院史教育中，似乎并没有考虑钱穆先生对该校的影响，更没有在文学院新生入学教育中把新生带到小树林瞻仰过钱穆先生的雕像。因此，建名人雕像的本源价值也就无从谈起了。

无独有偶，国外大学也曾遇到名人雕像移位的问题。2015 年，南非开普敦大学爆发反殖民主义运动，矛头指向英国 19 世纪政治家、极力主张在非洲建立殖民统治的塞西尔·罗兹（Cecil Rhodes）。南非的反殖民主义运

---

① 黄琪．网传江南大学钱穆雕像为赞助商让位［N］．现代快报，2017-05-03（F5）．

动也波及了牛津大学，因为该校的奥里尔学院就有塞西尔·罗兹雕像。塞西尔·罗兹曾就读于牛津大学，并设立“罗兹奖学金”，旨在帮助外国优秀学生前往牛津大学学习，其中受益者包括美国前总统克林顿。对如何处置塞西尔·罗兹雕像，在牛津大学也产生了极大的争议。有人认为该雕像应该保留，也有人认为应给该雕像添加相关历史备注。认为应移除该雕像的人士表示，殖民主义政治家罗兹的观点与大学包容文化氛围不符。牛津大学奥里尔学院的一份声明中提到，作为短期过渡措施，校方已经张贴通告阐明该雕像的历史背景，并表明学院反对罗兹殖民主义观点的立场①。因此，大学建名人雕像是校园文化建设的重要组成部分，也是环境育人的重要内容，应广泛论证，深入调研，认真思考“为什么建”的问题。当然，随着历史的发展应具体问题具体分析。我们应学习奥里尔学院的做法，正确面对和积极引导，理性看待历史名人的雕像，切忌因草率行事、匆忙决策而引来争议，这才是对待雕像的辩证态度。

如何建名人雕像

自20世纪90年代开始，全国高校进行了大范围的兼并重组，随后开展了大规模的基本建设。一些高校把具有历史文化遗存的老校区进行了置换，转为他用。在建设过程中，虽然一些文化遗存得到了抢救性保护，被移到了新校区，但更多的则被有意无意地毁坏了。在新校区建设过程中，一些高校管理者一心想沾名人的光，觉得应该为某名人塑个像，这本无可厚非，然而在校区规划的时候，却没有考虑周全。雕像是全身还是半身，放在室内还是室外，与周围环境是否协调等，都缺乏论证，全凭“一把手”的喜好行事。结果可想而知，“遭罪”的只能是雕像，就像钱穆先生雕像的遭遇一般。所以，如何建名人雕像也大有讲究。

2011年，西北某大学现代学院图书馆门前竖立了女娲和雅典娜的雕塑，因为两位校董有功于校，所以两尊雕塑的面部被换成了两位女校董的脸。雕塑说明上写着，这两尊雕塑的面部为该校两位校董，在“雅典娜”雕塑的说明中还称，雕塑为西北某大学的“守护神”。这两尊雷人雕像，引来了广泛争议。面对质疑，校方坦言当时制作雕塑时的确考虑欠妥。而厦门大学校园内的名人雕像，无论从设计还是到布置都堪称“建什么、怎么建”的典范：第一是“卖掉大厦，兴办厦大”的厦门大学捐资兴办者陈

---

① 宋文君，刘洋．牛津大学政治人物雕像引争议或被移除［EB/OL］.（2015-12-21）［2017-05-03］. http://lx.huanqiu.com/article/9CaKmJSvGw.

嘉庚先生的雕像；第二是担任厦门大学校长达 16 年、为厦门大学做出了卓越贡献的一代名医、企业家、社会改革家和教育家林文庆的雕像；第三是曾在厦门大学任教、该校校名就是其手书的中国大文豪鲁迅先生的雕像；第四是著名经济学家、教育家，新中国成立后厦门大学第一任校长王亚南的雕像。这些人士在各个历史时期都对厦门大学做出了杰出的贡献，在校园内为他们塑像不仅可以对厦大的学生、校友具有强大的激励作用，还可以通过雕像把厦门大学的校史有机地串联起来，方便外来参观者了解厦大创立和发展的过程，可谓一举两得。

钱穆先生雕像移位引发市民关注，也许可以给一些学校提个醒，对待名人雕像，一定要慎之又慎。

2017-5-3

L局长为什么“火”了

继2016年8月河北省涿鹿县教科局原局长HJL成为全国舆论热点之后，2017年4月，又一位教育局局长“火”了。这次新闻事件的发生地是江苏，舆论的主角是江苏省连云港市赣榆区教育局L局长，舆论的焦点是L局长力挺应试教育。

2017年4月19日，L局长在连云港市委党校春季主题班上做了一次题为“充分认识应试教育的政治正确性”的交流发言①。该发言传到网络上以后，引发舆论关注，也引起了各种评论。评论大致有三种：第一种是贬低L局长的，认为他理论水平不高，没有搞清楚素质教育和应试教育概念的区别；第二种是力挺L局长的，认为即使学校不抓应试教育，家长也会把孩子送到校外培训机构去，反而增加了额外的费用；第三种是折中观点，认为应试教育没有错，但是素质教育也不能少，应该两手抓两手都要硬。撇开其观点，笔者倒觉得L局长是一位值得尊敬的教育官员。

敢说又善说的教育局局长

L局长认为，在中国当前的高考体制下，基础教育阶段抓应试教育、抓教学成绩是局长、校长的应有职责，大家都在做自认为正确的事情，没有什么见不得人，包括应试教育在内。L局长也直言，“平时也有领导善意提醒我，可以暗地里使劲抓教学抓成绩，但是，对外一定要大力宣扬素质教育，否则，人家会说你这个局长的认识层次还有待进一步提高，格局还有待进一步撑大”。有些话本是真话，但是从教育部到基层学校的管理者，谁都不挑明说，久而久之，就形成了“会上说假话，会后说真话”的怪现象。L局长说了许许多多局长、校长都在做而不敢说的话，难能可贵。当然，L局长也选择了一个恰当的时机说了真心话，他是在连云港市委党校春季主题班上作交流发言时说的，既然是交流发言，就带有探讨性质，并且，L局长的讲话有一个很重要的前提，就是“在基础教育阶段，在中国当前的高考体制下”，这一点非常重要，让有些想“扣帽子、抓辫子”的

---

① 赵清源．应试教育只是对现实的妥协［N］．新京报，2017-05-05（A4）．

人失去了“抓手”。所以说，他是一位敢说又善说真话的局长。

为农村孩子代言的教育官员

L局长作为一名经济欠发达地区的教育局局长，能够充分认识到肩上的责任。教育不光有政治功能，也有经济功能，还有社会功能。其社会功能就是如何在相对公平的平台上，让千千万万的普通老百姓实现社会阶层的向上流动。而高考在目前情况下是实现这一功能的最大最可靠的平台。他认为，作为乡村教育工作者，面对的大多是农村的孩子，这些孩子只有通过学习才能改变命运，“书山有路勤为径，学海无涯苦作舟”，就是十年寒窗苦读，一分耕耘一分收获。一名教育局局长“最大的政治”，就是提供最优质最适合的应试教育，最主要的使命就是“让更多的赣榆孩子考上更多更好的大学”。我们不妨换位思考一下，如果自己生在赣榆，如果自己的孩子正在赣榆的某个高中就读，当你批评这么一位教育局局长的时候，还会那么理直气壮吗？相反，在中国经济社会发展还不够平衡的情况下，像L局长这样有责任有担当的局长、校长不是多了，而是少了。

狠抓应试教育的素质教育实践者

L局长完全可以为了“交差”，准备一份与上级文件精神高度匹配的发言稿，四平八稳，中规中矩。然而他没有这样做，而是做了充分的调研。从发言中可以看出他是一位善于研究、作风扎实的局长。一是如何抓好教学质量。2017年春节后，他拜访了苏北苏中几个县区的教育局局长，一起探讨如何提高教学质量，如何把高考作为第一要务，对于南通如皋的活动单导学，在课堂结构、讲课技术方面的改进，他也非常推崇。二是对社会上“妖魔化”衡水中学的传闻，也做了实地调研和理性分析。三是他做得最多的还是如何在抓好教学质量的同时推进素质教育。用他的话讲，就是“比较注重有针对性地实施素质教育”，出台了该区教育教学质量5年发展规划，包括写字、阅读、演讲三大工程。他认为这既和应试教育密切相关，又能让学生终身受益。他还提出“四进四培养”工程，即爱国主义进校园，培养家国情怀；英雄人物进校园，培养高尚情操；传统美德进校园，培养健全人格；文明礼貌进校园，树立文明新风。他邀请江苏人民出版社和江苏美术出版社的一些专家，共同研究用学生“能够理解的形式”编写图文并茂的乡土教材，并且还要求做好延伸阅读。他还在全区中小学开展了留守儿童家访全覆盖工程及“中坚力量·赣榆知名校友论坛”，还准备搞一个高三后服务工程，同时对区素质教育基地进行改革，这些都是赣榆实实在在的素质教育的体现。L 局长在“轰轰烈烈”地抓应试教育的同时，也在“实实在在”地抓素质教育，就这一点而言，他难道不比那些只是空喊素质教育口号的人更值得尊敬吗？

当然，赣榆区教育局将 L 局长的讲话录音整理成文，并下发辖区各校要求认真组织学习，这一做法值得商榷，毕竟这只是个人的交流发言，既没有上级部门的推介，也没有经过局党组的审定。

2017-5-11

一个人的毕业照不孤独

又到毕业季，各种新闻见诸报端。毕业照当然是毕业季不可或缺的内容，各种颇有创意的毕业照也成为媒体争相报道的重点。浙江农林大学暨阳学院一张特殊的毕业照近来就成了“头条”。在这张毕业照里，只有一个学生坐在中间，身边是一群老师。这个学生名叫 WJJ，就读于暨阳学院经管系旅游管理专业，2017 年毕业。两年前，他参加专升本考试，考入该学院旅游管理专业。原本这个专业是有几名学生报考的，但是最后来报到的只有他一个人，就这样他成了班里的“独苗”①。媒体关注这张毕业照，主要原因在于只有一个毕业生，其特殊性在于学生数量，但笔者认为，这张毕业照的背后有着更多更深层次的意义。

一是这张照片体现了办学者能够以学生为本。

以人为本，在教育领域可以理解为以学生为本，或者说以师生为本。但有些学校只是停留在口号上。一些学校还存在着规模扩张时留下的惯性思维，在遇到诸如此类的问题时，考虑更多的可能是经济效益，而非社会效益。因此，这样的学校可能会为了这个专业的经济效益，要么停招该专业，要么动员学生调剂到其他相近专业一并了之。然而，浙江农林大学暨阳学院却没有这样做，而是做了桩“亏本买卖”。据该学院的教务与科技部主任介绍，“一个都不能少”是该学院给每一个学生的承诺。学院考虑的不是要不要招收这一个学生，而是选择什么样的方式把这个单独的个体培养成才。该学院也曾考虑过其他学校的通行做法，如让该生到本部的旅游管理专升本专业学习，或转到其他含专升本的院校学习等，但院方最后还是履行了自己的承诺，把该生留在本校单独培养。2015 级旅游管理专业专升本的学生虽然只有一人，但学院的人才培养方案还是做得细致而认真，每个环节都不少。学院邀请专家进行课程评估，制定了包含培养目标、专业知识点、课程设置、毕业要求等内容的教学大纲，还为这名专升本的学生建立了专门的强化课程。学院不仅为该生提供了相关学习条件，连毕业照也一视同仁，这正是以生为本的真实写照。为了这一名学生，要

---

① 谢盼盼，徐寒建，陈胜伟．浙江毕业生因单人毕业照走红 整个专业只有他一人［EB/OL］．(2017-05-24)［2017-08-30］．http://news.youth.cn/jsxw/201705/t20170524_9869168.htm.

投入十几人、几十人的人力、物力、精力，从经济效益看，肯定要“亏本”，然而浙江农林大学暨阳学院“赚到”的却是社会效益、社会信誉。

二是这张照片昭示着高等教育个性化人才培养即将到来。

这张只有一个人的毕业照，除了体现暨阳学院以生为本的办学理念外，还昭示着高等教育“买方市场”的到来。曾几何时，高等学校是“皇帝的女儿不愁嫁”，不论什么专业都能招到学生。然而，近年来，随着高考生源的变化，一些高校尤其是高等职业院校的招生遭遇到了前所未有的“危机”，以前的“卖方市场”逐渐式微，“学校选学生”已转变为“学生选学校”。因此，高等学校应充分认识当前教育供给与教育需求之间的关系，主动推进自身教育教学改革，努力满足用人单位和考生家长两个方面的需求。随着产业转型升级和人民生活水平的提高，人们对优质高等教育资源产生了巨大的需求，但目前我国优质高等教育资源的供给严重不足，致使大量教育需求转向海外，留学人数大幅增加，而且呈现低龄化趋势。以江苏省为例，2017 年全省有普通高校 141 所，其中本科院校 52 所，高职高专院校 89 所。然而，高考人数却逐年下降，据江苏省考试院统计，2009 年江苏省高考报名人数约为 54.64 万人，之后每年减少 2 万~3 万人，2017 年只有 33.01 万人，已经呈现“九连降”。据专家预测，预计 2018 年江苏高考生源将降至谷底。而全国的情况与江苏大致相当。随着生源的下降，近几年这种状况应是常态，高校尤其是高职院校要学会适应。为此，各类高校要充分认识到考生的个性化、多元化需求，不要再以数量和规模论英雄，而要在结构和质量上下功夫。因此，高等学校要把社会和学生的需要放在重要位置，不再局限于“批量式”的人才培养，而要让“个性化”的人才培养成为常态。届时，“一个人的毕业照”将不再可能成为新闻。

2017-8-30

高中阶段教育普及攻坚需要破解三题

教育部、国家发展改革委、财政部及人力资源和社会保障部等4部门联合印发的《高中阶段教育普及攻坚计划（2017—2020年）》（以下简称《攻坚计划》）提出，到2020年，我国高中阶段教育毛入学率要达到90%。据2017年4月7日《中国教育报》报道，目前全国有22个省份的高中阶段教育毛入学率已达到90%以上，还有9个省份毛入学率在90%以下，主要集中在中西部地区，其中3个西部少数民族地区在85%以下①。笔者认为，在推进《攻坚计划》的过程中，需要破解三题。

科学确定“普职比”

有学者研究了日本、韩国、新加坡及中国台北等4个国家和地区1955—1993年间的普职比与人均GDP的增长关系。研究结果显示，当人均GDP为2000美元以下时，政府重视发展职业教育，普职比约为6：4；而当人均GDP达到6000~8000美元时，职业教育比例下降，普通教育成为主导②。有一项研究支持了这一观点，1999—2006年，阿拉伯地区、中欧和东欧、中亚、东亚和太平洋、拉丁美洲和加勒比海、北美和西欧、南亚和西亚、撒哈拉以南非洲八大地区中，中职占高中阶段在校生比例总体呈下降趋势③。另据统计，到2020年，我国将实现人均GDP1万美元的目标。综合这些信息可以推断，我国现行的“普职比大体相当”值得商榷。

党的十九大提出，我国现阶段社会的主要矛盾出现了新变化，已经转化为人民日益增长的美好生活需要和不平衡不充分发展之间的矛盾。我国幅员辽阔，东部沿海地区和中西部地区差异巨大。差异不仅体现在经济发展的程度和教育发展的水平上，也体现在人民群众对教育的认识上。因此，在推进普及高中阶段教育的过程中，应多考虑地区之间的差异性，发挥好政府“有形之手”和市场“无形之手”的作用，着力解决好教育供给

---

① 编辑部.2020年我国高中阶段教育毛入学率将达90%［J］.中国民族教育，2017（5）：4-5.

② 周满生，李韧竹.国际职业教育发展的若干趋势及对我国的启示［J］.1996（11）：8-16.

③ 课题组.高中阶段普职分流的全球视野［J］.教育发展研究，2009（23）：1-7.

和群众需求“不平衡”的问题。一是教育主管部门要少一点“坐在办公室为民做主”的意识，多一点深入调查研究的时间，认真听取人民群众的意见，了解他们对高中阶段教育的真实需求。二是着力整合教育资源，找到“普通高中大班额比例高，职业教育招生比例持续下降、学校运转困难”的真正症结所在。三是科学确定“普职比”，在全国范围内“大体相当”，不同地区则可以根据供给和需求情况“上下浮动”。

提供高中阶段教育的多样性选择

《国家中长期教育改革和发展规划纲要（2010—2020年）》提出，“到2020年，普及高中阶段教育，满足初中毕业生接受高中阶段教育需求”。当前的问题不是初中毕业生不愿意接受高中阶段教育，而是接受什么样的高中阶段教育，“上高中分数不够，上中职不够情愿”的状况普遍存在。在推进《攻坚计划》的过程中，要着力解决教育供给“不充分”的问题，避免“二选一”。因此，高中阶段教育的实现样式要把“二”变成“N”，为学生提供多样多次选择。

一是普通高中的多样化选择。据报道，浙江信息工程学校为该校的4名学生举行了欢送会，从这个学期开始，这4名职高学生将正式进入湖州市第五中学高中部学习①。这是一件值得庆幸的事情，由“职”转“普”的通道又一次被打通。其实，早在20世纪八九十年代，我国也曾经探索过综合高中的做法，为进入综合高中的学生提供二次选择，但遗憾的是，这一做法没有很好延续。近年，一些省市相继开展了普职融通育人模式改革试点工作。如：浙江省宁波市在试点的基础上，积极推进普职融通改革，建成了区域或校际“普职融通共同体”“课改支持联盟”等，基本建立普通高中学校与中职学校之间学籍互转、学分互认、课程互选、师资互通、活动互动的“五互”工作机制，可以说这是新时期综合高中的“升级版”。江苏省南京市、河北省石家庄市、河南省郑州市加入了普通高中多样化试点改革的行列。

二是职业教育的多样化选择。为增强中职的吸引力，建设现代职教体系，各地都开展了形式多样的中高职衔接的试点。以江苏为例，在构建现代职教体系的实践中，出现了中高职“3+2”“3+3”、中职与普通本科“3+4”、五年一贯制等多种培养模式。从试点效果来看，后两种模式普遍受

---

① 徐华．我市“职普融通班”首次试点 高中生有了“二次选择”的机会［N］．湖州晚报，2016-02-24（A5）．

到家长和学生的欢迎，中职与普通本科的优势自不必说，而五年一贯制则为学生提供了多样的选择，学生入学后既可以把就业作为目标而选择中职课程，也可以把继续深造作为目标而选择中高职的衔接课程。

除上述两种制度外，也可以考虑实施东部和中西部地区的“对口帮扶”制度。如：改变当前高职招生中西部协作计划，进而实施“对口帮扶”政策，确定中东部地区的一所高职院校帮扶中西部地区 9 个省份的一个乡镇，对完成义务教育的学生实施五年一贯制的“3+2”免费高职教育，所需经费分为由政府拨付和学校自筹两部分，这样既可解决中西部地区职业教育资源不充分的问题，也能解决中东部地区高职院校生源不足的问题。考虑专业之间的不平衡，可实行省级高职院校之间自由转学制度，学生入学半年后，可以在本省范围内的任何一所高职院校之间转学。把高中阶段教育的“二”变成“N”，不仅需要顶层设计的智慧，也需要基层实践探索的勇气。

部分地区普及高中教育是否有可能

2017 年 4 月 6 日，在教育部召开的《高中阶段教育普及攻坚计划（2017—2020 年）》新闻发布会上，教育部相关负责人也坦陈，“高中教育是选择性教育，仅仅提供学位，缺乏吸引力，学生不愿意上，普及目标就难以实现”。在确保普及程度的基础上，要确立全面科学的普及观，防止简单追求数量和规模的增加。

在国民教育体系中，高中是一个特殊阶段。它既是连接九年义务教育和高等教育的重要纽带，也是学生个性形成和自主发展的关键时期，更是提升国民整体素质和建设人力资源强国的基础工程。改革开放以来，我国大力发展职业教育，为经济社会建设提供了数以千万计的技术技能人才。这一过程有社会引导方面的努力，也是在政府“保持普职比大致相当”的行政指令下实现的。然而，当前这一政策受到了来自教育内外部的各种挑战。首先，从办人民满意的教育来看，教育也存在着“需求”和“供给”的关系。从需求侧而言，主要有两个方面的需求，一是学生和家长的需求，二是用人单位的需求。长期以来，我们强调用人单位的需求更多一点，而对学生和家长的需求考虑得相对较少。从供给侧而言，就是要提供各类优质教育资源。经过近 40 年的改革开放，我国教育的总体水平尤其是东部地区的教育水平得到了空前的提升，人民群众对普及高中教育的要求也日趋强烈，教育主管部门应充分挖掘普通高中教育资源，重新审视“普职比大体相当”的目标，逐步扩大初中毕业生升入普通高中的比例。其次，从满足用人单位的需求来看，普及高中教育也是国家人才发展的重要内容。《国家中长期人才发展规划纲要（2010—2020年）》提出，到2020年，高技能人才占技能劳动者的比例将达到28%，高技能人才总量达到3900万人。以江苏为例，随着产业的转型升级，劳动密集型和低端技能型企业将逐步被高技术企业所取代，需要大量的既有一定知识储备又掌握现代技术的高素质技术技能人才。为此，要科学设定中高职的教育规模。最后，从教育资源配置的现实可能来看，取消“普职比大体相当”的指令后，可以将高等职业教育作为普职分流的重要载体，以江苏目前的高职资源，完全有能力接纳那些没有升入本科学习的考生。为此，政府教育主管部门应秉持“合适的教育”理念，积极回应人民群众对普及高中教育的强烈愿望，这不仅是“以人民为中心”发展理念的具体体现，也是满足人民群众对美好生活需求的重要内容。

2017-11-27

两所高校推出人才培养新规的标杆意义

据2018年3月22日《新华日报》报道，南京理工大学最近出台一项新规——从2017级开始实行“第二成绩单”制度。所谓“第二成绩单”，就是该校在校的本科生要想顺利毕业，除了完成传统学业成绩单相关要求外，还必须获得一份由素质发展学分构成的“第二成绩单”①。实施“第二成绩单”制度的目的是促进大学生坚定理想信念，提高以思想道德修养、创新创业精神与能力为核心的综合素质，引导学生在夯实专业知识的同时，积极参加学术科技、创新创业、社会实践和文体等活动。在籍本科生在学校认可的学科竞赛、体育比赛、文化艺术比赛、就业创业实践及比赛、社会实践与志愿服务活动等获得的奖项，选修创新性开放实验，论文发表、著作出版、专利授权、软件著作权登记等，均可按照认定规则记载为素质发展学时。每名学生在读期间获得的全部素质发展学时均可累计，每32学时转换为1个素质发展学分。学校在毕业条件中设置了学生素质发展总学分的最低要求，学生在本科就读期间累计取得4个及以上学分方具备毕业资格。毕业前，学校将根据学生取得的素质发展总学分数，给出其素质发展评价。学校为本科生出具“第二成绩单”，内容包括两大部分：一是素质发展表现，呈现的是学生在读期间取得的学术成果、参加的各类素质发展活动及获奖等相关信息、获认定的素质发展总学分和素质发展评价；二是综合创新实践表现，呈现的是学生在读期间参加的“科研训练”和“毕业设计（论文）”等综合创新实践教学环节的相关信息。

与此类似，常州机电职业技术学院也积极尝试创新服务学生成长发展的新途径，自主开发信息网络平台，探索建立了学生素质教育学分认证记录评价机制，打造了“素质教育成绩单”，全面反映学生在校期间的成长经历及综合素质。通过建立制度、载体建设和功能设计等途径，构建了“素质教育成绩单”体制机制。一是颁布了《学生素质学分评定实施办法》，将素质学分划分为“遵纪守法、文明修身、强身健体、创新创业、社会工作、校园文化活动”六大模块，在六大模块下细分了43个项目，

---

① 杨频萍．南理工改革人才培养模式不修满“素质学分”不得毕业［N］．新华日报，2018-03-22（10）.

学生参加不同模块的活动即可获得分值不等的素质学分。二是制定了《学生个性化学分认定办法》，实现了素质学分与部分课程学分的互换。三是自主开发学生活动管理系统。该系统具有活动管理、学分录入、查询统计、成绩打印等功能。通过该系统，学生可以第一时间获悉活动信息，每完成一项活动，通过刷校园卡，后台就能记录参加各类活动的名称，并记录下相应学分。每个学生通过网络登录系统即可完成活动申报、认证、发布、反馈及选择活动、查询活动、评价活动等，在学期末还可以自主打印“素质教育成绩单”，有效调动了学生参与各类活动的积极性。

无论是南京理工大学的“第二成绩单”制度还是常州机电职业技术学院尝试的“素质教育成绩单”制度，其主要目的就是发挥评价的指挥棒作用，促进学生珍惜大学的美好时光，在学好专业的同时，拓展自身的素质，挖掘自身的潜能。

堵住“玩”的通道

2018 年 10 月 17 日，教育部高教司司长吴岩到华中师范大学参加该校第四届教学节时接受了记者的采访。他表示，“现在大学里，有些学生醉生梦死，这样是不行的”，“天天打游戏、谈恋爱，浑浑噩噩的好日子将一去不复返了，不能搞‘玩命’的中学，也不能搞‘快乐’的大学”。吴岩认为，大学要合理增负，增负并非是增加课程的量，而是以提升学生质量为目的，培养学生独立思考的能力①。根据厦门大学教授邬大光研究团队的统计，全国 820 所高校的毕业率和学位授予率平均达到了 97.75%和 96.90%。相比而言，美国排在前 50 名的高校 6 年毕业率平均只有 89.7%，而排在 51 至 100 名的高校 6 年毕业率平均只有 56.2%②。虽然美国如此低的毕业率有其自身原因，但轻轻松松毕业在研究者看来正是影响大学生培养质量的重要原因。目前我国大学生只要进了大学就基本等于进了“保险箱”，这显然会影响到大学生的培养质量。对于大学生，既要有激励，也要有约束，南京理工大学和常州机电职业技术学院推出的人才培养新政不仅能够在一定程度上堵住大学生“玩”的通道，同时也是一种正向的激励方式。

---

① 杨佳锋，陈希昌．教育部高教司司长：本科生有淘汰率是必然［EB/OL］.（2018-10-18）［2018-10-25］. https://baijiahao.baidu.com/s? id=1614625198208923806&wfr=spider&for=pc.

② 王庆环．建一流本科教育还需打通哪些堵点［N］. 光明日报，2018-06-22（8）.

拓展“升”的空间

早在1965年12月21日，毛泽东《在杭州会议上的讲话》就特别指出，“大学教育应当改造，上学的时间不要那么多。文科不改造不得了。不改造能出哲学家吗？能出文学家吗？能出历史学家吗？现在的哲学家搞不了哲学，文学家写不了小说，历史学家搞不了历史，要搞就是帝王将相。要改造文科大学，要学生下去搞工业、农业、商业。至于工科、理科，情况不同，他们有实习工厂，有实验室，在实习工厂做工，在实验室做实验，但也要接触社会实际。高中毕业后，就要先做点实际工作。单下农村还不行，还要下工厂，下商店，下连队。这样搞他几年，然后读两年书就行了。大学如果是五年的话，在下面搞三年。教员也要下去，一面工作，一面教。哲学、文学、历史，不可以在下面教吗？一定要在大洋楼里教吗”①？虽然时代不同了，但毛主席讲话的要旨对于当今的大学教育仍有非常重要的指导意义，那就是除了自己的专业，大学生还要更多地接触基层，学习其他方面的知识。其实，两所高校推出的人才培养新政也是学校为学生提供的一项“增值服务”，让学生多去实践，给学生更多自由发展素质能力的机会。与此同时，通过校院两级组织的各类专业的竞赛和文体创新创业的各项活动，为学生搭建更多的素质拓展“上升”的平台，引导学生把更多的精力投放在学本领、长才干上，让大学生课后想做事、有事做，激发学生的学习兴趣和发展潜能，帮助他们找到更多通往未来的道路。

尝试“全”的评价

评价是一道无形的杠杆。无论是学校还是学生，都不再满足于单一的评价方式，以前只要会考试就能得到一切的“成功捷径”正在发生改变。南京理工大学和常州机电职业技术学院的“第二成绩单”和“素质教育成绩单”制度，不仅可以成为大学新生在校期间的“行动指南”，还可以成为开展学生素质评价和奖学金、三好学生等评选工作的原始依据，为全面评价学生的在校表现多了“一面镜子”，有利于用人单位在招引人才中全面衡量毕业生的在校表现。

可以说，南京理工大学的“第二成绩单”和常州机电职业技术学院尝试的“素质教育成绩单”制度在高校人才培养新政中具有标杆意义。

2018-3-25

---

① 毛主席论教育革命［M］. 北京：人民出版社，1967：25-26.

“可以教的”与“不能教的”

浙江省杭州市天长小学教师蒋军晶在其新著《让孩子学会写作》中阐述了一个极其重要的观点。他认为，写作教学有些是“可以教的”，有些是“不能教的”。

蒋军晶老师认为很多人经常教“听不懂”的写作技巧，很多人经常教“记不住”的写作技巧，更多人在教“用不上”的写作技巧，如此写作课其实根本没有教“写作”。他认为，写作不仅可以教，而且能教好。“如果你抄袭一个作家，那是剽窃；如果你能博采众家，那叫研究。”（If you steal from one author，it’s plagiarism；if you steal from many，it’s research.）那些具备出众写作才能的学生和青年作家，大多掌握了一些重要的写作技巧。因此，在写作教学中，他主要坚持三条标准：一是学生听得懂，二是能够记得牢，三是写时用得上。当然，蒋老师也坦陈，在写作领域里，还有很多内容是技巧教学解决不了的，如学生的“认识水平”，是阅读培育出来的、是环境熏陶出来的；又如“文学水准”，也是高品质阅读、天赋、勤奋、坚持的混合作用的结果；再如把写作当作自己的兴趣、爱好、习惯的“写作热情”，往往也不是老师教出来的。虽然这本书研究的是写作教学，但对教育也有着许多借鉴和启发作用，这一观点可以延伸到教育领域的方方面面。

首先，从教育系统层面看，有些是教育的功能，有些则是社会综合因素的结果。

当前，社会有一种普遍的认知，认为教育是万能的，学生取得的进步是教育的功劳，而当产生一些负面的事件如“弑母案”“投毒案”时，虽然是个案，但社会影响极其恶劣，这时一些媒体，甚至一些领导，也往往会把责任推到教育的身上。其实，无论一个人是成长、成才，抑或是犯错、犯罪，学校教育只是一个方面的影响因素，家庭教育、社会教育等也都起着重要的作用。有些教育工作者，当学生成才了，他们欣喜若狂，到处宣称这是教育的功能；而一旦学生走上歧路了，他们也只能默默地“背锅”。这都是在认识上对教育的误区。

其次，从学校层面看，有些是学校能够教的，有些是学校教不会的。

学校领导要用辩证思维去考虑当前的教育问题。一是从教育系统看，哪个学段应该教什么，哪个学段应该做什么，似乎没有理得很清晰。幼儿园、小学大讲爱国主义，大学生则还在强调文明礼仪，这是大小“错位”教育。二是学校领导要思考，哪个年级学什么，怎么学，哪个年级做什么，通过什么形式做，都要很好地进行顶层设计。三是在学校哪些是可以教的，哪些是不可以教的，或者教了也不起作用的。以技术技能人才培养为例，学生的专业知识和一般技能，通过学校教育是可以完成的，但是精益求精的态度、严谨的工作作风、“一辈子只做一件事”的坚韧精神等可能更需要学生在自己的职业生涯中去体验、实践，要用一生的时间去体会，这不是学校教育可以在短期内完全达成的。

最后，从教师个体层面看，哪些可以教，哪些不可以教。

挪威哲学家格里门说过，“对知识的表达而言，行动是和语言同样根本的表达方式”。英籍犹太裔物理化学家和哲学家迈克尔·波兰尼（Michael Polanyi）1958 年首先在其名著《个人知识》中提出默会知识的概念。“默会知识”（又称“缄默知识”和“内隐知识”）主要是相对于显性知识而言的。它是一种只可意会不可言传的知识，是一种经常使用却又不能通过语言文字符号予以清晰表达或直接传递的知识。默会知识是教不会的，要通过学生的观察、实践才能领悟。作为职业院校的教师，要对自己从事的职业有科学的认识，对自己的学科教学有准确的把握，对自己的学生有充分的认识，学会辩证思维，准确把握哪些可以教，哪些不可以教。可以教会的就是显性知识，只可意会不可言传的知识是“默会知识”，教师切不可用教显性知识的方法去教默会知识。要坚持一条原则，就是能教的，都应该在学校完成；不能教的，要通过实践、活动让学生获得体验和感悟。

这些是《让孩子学会写作》这本书带给我们的启示。

2018-4-12

多一种选择，多一分满意

党的十九大报告指出，中国特色社会主义进入新时代，我国社会主要矛盾已经转化为人民日益增长的美好生活需要和不平衡不充分发展之间的矛盾。这一矛盾反映在教育领域，就是人民群众对更好教育的要求与教育发展不平衡不充分之间的矛盾。新时代要有新作为，更要有新担当。满足人民群众对更好教育的需要，不仅是各级党委和政府的责任，也是广大教育工作者的期盼。

为办好人民满意的高中阶段教育，2018 年江苏省委省政府打了一套“组合拳”。该“组合拳”最大的亮点在于将选择权下放给相关责任主体。

首先，将普职比例的确定权交给设区市。

江苏不再设定省级统一的普职比例，在国家“普职比大体相当”政策的大框架内，普职比例由各设区市根据自身经济社会发展、教育资源配置等情况自行确定。在经济社会发展中，江苏目前仍然存在苏南、苏中、苏北地区之间的差距，三类地区自身经济社会发展、教育资源配置等情况不尽相同。因此，把普职比下放到设区市，这既是实事求是的态度，也能够有效调动设区市办好人民满意教育的积极性、主动性。

普职分立是我国教育制度的一项重要设计。关于高中阶段普通教育与职业教育的结构规模比例，2005 年国务院《关于大力发展职业教育的决定》、2010 年《国家中长期教育改革和发展规划纲要（2010—2020 年）》、2014 年国务院《关于加快发展现代职业教育的决定》都强调，保持中等职业学校和普通高中招生规模“大体相当”。有些地区没有根据当地的经济社会发展现状，片面理解这一政策，搞普职“五五分流”“一刀切”，导致“上高中分数不够，上中职又不情愿”的状况普遍存在，人民群众意见很大。其实，这一政策的背后，是对“大体相当”如何理解与执行的问题，说到底是人民立场问题。

其次，将分流的决定权交给学生和家长。

为了满足人民群众就读普通高中的强烈愿望，江苏“组合拳”的重点是支持兴办综合高中。综合高中新生入学后原则上全部注册普通高中学籍。综合高中学生在第一学年结束时实行分流，根据学生个人意愿，学生可以选择继续学习普通高中课程，也可选择学习中等职业教育课程。选择普通高中课程且通过普通高中学业水平考试的合格毕业生可参加普通高考，选择中职课程且通过中等职业学校学业水平考试的合格毕业生可以直接就业，也可参加普通高校对口单独招生考试。学生分流后，上职业学校的学生注册中职学籍，上普通高中的学生保留普通高中学籍。

职业教育被歧视是全世界遇到的普遍现象，并非中国特有。我们应引导家长客观分析自己的孩子是学术型人才还是技术技能型人才，在暂时无法确定的情况下，江苏省试点举办综合高中班，通过综合高中给学生和家长增加一次试读机会。

从国外来看，“分流”做得比较好的是德国。德国在孩子 10 岁时就开始分流，德国学生选职业院校是出于自愿，并且技术技能型人才也有很好的前途，社会对学术型人才和技术技能型人才同样追捧。郑也夫在所著《吾国教育病理》一书中举了三个非常典型的关于“分流”的例子。一是曾国藩的家庭。曾家五兄弟，只出了一个进士、一个秀才，其余兄弟有的一次也没考，有的只考了一两次。曾国藩的年龄比他的二弟曾国潢大 9 岁，他 27 岁就中了进士，按理说完全可以照顾弟弟们，但是曾国潢却很愿意理家，不愿出去读书考科举。二是清朝的状元张謇。在他 20 岁上下的时候，家庭经济状况不太好，只能供一个孩子读书。于是家里做了一个选择，张謇学习好，走了科举道路，哥哥就不上这条道了。三是毛泽东的家庭。毛泽东在长沙读了 7 年书，而他弟弟毛泽民只读过三年。毛泽东读书的费用相当程度上是毛泽民挣来的。毛家内部完成分流，毛泽民愿意理财，帮助打理家事①。上述例子，“分流”都是在家庭层面自愿的基础上进行的。

最后，将试点综合高中班的选择权交给学校。

根据江苏省的指导意见，全省各地可根据本地区高中阶段教育综合发展水平，可结合地方教育发展环境和产业发展需求，自主确定综合高中班的办学规模，可在科学制定本地区综合高中班办学实施方案的基础上，合理配置高中阶段教育资源，探索办学特色。具备条件并有意愿的高中阶段学校可以承担综合高中班试点任务，普通高中或中等职业学校均可举办综合高中班，每个班级人数原则上不超过 45 人。

本轮江苏省试点举办综合高中班，既是对过去好的传统的一种继承，也是回应人民群众多样化教育需求的具体举措。本次改革如果落实好，将彻底打通职普通道，实现真正意义上的双向流动，综合高中将成为真正意

---

① 郑也夫．吾国教育病理［M］．北京：中信出版社，2013：73-82.

义上的普职“立交桥”。

其实，在国外，也有综合中学的设置，这是一种普遍设置。早在20世纪八九十年代，我国也曾经探索过综合高中的做法，并为进入综合高中的学生提供二次选择，但遗憾的是，这一做法没有得到很好的延续。近年，一些省市相继开展了普职融通育人模式改革试点工作。如：浙江省宁波市在试点的基础上，积极推进普职融通改革，建成了区域或校际“普职融通共同体”“课改支持联盟”等，基本建立普通高中与中等职业学校之间学籍互转、学分互认、课程互选、师资互通、活动互动的“五互”工作机制，可以说这是新时期综合高中的“升级版”。普通教育和职业教育相互贯通，构建“立交桥”，这一口号喊了许多年，但成效甚微，即使有，也是单向的通道，而不是双向的通道。以前的报道都集中在“由普转职”，而“由职转普”则鲜有报道。2016年，浙江信息工程学校为该校的4名学生举行了欢送会，从新学期开始，这4名职高学生将正式进入湖州市第五中学高中部学习。这是一件值得庆幸的事情，由“职”转“普”的通道又一次被打通①。

江苏这套高中阶段改革“组合拳”，突出亮点在于“选择”，这既是贯彻落实省委、省政府《关于深化教育体制机制改革的实施意见》的具体要求，也是《江苏省高质量普及高中阶段教育攻坚计划（2018—2020年）》的重要举措。政府提供的选择多一种，人民的满意就多一分。

2018-7-31

① 徐华．我市“职普融通班”首次试点 高中生有了“二次选择”的机会［N］．湖州晚报，2016-02-24（A5）．

高校干部三问

最近，有关高校领导干部违纪违法接受审查调查的新闻经常见诸报端。从类型看，有违纪的，也有违法涉嫌犯罪的；从干部级别看，有校级领导，也有中层干部；从学衔看，有院士，也有教授博导等。在为这些干部扼腕叹息的同时，我们也有必要反思深层次的原因。我国还处于社会主义初级阶段，商品经济的大潮来势凶猛，人们的价值观呈现多元化的趋势，被称作“象牙塔”的高校，也并不是密不透风、攻而不破的“城堡”。内因是变化的根据，外因是变化的条件，外因通过内因而起作用。从外因看，“象牙塔”内的人们时常经受着不当利益交换原则的侵扰，而没有想明白三个问题恐怕是这些干部违纪违法的内因。

为什么要当干部

在国家持续加大对教育的投入之后，尤其是教育经费占到经常性财政拨款的4%之后，高校的财政拨款和自筹经费有了长足的增长，自然而然高校人员的待遇也有了较大的提高，而高级职称人员和中层干部的待遇已与同地区的同级别公务员大致相当，有的甚至更高，过去的“穷老九”已不复存在，有的教授甚至被称为“老板”。然而高校也出现了一种倾向，就是教授更愿意当领导干部，以至于有学者批评高校的一些教授都争着到行政机关当处长，而不愿意教书、搞科研。究其原因，主要有两个方面。首先是“官本位”的社会氛围，人们一般认为无论在哪个行业，能够有个一官半职就说明能力强，有出息。其次是教授和领导干部的“含金量”不一样，一是教授数量多，而领导干部数量少，物以稀为贵；二是一般的教授能够调动的资源相对较少，而领导干部则不一样，人脉广，能够调动的资源也非常多。

高校教授争着当领导干部也并非坏事，关键是要想明白“为什么要当干部”。根据马斯洛的需要层次理论，当前高校教师尤其是一些高级职称的教师，其生存需求、安全需求、归属需求已基本得到满足，想当干部主要是能够获得更多的尊重、达到更高层次的自我实现。如果把当领导干部当作一种实现更大价值的途径，而不是为了赚更多的钱财、谋更多的私利，自然就不容易“出事”。如果没有想明白这一点，本着“趋利”思维，就为日后“出事”埋下了祸根。

如何当好干部

著名哲学家涂又光教授认为，在社会的政治、经济、文化三个系统中，对社会起主要调节作用的基本元素存在着“3Li”说，即：政治是“力”（权力，power），经济是“利”（利润，profit），文化是“理”（道理，真理，理性，truth），它们相互作用，相互影响。政治领域中起主要作用的是“力”，辅之以“利”和“理”；经济领域中起主要作用的是“利”，辅之以“力”和“理”；文化领域中起主要作用的是“理”，辅之以“力”和“利”。在社会系统中，大学属于文化领域，追求的是“理”，辅之以“力”和“利”①。

改革开放以来，社会在持续的转型过程中，各种资本都“瞄”上了教育这块“肥肉”，一些学校和教育机构把这个原本还比较清静的“知识领地”出让给了商业组织，甚至有的学校本身就变成了商业组织。一些高校校长满嘴“生意经”，俨然是个生意人。原本讲“理”的高校，逐渐演变成了逐利机构或成为官僚机构，文化组织的属性严重错位。这种错位也反映在高校干部身上，在如何用权、讲理、处理个人利益三者关系中出现严重偏差，直至走上违纪违法的道路。以中国矿业大学原副校长 MXX 为例，其因犯受贿、贪污罪被判刑 9 年，并处罚金 90 万元。经审理查明，2009 年至 2016 年，MXX 利用担任该校副校长、研究生院院长、深部岩土力学与地下工程国家重点实验室主任、课题项目负责人等职务便利，以及利用本人职权或者地位形成的便利条件，为相关单位和个人在工程招投标、业务承揽、学校招生等事项上谋取利益，非法收受财物共计折合人民币 494. 49 万元。2007 年至 2016 年，MXX 还通过签订虚假合同、虚开发票等方式，非法占有公共财物共计人民币 402. 79 万元。该案宣判后，在高校和社会上引起较大反响，一个有着很高学术造诣的专家，年富力强的、最能够发挥作用的 9 年光阴将留在高墙之内，实在令人惋惜。但法不容情，不会因为他是专家、教授就法外施恩。但愿这些领导干部在布满铁丝网的“大院”内能够把“象牙塔”内没有想明白的事情想明白，那就是“如何当好干部”，在力、利、理上找到平衡点。

如何当“长”干部

曾经有人戏言，“干部不要当大，要当长”，这里“长”是“长期”的意思。如果更完美一点的话，“干部既要当大，更要当长”。干部越大，

---

① 涂又光．文明本土化与大学［J］. 高等教育研究，1998（6）：5-7.

级别就越高，对个人来讲，就能实现更大的理想，对社会来说，就能让更多的人受益。但在高校，能够成长为“大干部”的毕竟是极少数，对于大多数干部来说，要立足当“长”，在任期内不要违纪违法。那么，什么样的干部当不长，什么样的干部当得长呢？

没有政治敏锐性的干部当不长。

2018 年 7 月 10 日，中央纪委国家监委驻自然资源部纪检监察组发出《关于中国国土资源航空物探遥感中心原党委副书记、主任张晓山违反政治纪律问题的通报》。通报称，2015 年以来，张晓山在微信同学群中先后发布、转发多篇含有妄议中央大政方针、丑化党和国家形象、诋毁污蔑党和国家领导人、歪曲党史军史等政治性有害内容的文章、帖子，严重违反了党的政治纪律。作为一个中高级领导干部，以为“朋友圈”是“私人领地”，毫无政治敏锐性，有令不行，有禁不止，我行我素，这样的干部缺乏起码的政治敏锐性，怎么能当得长！

做到“三个经得起”的干部能够当得长。

2018 年 8 月 28 日，云南省纪委、监委在楚雄彝族自治州双柏县召开了一场特别的会议——不实信访举报了结澄清反馈会，而澄清的对象则是该县县委书记李长平。当年 3 月 16 日，云南省委第七巡视组在巡视谈话中，接到反映“李长平同志 2013 年任双柏县长以来，每年花费 200 余万元举办‘彝族虎文化节’、花费 3 万至 5 万元举办‘查姆诗会’等问题”的线索。对此，云南省纪委、监委迅速成立调查组，对举报反映的问题进行认真调查核实。经调查，双柏县举办的“彝族虎文化节”属于非物质文化遗产，被云南省文化厅列为拟保留节庆活动之一，且连续举办的 11 届虎文化节投入的经费明显逐年下降。双柏民族风情浓郁，民族文化底蕴丰厚，双柏也因此被称为查姆文化的故地，该县每年都要举办“查姆诗会”。当年 3 月 25 日，双柏县在东和酒店举行第六届“查姆诗会”，作为县领导和作家的李长平在会上致辞，这样的诗会是对优秀彝族文化的继承和发扬，是“文化搭台、经济唱戏”重要途径。云南省纪委、监委对于双柏县委书记李长平的举报“查否”，并在双柏县召开了结澄清反馈会。由此可以看出，干部要做到三个“经得起”，即经得起公开，经得起举报，经得起检查、审计、巡视等，这样才能够当得长。

因此，高校领导干部要习惯在群众的“放大镜”和上级的“聚光灯”下工作和生活，既不胆大妄为，也不畏首畏尾，要时时处处事事严格要求自己，做到三个“想明白”。

2018-8-31

对 2018 年《开学第一课》的思考

2018 年 8 月底，又到开学季。按照惯例，教育部门的择校、减负和治理校外培训机构及公安交通管理部门维持上学早高峰保畅通等往往会成为开学季的社会热门话题，但今年《开学第一课》却意外上了热搜，引发了大家的热议。

《开学第一课》是中央广播电视总台与教育部合作的大型公益节目，自 2008 年开始在新学年开学之际推出。与往年一样，开学前一周的 8 月 22 日，教育部办公厅发文，要求学校通知每一位学生及其家长共同观看《开学第一课》。2018 年的《开学第一课》以中国改革开放 40 年来的伟大实践探索为背景，以“创造向未来”为主题，通过“梦想、奋斗、探索、未来”四个篇章，在“创造精神”指引下，通过人物讲述、科学实验等节目，探讨梦想的崛起、探索的力量、奋斗的重要和未来的美好，引领广大中小学生感悟科学创造的魅力和重要意义。总体而言，这期节目的教育性、感染力都非常强，但从教育学的视角看，今年《开学第一课》也还存在一些值得反思和需要改进的地方。

嘉宾选择存在瑕疵

今年《开学第一课》的嘉宾绝大多数都很有典型性，他们的事迹或讲述都富有感染力。如：摄影家解海龙用镜头记录了中国基础教育的发展，以小见大，让学生们感受到我国改革开放 40 年来的巨大成就；C919 大飞机总设计师、中国工程院院士吴光辉是 1977 年恢复高考后的第一届大学生，毕业于南京航空学院（现南京航空航天大学）飞机设计专业，他在现场以身示范、感谢母校、感念师恩，令人动容；新东方创始人俞敏洪讲述了他“屡败屡战”的奋斗故事，深情阐述“青春是用来奋斗的，幸福是奋斗出来的”的道理；心算冠军王桐晶天资聪颖再加上勤学苦练、C919 大飞机试飞员群体成功与风险并存等，这些都给观众留下了深刻印象，颇具教育意义。

然而，对于今年《开学第一课》表演嘉宾的选择出现了不同的声音。如对于影视明星成龙，有观众认为成龙作为一名影视演员，取得了很大的成就，但在个人私德上是有缺陷的，选择他作为《开学第一课》的嘉宾是否合适值得商榷。在人们的心目中，上这档节目的嘉宾应该德艺双馨。再如节目让抹着厚粉、涂着口红、是男像女的流量小生登上《开学第一课》。热捧“小鲜肉”、渲染“娘炮风”的娱乐造势在其他综合节目出现也就罢了，但是出现在要求全国亿万中小学生观看的《开学第一课》中，则有点不可思议。新华社发表辛识平的文章《“娘炮”之风当休矣》，一针见血地指出：“‘娘炮’不是一天养成的，它是‘颜值消费’和眼球经济跑偏的结果，更是文娱圈子奢靡浮夸之风的新变种。”“娘炮”现象之所以引发公众反感，是因为这种病态文化对青少年的负面影响不可低估，一些观众发出“少年娘则国娘”的批评，可谓振聋发聩。《开学第一课》作为国家电视台的大型公益节目，教育性应是节目的首要原则，编导们似乎在反“三俗”的敏感性和自觉性上有欠缺。

广告太长且商业

广告太长也是观众不太满意的方面。《开学第一课》这一档节目是针对中小学生而设计的，目的是让学生们通过节目接受教育。如果是公益广告，在节目中播放几个倒也无妨，可以起到“课前整理”的作用。然而 15 分钟的广告居然全是商业性的，有床垫、豆浆机、白酒、瓷砖、阿胶、汽车、油烟机、电动车、儿童牙膏等，甚至还有一对一在线辅导的广告。如果说，《开学第一课》是一档普通电视节目，冠名也好，广告也罢，都是正常且无可厚非的，嫌广告多，大可以不看。但这是教育部门统一要求全国中小学生观看的节目，某种程度上说，这是一个全国性的电视课堂。上课之前先上广告，相当于把课堂变成了商场，如果全国的教师也和《开学第一课》一样，上课前花几分钟做个产品推销，这是否有违师德？教育主管部门是否会查处？作为弘扬社会主旋律的国家级电视台，是真的缺钱还是商业利益作祟，把《开学第一课》当作《开学第一桶金》？

内容和形式缺乏针对性

今年的《开学第一课》，除了嘉宾选择有瑕疵外，针对性也出现了一些偏差。主要表现在以下三个方面：一是节目的时长。《开学第一课》的时长应该根据小学生和中学生的不同情况作适当调整。今年的《开学第一课》时长近两个小时，作为初高中学生，这节课是能够适应的，然而作为小学生尤其是低年龄段的小学生就显得过长，他们的注意力难以长时间集中，教育效果势必会大打折扣。二是节目的内容。《开学第一课》作为中小学生共同参与的一项教育活动，是一种“复式班”的教学形式。中小学生一起看的节目，形式、内容选择都要有所区别，要照顾到所有学生，这对编导者提出了严峻的挑战，有些内容对于小学生来说过于困难，而过于简单的内容中学生尤其是高中生又会觉得无趣，因此建议分成《开学第一课》“中学生版”和“小学生版”两大板块。三是节目的效果。作为全国中小学生开学的第一项重要活动，《开学第一课》在考虑教育性、针对性的同时，更要关注节目的效果。《开学第一课》投入了大量的人力、物力，最终要将中小学生的收获作为评判节目的最高标准。为此，应该在全国范围内组织《开学第一课》的收视率调查，以检测节目的效果。

沟通协调出现差错

《开学第一课》是由中央广播电视总台和教育部合作的大型公益类节目，要协调的事项很多，今年的节目协调出现了一些差错。一是开课迟到。《开学第一课》通知是20：00开课，最后却是20：15，出现了严重的“迟到”现象。平时家长们“严防死守”不让孩子看电视，可是，当全国的中小学生准时坐在电视机前的时候，等来的却是十几分钟的广告。二是“出了事”扯皮。针对观众的反映，中央广播电视总台广告经营管理中心于9月2日发出道歉声明，承认《开学第一课》播出前广告太多，影响了家长和同学们准时收看，向家长和同学们表示诚挚歉意并承诺将不断改进工作，更好地为观众服务。与央视形成鲜明对照的却是教育部的态度。对于播出时间是由教育部或是央视哪一方决定的疑问，教育部新闻发言人、办公厅巡视员续梅于9月2日午间说：“我们正在与央视方面联系，教育部只参与了（《开学第一课》）节目本身的制作，节目编排等其他事情我们还不太清楚。”① 既然是两个单位共同制作的节目，教育部门作为《开学第一课》负责组织观众的部门，对节目制作、编排等本应持续跟踪和协调，出了差错表示“不太清楚”，这恐怕在全国中小学生和家长面前说不过去吧？《开学第一课》的初衷是教育别人的，教育部门是否也需要自我教育呢？

作为送给全国亿万中小学生新学年的教育“礼物”，《开学第一课》既是一档品牌节目，又是一门寓教于乐的精品课程。作为具有广泛影响力和教育力的崭新教育载体，《开学第一课》应该持续改进，更上一层楼，以不辜负广大学生和家长的期待。

2018-9-2

---

① 李微敖．新闻发言人：只参与了《开学第一课》节目制作［EB/OL］．（2018-09-02）［2018-09-02］．https://baijiahao.baidu.com/s?id=1610475815455585297&wfr=spider&for=pc.

全国教育大会的“首次”

2018 年 9 月 10 日，在全社会热烈庆祝第 34 个教师节的节日氛围中，全国教育大会在北京召开。习近平总书记出席会议并发表重要讲话，代表党中央向全国广大教师和教育工作者致以节日的热烈祝贺和诚挚问候。这次大会是在举国上下深入学习贯彻习近平新时代中国特色社会主义思想和党的十九大精神，决胜全面建成小康社会的关键时刻召开的一次特别重要的大会，对于培养德智体美劳全面发展的社会主义建设者和接班人，加快推进教育现代化、建设教育强国、办好人民满意的教育，具有重大而深远的意义。

党的十八大以来，习近平总书记就教育改革发展提出一系列新理念新思想新观点，概括起来，就是“九个坚持”，即坚持党对教育事业的全面领导，坚持把立德树人作为根本任务，坚持优先发展教育事业，坚持社会主义办学方向，坚持扎根中国大地办教育，坚持以人民为中心发展教育，坚持深化教育改革创新，坚持把服务中华民族伟大复兴作为教育的重要使命，坚持把教师队伍建设作为基础工作。习近平总书记关于教育的重要论述，是系统科学的新时代中国特色社会主义教育理论体系，为做好新时代教育工作提供了根本遵循。

学习贯彻全国教育大会的精神，最重要的是深入学习领会、全面准确把握大会的科学内涵和精神实质，更好地用本次大会精神武装头脑、指导实践、推动工作。本次教育大会把教育工作提高到了一个新的高度，也透露出许多新的信息，主要体现在四个“首次”上。

一是新时代首次“教育大会”。

我们以前熟知的关于教育的会议，都是“教育工作会议”，有的以国务院名义召开，有的以教育部名义召开。而今年的大会是由党中央召开的关于教育工作的会议，且名称为“大会”。这充分体现了党中央对教育工作的高度重视，对广大教师和教育工作者的亲切关怀。

二是首提“坚持党对教育事业的全面领导”。

党的十九大报告将“坚持党对一切工作的领导”作为新时代坚持和发展中国特色社会主义基本方略的第一条，并作为最高政治原则写入党章。

从全局性和普遍性来看，坚持党对国家事务和社会的宏观领导，是新中国成立以来的宝贵经验和最为强大的发展动力。“党政军民学，东西南北中，党是领导一切的。”教育事业作为中国特色社会主义事业的一个重要组成部分，自然应当服从于党的全面领导。以前多称为“加强党对教育工作的领导”，今年的教育大会则提出“坚持党对教育事业的全面领导”，把党对教育事业的领导提到了一个新高度。从历史经验看，坚持党对教育事业的全面领导是做好教育工作最宝贵、最重要的经验，关乎教育事业举什么旗、走什么路的大问题。只有加强党对教育事业的全面领导，才能把握好我国教育的正确发展方向，这也是我们办好中国特色、世界水平的现代教育的最大政治优势和重要保证。

三是首提教育是“党之大计”。

在本次全国教育大会上，首次提出“教育是国之大计、党之大计”，在教育是“国之大计”的基础上，强调教育也是“党之大计”。习近平总书记指出，培养什么人是教育的首要问题。教育培养的不仅仅是社会主义建设者，更是社会主义接班人。我国是中国共产党领导的社会主义国家，这就决定了我们的教育必须把培养社会主义建设者和接班人作为根本任务，培养一代又一代拥护中国共产党领导和我国社会主义制度、立志为中国特色社会主义奋斗终身的有用人才。谁掌握教育这片“阵地”，谁就掌握社会的未来，这是由我国教育的政治属性决定的。因此，为党育人、为国育才，培养德智体美劳全面发展的人，这既是教育事业的根本任务，也是党的建设的重要组成部分。

四是首提教师的“职业地位”。

习近平总书记指出，全党全社会要弘扬尊师重教的社会风尚，努力提高教师的政治地位、社会地位、职业地位，让广大教师享有应有的社会声望，在教书育人岗位上为党和人民的事业做出新的更大的贡献。改革开放以来，我国教师“臭老九”的帽子早已甩掉，教师的政治地位、经济地位得到全面提升。提高教师的职业地位，主要要做好两方面的工作。一方面，全党全社会要弘扬尊师重教的社会风尚，让广大教师在岗位上有幸福感、事业上有成就感、社会上有荣誉感；另一方面，从教师的自身来看，要坚持正确的办学方向，全面贯彻党的教育方针，遵循教育规律，创新教学方法，把大力培养德智体美劳全面发展的社会主义建设者和接班人作为本职工作。人民教师无上光荣，要珍惜这份光荣，爱惜这份职业，严格要求自己，不断完善自己。要执着于教书育人，有热爱教育的定力、淡泊名利的坚守。广大教师要安心从教、热心从教，努力成为有理想信念、有道德情操、有扎实学识、有仁爱之心的“四有”好老师，使教师真正成为太阳底下最光辉的职业。

全国教育大会是具有历史意义的大会。习近平总书记在大会上发表的重要讲话，立意高远，内涵丰富，思想深邃，具有很强的理论性、政治性、战略性，是指导新时代教育改革发展的纲领性文献，是办好人民满意教育的行动指南。广大教育工作者要深入学习贯彻习近平总书记重要讲话精神，激励学生坚定理想信念，把人生追求同国家发展进步、人民伟大实践紧密结合起来，努力成为德智体美劳全面发展的社会主义建设者和接班人。

2018-9-14

“清风讲堂”：推进思想解放的重要载体

2018 年 4 月 28 日，江苏省委举行学习会，会议围绕学习贯彻习近平新时代中国特色社会主义思想，特别是习近平总书记关于全面深化改革、扩大对外开放的重要思想进行学习交流，并对全省开展解放思想大讨论进行动员部署。在全省开展解放思想大讨论，就是要通过思想的大解放，推进改革再深入、实践再创新、工作再抓实，着力在推动经济发展提质增效上、在推动区域协调发展上、在打造政府和市场“双强引擎”上、在抓住用好“一带一路”机遇上、在更好释放科教资源潜力上、在提振干部干事创业精气神上解放思想，为“强富美高”新江苏建设凝聚磅礴的精神力量。

2017 年下半年，常州工业职业技术学院纪委开办“清风讲堂”，建立纪检监察干部双月学习会制度，这既是学习习近平新时代中国特色社会主义思想的重要平台，也是学院纪委贯彻落实省委解放思想大讨论、中央纪委和省纪委开展“大学习”和促进纪检监察干部思想和业务水平大提高的主要阵地，有着十分重要的意义。

首先，办“清风讲堂”，是贯彻落实省委思想大解放的重要举措。

解放思想不是解决一时一地问题的权宜之计，而是我们党一以贯之的思想路线。党的十八大以来，以习近平同志为核心的党中央高举中国特色社会主义伟大旗帜，积极回应时代关切，勇于破解实践难题，以非凡的政治勇气和高超的政治智慧推动新一轮改革开放。担当新时代“新使命”，必须大力解放思想，坚决破除传统观念、习惯做法、路径依赖的负面影响。“清风讲堂”可以帮助我们立足现实、突破固有思维，用创新的思路解决好实践中遇到的问题，用改革的办法推动全面从严治党水平的提升，不断加强党风廉政建设和推进反腐败斗争在江苏取得新成效、达到新境界。

其次，开办“清风讲堂”，是贯彻中央纪委、省纪委“大学习”的重要载体。

学习是个永恒的话题，特别是国家监察体制改革以来，党纪国法、方针政策和理论业务的要求高、内容多，纪检监察干部必须加强学习。中共中央政治局常委、中央纪委书记赵乐际同志在十九届中央纪委二次全会报告中强调，“面对全面从严治党不断深入、国家监察体制改革全面推进的新任务，面对纪法衔接、执纪执法贯通的新要求，纪检监察干部的本领恐慌愈加凸显。要在增强学习能力上下功夫，勤于学习、如饥似渴，既向书本学、多读经典，又向实践学、问计于民”。为顺应这一要求，学院纪委开办“清风讲堂”，就是要让纪检监察干部来一次“大学习”，把习近平新时代中国特色社会主义思想装进“脑子”里、融入“血脉”里。

最后，开办“清风讲堂”，是促进纪检监察干部思想和业务水平大提高的重要平台。

“清风讲堂”将根据不同的要求，采取“请进来、走出去”的方式，不断丰富学习形式。按照不同的主题，适当扩大参加学习的范围，邀请有关党员领导干部参加讲堂活动。“清风讲堂”旨在从三个方面提高学院纪检监察干部的思想水平和业务能力。一是明方向。纪检监察干部要学好国家法律和党内法规，牢固树立“四个意识”，保持自身作为纪检监察干部的政治高度和思想自觉。二是勇担当。执纪必守纪，正人先正己。积极参加“打铁还需自身硬”专项行动，纪检监察干部不仅要做“打铁的人”，还要做“铁打的人”，成为讲政治、守纪律、明规矩的标杆。三是提能力。新时代的纪检监察干部，要在“读原著、学原文、悟原理”上走在前列，不断提升监督、执纪、问责的理论功底和实践本领。

开展思想大解放活动，要做到五个“有机结合”，即活动要与办好“清风讲堂”有机结合起来，与中央纪委、省纪委要求的“大学习”有机结合起来，与贯彻《省属本科院校纪委工作规定（试行）》有机结合起来，与学院“八大工程”建设有机结合起来，与落实省委对学院党委的巡视整改有机结合起来。“清风讲堂”必将成为全院纪检监察干部增强“四个意识”和提高监督执纪问责能力的基地，也为营造学院风清气正的校园政治生态做出应有的贡献。

2018-11-21

劳动教育不可缺

2018 年 9 月 10 日，习近平总书记在全国教育大会上发表重要讲话，提出了培养德智体美劳全面发展的社会主义建设者和接班人的重要论断，强调要在学生中弘扬劳动精神，教育引导学生崇尚劳动、尊重劳动。劳动教育是国民教育体系的重要内容，是学生成长的必要途径，具有树德、增智、强体、育美的综合育人价值。因此，实施好新时代劳动教育是各级各类学校的一项重要任务。

劳动教育的“前世今生”

新中国成立后，对于在学校开展劳动教育的看法曾出现过几次反复，可以分为重视、弱化、再重视三个阶段。

一是从新中国成立到改革开放前的重视阶段。1951 年 3 月，第一次全国中等教育会议提出：“普通中学的宗旨和培养目标是使青年一代在智育、德育、体育、美育各方面获得全面发展，使之成为新民主主义社会自觉的积极的成员。”这是新中国成立后首次提出智、德、体、美全面发展。1957 年 2 月，毛泽东主席提出：“中国的教育方针，应该使受教育者在德育、智育、体育几方面都得到发展。”而关于教育与劳动的关系，则是在 1958 年 9 月中共中央、国务院《关于教育工作的指示》中首次得到明确，规定“在一切学校中，必须把生产劳动列为正式课程。每个学生必须依照规定参加一定时间的劳动”。由此，在我国基础教育发展史上，劳动技术教育作为正式课程的地位得到确立，并一直延续到改革开放。

二是改革开放后，劳动教育从重视到有所弱化的阶段。1981 年 6 月，党的十一届六中全会通过的《关于建国以来党的若干历史问题的决议》提出：“坚持德智体全面发展、又红又专、知识分子与工人农民相结合、脑力劳动与体力劳动相结合的教育方针。”1990 年 12 月，党的十三届七中全会通过的《中共中央关于制定国民经济和社会发展十年规划和“八五”计划的建议》指出：“继续贯彻教育必须为社会主义现代化服务，必须同生产劳动相结合，培养德、智、体全面发展的建设者和接班人。”1993 年 2 月，中共中央、国务院颁布的《中国教育改革和发展纲要》重申了“教育必须为社会主义现代化建设服务，必须与生产劳动相结合，培养德、智、体全面发展的建设者和接班人”的方针。1995 年 3 月 18 日，八届全国人大三次会议通过了《中华人民共和国教育法》，规定：“教育必须为社会主义现代化建设服务，必须与生产劳动相结合，培养德、智、体等方面全面发展的社会主义事业的建设者和接班人。”这个方针用法律形式被确定下来，规定了我国未来教育的性质、方向、途径、目标及其规格，对我国教育发展产生了重大而深远的影响。党的十六大报告提出：“教育为社会主义现代化建设服务，为人民服务，与生产劳动和社会实践相结合，培养德智体美全面发展的社会主义建设者和接班人。”但是，之后一段时期劳动教育有一个逐渐被轻视的过程。在关于教育方针的论述中，“劳动”逐渐淡出相关政策文件，原先与“德智体美”同等的地位没有得到巩固，“劳”逐渐消失了。

三是进入新时代，劳动教育再次得到重视并逐步恢复阶段，学校劳动教育逐步回归。2012 年教育部等七部门联合印发了《关于进一步加强高校实践育人工作的若干意见》，提出社会调查、生产劳动、志愿服务、公益活动、科技发明和勤工助学等社会实践活动是实践育人的有效载体。2015 年 7 月，教育部联合共青团中央、全国少工委发布《关于加强中小学劳动教育的意见》，对中小学劳动教育的内容和路径做出了明确规定，要求学校开设劳动课程、组织开展校内劳动和校外劳动实践及鼓励学生积极参加家务劳动等。2015 年 7 月教育部《关于深化职业教育教学改革全面提高人才培养质量的若干意见》提出“重视崇尚劳动”“注重教育与生产劳动、社会实践相结合”“深入挖掘劳动模范和先进工作者、先进人物的典型事迹”等要求。

2018 年 9 月 10 日，全国教育大会在北京召开。中共中央总书记、国家主席、中央军委主席习近平在全国教育大会上强调，要坚持中国特色社会主义教育发展道路，培养德智体美劳全面发展的社会主义建设者和接班人；要努力构建德智体美劳全面培养的教育体系，形成更高水平的人才培养体系；要在学生中弘扬劳动精神，教育引导学生崇尚劳动、尊重劳动，懂得劳动最光荣、劳动最崇高、劳动最伟大、劳动最美丽的道理，长大后能够辛勤劳动、诚实劳动、创造性劳动。至此，从 1958 年首次提出教育要与生产劳动相结合，到 2018 年重提“德智体美劳”，已整整 60 年。一个甲子，一个轮回。劳动教育重新得到重视，体现了以习近平同志为核心的党中央对教育工作的高瞻远瞩。

劳动教育缺失的成因分析

“冰冻三尺，非一日之寒。”劳动教育的缺失，并不是一朝一夕形成的，其背后有着复杂的社会原因和家庭原因。

一是“不劳而获”思想的冲击。

马克思在《资本论》中说：“未来教育对所有已满一定年龄的儿童来说，就是生产劳动同智育和体育相结合，它不仅是提高社会生产的一种方法，而且是造就全面发展的人的唯一方法。”①《朱子家训》中说“一粥一饭，当思来处不易；半丝半缕，恒念物力维艰”。但是随着技术的进步、物质生活的提升和外来不良思潮的侵蚀，“勤劳勇敢的中国人民”提得少了，“勤劳致富”的社会主流价值观被扭曲，一些人的观念产生了严重偏差。“学好数理化，不如有个好爸爸”，“富二代”群体的出现，更是让一些青年人产生“一夜暴富”“一举成名”的臆想，而极少数人的不劳而获也对青少年的思想造成了巨大的冲击。

二是教育部门“懒政”，缺乏跟进措施。

1995 年《中华人民共和国教育法》提出“教育必须与生产劳动相结合”的相关要求后，教育部门在一些文件中仅对劳动教育提出一般性要求。以职业教育为例，1998 年国家教委发布《面向二十一世纪深化职业教育教学改革的原则意见》，要求职业院校在实施教育的过程中，坚持理论与实践相结合，教育与生产劳动相结合；2006 年教育部《关于全面提高高等职业教育教学质量的若干意见》要求高等职业院校“积极推行与生产劳动和社会实践相结合的学习模式”。但两个文件均未对职业学校的劳动教育提出具体要求，也没有作为各类检查、督导、评估的刚性要求，劳动教育只是作为一般性号召提出来。因此，大部分学校的劳动教育既没有在人才培养方案中体现，也没有在教学计划中安排。

三是独生子女政策的“遗患”。

20 世纪五六十年代，随着学校实行学工、学农、学军制度，学生的劳动教育得到加强，城市的学生要学农，农村的学生在农忙季节还要放“忙假”，回去帮助家长抢收抢种。“谁知盘中餐，粒粒皆辛苦”不是靠说教能够完成的，而是靠学生通过亲身实践体悟出来的。造成劳动教育“短腿”的主因除了社会和学校，家庭劳动教育的缺失也是重要原因。尤其是独生子女政策实施后，不少父母对子女含在嘴里怕化了、捧在手里怕摔了，看

---

① 中共中央马克思恩格斯列宁斯大林著作编译局．马克思恩格斯文集：第 5 卷［M］．北京：人民出版社，2009：556-557.

不得孩子受一点累、吃一点苦，哪怕一些劳动是他们力所能及的，哪怕是他们到了应该学习生活技能的时候。另外，面对子女考分的压力、升学的焦虑，不少家长盘算，与其让他们在学做家务上花时间，不如让他们见缝插针多做几道题，至于生活技能什么时候学都不晚。殊不知，习惯一旦养成便很难改变，劳动课回头再补要费很大周折。

高职院校劳动教育的实现路径

高职院校要根据学生的身心特点和人才培养目标，组织开展劳动教育，形成和中小学、用人单位相互衔接的劳动教育体系。

一是充分认识劳动教育的地位。

尽管媒体报道有一些学校能够坚持劳动教育课程的开设，但就全国而言，劳动教育课程的地位在学校教育中的边缘化是不争的事实。孟子在《生于忧患，死于安乐》一文中写道，“故天将降大任于是人也，必先苦其心志，劳其筋骨，饿其体肤，空乏其身，行拂乱其所为，所以动心忍性，曾益其所不能”。这其中也有劳动对一个人的体魄强健、意志磨炼的作用。劳动教育是为学生适应现代化生活、适应未来生产打基础的，作为培养高素质技术技能人才的高职院校，应该更加重视劳动教育，把劳动教育作为立德树人的重要内容，把学生的劳动观念、劳动习惯、劳动态度和劳动技能作为人才培养质量的重要组成部分。因此，习近平总书记在全国教育大会上强调“劳动可以树德、可以增智、可以强体、可以育美”，要求把劳动教育纳入社会主义建设者和接班人的要求之中。提出要在学生中弘扬劳动精神，教育引导学生崇尚劳动、尊重劳动，懂得劳动最光荣、劳动最崇高、劳动最伟大、劳动最美丽的道理；让学生在实践中养成劳动习惯，学会劳动、学会勤俭；要求教育部门和其他部门一起把劳动教育作为“强国富民的大事”抓好。由此可以看出，劳动教育已经回归到其应有的地位。

二是拓展奖学金的内涵。

要改变奖学金的偏差。“学”的内涵应该包括“德智体美劳”，“奖学金”就应该奖励在“德智体美劳”方面有突出表现的学生。据《中国青年报》报道，武汉生物工程学院新设立了一项“勤劳奖学金”，100 名在热爱劳动、自强自立方面表现突出的学生获奖，每人获奖金 500 元①。这一做法值得借鉴。

---

① 晨光，封智涵，朱娟娟．武汉一高校设“勤劳奖学金”引热议［N］．中国青年报，2018-10-10（4）．

三是丰富劳动教育的载体。

根据学生的身心特点和成长规律，各级各类学校的劳动教育的形式应该有所不同，各具特色，并形成体系。要做到“三进一考核”，“三进”是指劳动教育要进人才培养方案、进课程体系、进教学计划；“一考核”是指劳动教育作为一门课程，不仅要有教师、教材，还要和其他课程一样进行考核，劳动课程不合格，必须重修，否则不得毕业。

四是强化劳动教育督导。

教育主管部门要把劳动教育作为学校工作的重要组成部分，进行督查。劳动教育不仅要进“教育方针”，还要进教育法，同时配套相关的政策、制度、规范，完善阵地建设、基地建设、队伍建设、师资配备、资金保障等相关标准。这是各级党委和政府的责任，也是教育督导的重要内容。

2018-12-23

16 岁高中女生产子是谁之过

据报道，2019 年 1 月，广西壮族自治区岑溪市某中学一名 16 岁高二女生，在医院产下了一名女婴。她的父亲黄先生告诉记者，去年他得知女儿在谈恋爱后让班主任多留意，希望老师随时反馈情况给他。但直到女儿临产老师才给他打电话，他才知道女儿与同校男友发生关系后怀孕了。[①]这起事件折射出了教育存在的问题，一些隐性的社会问题也值得关注。

一是该女生的父母负有不可推卸的责任。

我国的《民法总则》第二章“自然人”第二节对监护及监护人作了明确规定，“父母对未成年子女负有抚养、教育和保护的义务”，“父母是未成年子女的监护人”。根据报道，女生的家庭为单亲家庭，家里经济来源少，父亲只能经常外出打工，很少和女儿见面。所以，这件事情的发生并不是偶然的。作为父亲，黄先生显然没有履行好监护的责任，由于外出打工，见面都很少，及时的教育就更谈不上，没有发挥好家庭教育应有的作用。事发后，该女生父亲也表示“这也是我这个做父亲的不是”，但为时已晚。

二是学校和老师也有失职的地方。

该女生自 2017 年 9 月起就读于岑溪市某中学，并且一直寄宿在学校。2018 年 4 月，女生父亲从同学口中得知女儿在学校谈恋爱后，就打电话给班主任，让老师多加注意。当时老师答应以后有任何情况都会告诉他。然而，老师最终告诉父亲的竟然是无法挽回的“情况”。作为一所寄宿制学校，学生每天 24 小时在校学习、生活，学校管理者和老师，尤其是班主任老师，对学生的一举一动、一言一行都要关注，连“十月怀胎”这样的情况都不能及时发现，老师的直觉、敏感在哪里？班主任的责任心和工作能力很值得怀疑，学校也没有很好地尽到管理的责任。

三是全社会都值得反思。

在这起事件的背后，表面看是家庭教育的缺位和学校教育管理责任的失位，但一些深层次的社会问题也值得关注。

① 钱念秋. 16 岁女生在校怀孕临产父亲才获知，现停学在家带娃［EB/OL］.（2019-02-25）［2019-02-28］. https://app.myzaker.com/article/5c73bee61bc8e0952e0004a1.

首先，学生成长环境问题。

除家庭、学校两个最为重要的成长环境外，网络环境和学校周边环境在学生成长过程中也起着重要的作用。在“无人不网、无时不网、无处不网”的网络时代，少男少女们每天都会接收到数不胜数的信息，正面信息和负能量信息混杂其中。如果学生不加以辨析，违背社会主义核心价值观的信息将直接冲击他们的人生观、价值观。针对网络生态问题频发、各类有害信息屡禁不止等情况，为积极回应民众关切，国家互联网信息办公室已于 2019 年 1 月起启动为期 6 个月的网络生态治理专项行动，对各类网站、移动客户端、论坛贴吧、即时通信工具、直播平台等重点环节中传播不良生活方式和不良流行文化等 12 类负面有害信息进行整治，促进网络生态空间更加清朗。除网络环境外，学校周边环境的问题也不容乐观。无论中小学还是大学校园的周边，都成为经商的“黄金地段”，小饭馆、小卖部、小旅馆等都紧盯着学生们的口袋，如卖香烟给未成年人、可随意入住宾馆等，不仅赚取“黑心钱”，还严重影响学生的身心健康。

其次，家庭教育问题。

在当前阶段，在家庭教育方面主要存在单亲家庭、留守儿童和隔代教育三大问题。第一，“单亲家庭”带来的心理失衡。单亲家庭，又称单亲，这一由来已久的社会问题早已成为普遍现象，其中绝大部分单亲家庭是离异造成的。根据民政部的统计数据，1987 年到 2017 年 31 年间，我国的离婚率由 0.55‰增长到 3.2‰。1987 年离婚 58.1 万对，2017 年增长到 437.4 万对，增长了 6.53 倍。自 2003 年起，中国的离婚率呈逐年上升趋势。离婚后的单亲家庭，子女的教育、心理健康都成为隐忧。对于孩子来说，家是成长的沃土、安全的港湾、快乐的源泉，更是孩子健康心理人格的发展之端。单亲家庭因为家庭结构不健全，孩子受到的爱与关注不够，安全感不足。曾有专家总结出单亲家庭子女容易出现自闭、自卑、自责、焦虑、抑郁、妒忌、逆反等 7 种心理障碍。文章开头报道中的女生的早恋与单亲家庭缺乏安全感不无关系。第二，“留守儿童”带来的教育空白。所谓“留守儿童”，是指外出务工连续三个月以上的农民托留在户籍所在地家乡，由父、母单方或其他亲属监护接受义务教育的适龄儿童少年。据统计，2013 年我国有 6103 万“留守儿童”，大约每 5 个儿童中就有一个“留守儿童”。2016 年有 902 万“留守儿童”，截至 2018 年 8 月底，降至 697 万人。“留守儿童”缺乏亲情和陪伴，更需要教育。他们不仅要承受与他们年龄不相符合的生活压力，最重要的，他们还是广袤大地上在黑夜星空下数着星星盼着父母早日回家的“孤独者”。第三，“隔代教育”带来的教育误区。隔代教育，是指一些年轻家长或者因为自己的工作繁忙，或者因为离异而把孩子的教育、生活等责任全部交给了爷爷、奶奶、外公、外婆，这些祖（外祖）父母们成为全面照顾第三代的“现代父母”，这种祖辈对孙辈的抚养和教育被称为隔代教育。无论是农村留守儿童还是城市儿童，由爷爷奶奶外公外婆带大的儿童，或多或少地存在教育的缺陷。由于教育观念存在较大的差异，也由于父母作为“第一任老师”的缺位，孩子要么被宠溺成“小皇帝”“熊孩子”，要么经不起一点小挫折，成为“温室里的花朵”。

16 岁高中女生产子是一个我们不想看到的事件，虽然这只是偶发事件，但希望能引起全社会的反思和警醒。

2019-2-28

有感于“让专业的人做专业的事”

2019 年 3 月和 5 月，《中国教育报》相继发表了两项关于基层教育局局长的调查，在社会上引起了较大反响。其中一项调查是由北京师范大学针对 26 个省份 2898 名教育局局长开展的专项调查。调查结果显示：基层教育行政领导有相当一部分是由非教育领域出身的行政领导担任或转任的，就全国范围看，近年来任命的教育行政管理人员，由乡镇党委书记、乡镇长来担任，或由其他行政管理局转任的情况并不少见①。另一项调查则是由国家教育行政学院针对 2019 年参训的县区教育局局长工作背景开展的调查。调查数据显示，三分之一的区县局长来自教育系统，包括学校、教育局；三分之一的局长来自其他政府部门，比如财政局、城管局等；还有三分之一的局长则是此前在乡镇及地方党委、政府办公室等部门任职②。

外行当教育局局长，有人支持有人反对。面对这两项调查的结果，一些人显得忧心忡忡，认为非教育出身的教育局局长会给我国基层教育的改革创新、教育现代化的推进带来阻力；另一些人则认为，非教育领域出身的教育局局长在宏观管理、资源配置方面有一定的优势。21 世纪研究院副院长方华的观点比较中肯，他认为，“教育局局长是行政管理和专业管理合而为一的岗位，无论是系统内还是系统外的人员，都各有长短。教育不应该排外，而要欢迎系统外的局长激活一池春水”。其实，这两种观点是关于“专业的人做专业的事”的论争。笔者认为，教育局局长可以不问出处，但提高这些基层教育“当家人”的专业化水平是关键。

两种观点论争的典型案例

关于“专业的人做专业的事”的论争，在体育领域的代表人物为蔡振华和姚明。让乒乓球运动员、教练员出身的蔡振华分管足球，一直被球迷诟病，加上我国男子足球一直没有太大的进步，因此球迷更是把责任全部推到了蔡振华身上，认为乒乓球和足球虽然都是球，但它们的发展规律很不一样。在 2018 年亚运会上，男足止步于 16 强，女足则在最后一分钟被

① 陈文．期待教育行政领导更加专业化［N］．中国教育报，2019-03-29（2）．

② 张婷．外行能否当好教育局局长［N］．中国教育报，2019-05-14（3）．

日本绝杀，屈居亚军，那一次球迷不仅要让蔡振华“背锅”，还要其“下课”。

与蔡振华形成鲜明对照的是姚明。姚明当选中国篮球协会主席后，推动了一系列在网友看来颇为“专业”的改革，而篮球在第18届亚运会上取得全胜的战绩，也为“专业的人做专业的事”提供了强有力的佐证。

如何看待“专业的人做专业的事”

“专业的人做专业的事”，有其合理的一面。俗话说“内行看门道，外行看热闹”。懂专业，能够很快看清事物的本质，抓住矛盾的关键，找到解决问题的方法。因此，在专业技术领域，专业的事由专业的人来做，这是毋庸置疑的。

管理学是一个专业，但管理学专业的毕业生未必都能够成为管理专家，而一个善于学习、勤于思考、勇于实践的人，即便不是管理学专业出身，也很有可能成为管理专家。这就是管理学的“两面性”。中国足球尚未能走向世界，并不能据此判定蔡振华的管理能力不行，并不是换个懂足球的主席中国足球就能马上冲出亚洲。中国的足球文化如何，中国的足球后备人才储备是否丰富，中国足球的联赛机制是否成熟等，这一系列问题并不是一个足球协会主席在短期内能够解决的。世界名帅里皮能够带领中超球队冲击亚冠，但带领“全华班”的中国男足却也只能止步于亚洲16强，这应该和里皮的“专业”能力无关。同理，中国篮球也并不是姚明当了主席后一步成为亚洲第一的，这只能说明目前中国足球和篮球发展的水平不一样，姚明比蔡振华更加“幸运”而已。

辩证看待教育局局长的出身

习近平总书记在2018年全国教育工作会议上指出，要提高教师的政治地位、社会地位和专业地位。政治地位、社会地位不难理解，而专业地位指的是什么呢？习总书记提出的“四有”好老师标准中，“扎实学识”是其中之一。扎实学识至少应该包括学科专业知识、教育学知识、学科教学知识等。从教师、校长再到教育局局长，应该成为基层教育局局长选拔的基本路径。

当然，也并不是说教育出身的人都能干好教育局局长。例如，过去许多大学选拔院士当校长，但有的院士根本就不擅长做管理工作，其综合协调能力、对外交往能力等非常欠缺。最后，学校没有管好，自己的科研也荒废了，形成了“双输”的结果。

随着干部队伍结构的不断优化，干部的学历结构、年龄结构都得到了较大的改善。选拔教育局局长的理想标准是“政治家+教育家”的要求，重点考察其是否具备综合管理能力，专业背景只是一个方面。对北京师范大学和国家教育行政学院调研结果忧心忡忡的人，是因为他们把关注点都聚焦于管理者的专业背景上。建议这两个单位的研究人员可以再进行一次跟踪调研，看看这些调查对象任期结束后的考核结果，对“专业”出身的局长和“非专业”出身的局长进行对比研究，不仅看他们的专业背景的比例，而且要看他们在实际工作中的成效。如此得出的结论可能会更加客观和科学，也更有说服力，因为实践是检验真理的唯一标准。

2019-6-14

高校是否要用“人脸识别系统”管理课堂

据报道，2019 年 8 月 29 日，中国 YK 大学在校门口、学生宿舍大门口、图书馆、实验楼等场所安装了人脸识别门禁，而且在部分试点教室也安装了人脸识别系统，用于日常考勤和课堂纪律管理。据该校图书与信息中心 X 主任介绍，目前该校在两间试点教室安装的人脸识别系统，除了能自动识别学生的出勤情况外，还能够实现对学生课堂听讲情况的全程监控；学生是否认真听讲，课堂上是抬头还是低头，抬头低头了几次，抬头低头了多长时间，低头是否在玩手机，是否闭眼打瞌睡等，都逃不过人脸识别系统的“法眼”。据称此举意在减少学生逃课、早退、花钱找人代课及上课不认真听讲等行为，提高学生到课率，严肃课堂纪律。后期，学校将根据教务部门反馈的意见，视情况确定是否在所有教室都安装人脸识别系统。这条新闻的背后，有三大问题值得思考。

这是对教师教书育人复杂工作认识的简单化

时代在进步，技术在进步，尤其是信息技术和互联网技术给教育提供了诸多的方便，“慕课”“翻转课堂”等都是在信息技术的支持下实现的。然而，信息技术无论发展、发达到何种地步，学校都不会消亡，教师职业也不会消失。因为“机器”没有思想，没有感情，不会复杂交流，它们也许能帮助教师“教书”，但永远不可能代替教师“育人”。

组织教学、管理课堂是教师的首要职责。教室安装人脸识别系统，名义上可以辅助教师管理课堂，但实际上却在无形中放任教师对课堂管理的不作为。教学过程是知识传授的过程，也是师生互动的过程，更是产生思想火花的过程，从这个意义上说，管理课堂是促进教师育人的重要手段。在高校中大班额的课程已屡见不鲜，这已经严重影响了师生的有效交流，以至于会出现部分教师在考试卷上出一道题：某某课的任课教师叫什么名字？答错者扣 41 分。由此可见师生课堂交流何等缺乏。管理课堂是育人的重要组成部分，在课堂教学中，教师不仅要教书，更要育人。如果管理课堂变成“人脸识别系统”的职责，教师就只负责“教”，无需管理课堂，那只能说这是对教师法定职责理解的严重错位，也势必会让课堂师生交流缺乏的状况进一步加剧。

这是教学管理部门“懒政”的具体体现

对教学过程进行控制，是教学管理人员的职责所在。“人脸识别系统”的运用，使教学管理人员的工作变得相对轻松。他们只需到监控室走马观花，或者把监控连接到自己的电脑上，待有空的时候检查一下，就算完成了对教学过程的管理，还美其名曰借助现代化的技术进行现代管理。教室安装“人脸识别系统”，是把教学看成工厂简单的“流水线”生产的典型案例。试想，教师潜心备课，认真授课，“人脸识别系统”是否能准确识别？学生人在课堂，心在课外，虽未低头，但头脑里却天马行空，“人脸识别系统”又如何识别？通过“人脸识别系统”搞个大数据统计，根据学生的“抬头率”“低头率”，最后给教师一个分数或者排名，作为对教师的考核，这不仅是对教师教书育人复杂工作认识不到位，也是对教师教学极端的不信任，更是一些学校管理者“懒政”的具体表现。

这是对打造“金课”的靶向偏离

2018 年，教育部发出《关于狠抓新时代全国高等学校本科教育工作会议精神落实的通知》，要求各高校严抓本科教育，淘汰“水课”、打造“金课”。所谓“金课”，就是要全面梳理课程的教学内容，合理提升学业挑战度、增加课程难度、拓展课程深度。同时，为保证“金课”的“含金量”，还要严格考试纪律、严把毕业出口关，取消“清考”制度等。这是一项系统工程，需要学校管理者、教师、学生的共同努力。

一流校长抓文化，二流校长抓成绩，三流校长抓考勤。“人脸识别系统”还处于抓考勤的初级阶段，一些高校没有真正理解教育部的良苦用心，更没有抓住打造“金课”的核心要义。明确教学要求、更新教学内容、加强教学考核是打造“金课”的核心所在，把“人脸识别系统”作为教学过程管理的抓手，显然是用力用错了地方。与其花钱安装价格不菲的“人脸识别系统”，不如把经费省下来用于奖励那些专注“金课”的优秀教师。

因此，“人脸识别系统”安装后，要避免出现教师不管、管理部门“懒政”的现象。

2019-9-30

参观百年黄村小学感怀

2019 年秋冬时节，我随华东师范大学石伟平教授一行参观访问位于安徽省黄山市休宁县境内的黄村小学。

黄村的出名缘于两大黄姓名人和一栋老宅。两大名人，一是传说村中黄氏的祖先——唐朝末年大名鼎鼎的农民起义领袖黄巢；二是我国现代职业教育先驱黄炎培先生，他曾在一篇日记中描写过黄村。一栋老宅是指该村的荫馀堂，一座典型的徽州古民居，始建于清朝康熙年间，是一栋四合五开间的砖木结构的跑马楼，于 2003 年被整体搬迁至美国马萨诸塞州的埃塞克斯，这也让黄村“火”了一把。

我们这一行现代职教人最感兴趣的还是探寻职教先驱黄炎培先生笔下所描写的黄村景象。

1914 年的初夏，黄村来了一位大人物——曾任江苏省教育司司长的著名民主主义教育家黄炎培。此次出行，黄炎培是以《申报》记者的身份，与朋友顾志廉、吕天洲一行在安徽、江西、浙江、上海等地考察，力图实现在国内渐次旅行以考察教育的愿望。同行的顾志廉负责记录、吕天洲主管摄影，三人从上海启程，乘坐沪宁线火车到达南京，从南京转向芜湖，一路向西经过大通、铜陵、安庆、九江，接着向南，到达南昌，经过饶州、景德镇，进入徽州。从婺源向屯溪进发，沿古道进入休宁县境，抵庄前村（今樟前村），过溪口，行七里至石田，八里至小珰，十五里至汪金桥，十里至黄村。给黄炎培留下深刻印象的是位于村中心的黄村小学。黄炎培先生在日记中写道：“黄氏小学，设于水口庙。校舍光气颇合式，盖黄氏族学也。晤黄君涤原及定甫，朱君锡虞，皆当习师范或肄业中学者。出示学校成立史，以民国纪元前三年创办。学生四十人，男女皆收。高小一年为一室，初小一年至四年合为一室。规定值日生职务，时间表配置有声无声皆中度，于正课外仿自治办法，设学生会，令其练习，规定操行考察法，分质直、中、礼、无饰三项，以安全为最上。谈次深以教室在楼上，又无学校园为大憾。如此良好之教员与小学，不图于深山穹僻处得之。”①

在这篇日记中，黄炎培先生记述了黄村小学的办学历史、校园建筑特色、教员和学生情况、班级建制、学校管理等方面的情况，尤其肯定了教员和学生的素质，对于他们能够在深山中潜心办学、学习也大为赞许，并为黄村小学题写了“知君所学随年进，许我重游到皖南”的楹联。

黄山市政协副主席、市中华职教社主任张俊杰认为，“黄炎培先生当年考察徽州地区文教事业和产业经济情况，对他随后创办中华职教社，提出‘劳工神圣’‘双手万能’‘让无业者有业，让有业者乐业’的重要思想，有着直接影响，他提出‘大职业教育’概念，对于建设现代职教体系仍具有积极指导意义”②。

在走访中，我们了解到，黄村小学始建于1908年，是一所由黄氏宗族筹资创办的私塾，发起人叫黄厚基。1910年清政府学部公布了《改良私塾章程》，这所原本是黄氏家族的私塾由此变身为新式小学，成为安徽省第一批新式小学堂，其原名为“黄氏二等小学”，由黄厚基的次子黄开祥担任首任校长。该校以“勤毅”为校训，校址设在上下黄村之间的关帝庙。黄氏族人对教育非常重视，每年从黄家宗祠拨100担稻米作为学校的办学经费。本族子女入学免费，外族子女入学适当收费，贫困家庭酌情减收或免收。1940年，校舍翻建，正式定名为“黄村小学”。

我们一行人怀着十分崇敬的心情，从小学的侧门进入，映入眼帘的是一间间小教室，每间教室可以坐20多名学生。听人介绍，小学的厕所特别人性化，男厕所有一排小便池，而“蹲坑”则是一个木制大圆盘，在大圆盘的四周设计了10个左右的“悬空”马桶，小学生可以很舒服地坐在马桶上如厕。我们都惊叹，几十年前的小学为学生考虑得如此细致和温馨，确实是花了不少心思。

我们一起坐在黄村小学的教室，又当了一回小学生。眼前敞亮的教室、略显矮小的课桌，把我的思绪带回到了我的童年。那时经济条件较差，生活质量不高，每天能够吃饱穿暖就很知足，学习可以说没有任何负担，放学之后还要帮助做家务。遇到大忙季节，学校还要放“忙假”。最为重要的一点，就是我们的抗挫折能力很强，几乎没有心理健康问题。再看现在的小学生课业负担如此之重，学校减负家长不减，小学生的书包越

---

① 李璐颖．黄炎培日记中的黄村小学［N］．黄山日报，2019-6-25（5）．

② 孟飞，殷骁．黄炎培的黄山情缘和他最推崇的学校［EB/OL］．（2015-01-16）［2015-01-18］．http://ah.ifeng.com/human/detail_2015_01/16/3437666_0.shtml.

背越重，戴眼镜的学生越来越多，眼镜度数越来越高，小学生、中学生、大学生的近视率依次递增；学生心理脆弱，经不起挫折，小小年纪就出现抑郁等心理健康问题；信息技术与互联网给人们带来便利的同时，也产生了许多负面影响，一些学生沉迷于网络不能自拔，以至于荒废了学业……

坐在回程的汽车上，我在想，如果黄炎培先生遇到今日教育难题，不知他老人家有何妙招化解？

2019-12-10

"优质课"成"表演课"当休矣

2018年3月14日《中国教师报》发表了湖北省鄂南高中学生陈宇阳的一篇文章。文章质疑当前的优质课比赛与演戏没什么两样，他认为真正的好老师，应该是凭着自己的能力调动学生的积极性，而不是事先就跟学生们打好招呼，让他们主动配合。① 连一个中学生都能看出其中的问题，而当下的优质课评比却还始终热度不减，其台前、幕后到底有什么魔力？

优质课上的"表演"

所谓"表演课"，就是为了在比赛中获奖，参赛者似演员，上课近乎演戏，可以多次排练，反复修改。"表演课"要取得演出效果，取得好名次，还是要经过一番努力的，至少要做到以下几点。首先，作为"演员"的赛课教师形象要好，气质也要好；其次，课件要靓，一般由计算机专业人士协助完成；最后，要多次排练，有的参赛者赛前要排练无数遍，把说的每一句话都背熟了，没有一句废话，时间也要把握得非常精准。此外，还要请专家给予指导，精益求精。这样下来，表演近乎完美无瑕，获奖也就顺理成章了。

"表演课"的背后

从"观摩课"到"研究课"，再到现在的"优质课"，初衷都是为了提高教学质量，推广经验，怎么就成了"表演课"且盛行不衰呢？其深层的原因值得探究。

一是教育主管部门深入基层、深入课堂还没有成为常态。为了组织优质课比赛，层层动员，选拔、仪式、颁奖，学校忙得不亦乐乎，但这个大赛对教育教学改革到底起到了哪些推动作用，似乎无人深究，也无关紧要。教育是教人成真的事业。优质课的本质是要在课堂上发挥作用，要对学生的成长起到促进作用。如果没有育人成效，优质课再花哨、再热闹，过程再完美，也不过是花拳绣腿，掩盖不了"花瓶"的实质。如果任由这

① 陈宇阳．优质课还是表演课［N］．中国教师报，2018-03-14（4）．

样的所谓优质课泛滥，让那些善于表演的老师得实惠，那还有多少老师能够安心在课堂，脚踏实地搞改革、默默无闻作探索、实实在在搞研究？

二是教育领域存在不同程度的形式主义现象。优质课大赛比平时的真实课堂确实更赏心悦目，如老师形象佳、气质好，温柔耐心，笑容可掬；学生乖巧听话，聪明伶俐；教学氛围浓厚，老师思路清晰，学生一听就会，互动频繁且流畅，师生关系极为和谐，堪称完美课堂。优质课应该是课堂教学常态的情景再现，但这种“繁荣景象”是教学中真实普遍的状态吗？恐怕要打个问号。老师经过了无数次的排练，学生是精挑细选的，互动也是设计好的，都按照“剧本”走。几乎完美无瑕的优质课，其背后却滋长了严重的形式主义，完美的课堂恰恰最不完美，没有问题的课堂才是问题课堂。其实，这样的优质课是否优质，从校长、教师到学生都心知肚明，但校长参加上级领导的座谈会、调研会，可以罗列出开展优质课的若干好处；教师参加大赛的论文可以列举对教学改革的种种数据；就连有幸参加优质课“表演”的学生，也学会了弄虚作假，全力配合老师各种表演，如坐得比平时端正，没人交头接耳窃窃私语，顺着老师的意思回答问题，就算不会，也会装作很懂的样子。会表演的学生、会表演的老师、会表演的校长，共同演绎着优质课这场形式主义“大戏”。

三是教育 GDP 在作祟。作为考察一个地区经济指标的 GDP 也自觉不自觉地侵入了教育领域。无论是高等教育还是基础教育，都把一些显性指标作为考核一所学校好坏的重要内容，其中，各种奖项在考核中占据很大比重，获得优质课之类的奖项自然会加分不少。相较于那些隐性的育人成效、改革举措，优质课大赛的奖项是显性的、量化的，便于考核，容易计算，且不会引起大的争议，因此就很受教育主管部门青睐，继而将其作为教育政绩工程不断发扬光大。

优质课需回归本位

教育评价是教育管理的难题之一。如何评价教育，如何评价学校，如何评价教师，一直是教育管理的重点。中共中央办公厅、国务院办公厅印发的《关于深化新时代教育督导体制机制改革的意见》指出，在督学方面，要建立国家统筹制定标准、地方为主组织实施、对学校进行督导的工作机制，指导学校不断提高教育质量。在评估监测方面，建立教育督导部门统一归口管理、多方参与的教育评估监测机制，为改善教育管理、优化教育决策、指导教育工作提供科学依据。为此，笔者认为，教育督导部门可以借鉴体育比赛的“飞行药检”制度，以及安全领域的“四不两直”制度，对所辖地区和学校的教育状态、教育教学水平进行实地察访、实时监控，以过程管控达成教育效果，从而把教育的效果锚定在学生的成长成才上。

2018 年，习近平总书记在全国教育大会上指出，要深化教育体制改革，健全立德树人落实机制，扭转不科学的教育评价导向，坚决克服唯分数、唯升学、唯文凭、唯论文、唯帽子等顽瘴痼疾，从根本上解决教育评价指挥棒问题。当前的优质课等奖项可以说是“唯帽子”的表现之一。教育需要真实，教改需要探索。要尊重教育规律，按照教育规律办学，按照教育规律培养，按照教育规律评价，而靠“表演”获取的所谓“优质课”当休矣！

2020-2-26

谋划“十四五”规划须回答好5个问题

2020年是我国“十三五”规划的收官之年，也是谋划“十四五”规划的关键之年。规划既要体现目标导向，更要体现问题导向，要着力回答好5个问题。

学校发展的方向在哪里

2019年国务院印发了《国家职业教育改革实施方案》，文件明确了高职教育发展的六大方向，即高等职业教育要作为优化高等教育结构和培养大国工匠、能工巧匠的重要方式，要成为城乡新增劳动力更多接受高等教育的重要渠道，要成为培养高素质技术技能人才的重要基地，要成为服务企业特别是中小微企业技术研发和产品升级的重要载体，要成为社区教育的重要成员，要成为服务公民终身学习的重要力量。这是谋划学校事业下一个“五年规划”的基本依据。对于常州工业职业技术学院来说，学校下一个五年的发展目标包括三个层次：最低目标是进入江苏省高职院校第一方阵，也就是第二轮省高水平院校建设行列；中级目标是部分专业试办职业本科；最高目标是进入本科高职试点行列。

学校应成立发展咨询委员会，成员包含高等教育、高职教育、管理专家、政府部门领导等。发展咨询委员会的职能是为学校发展问诊把脉，为学校领导释疑解惑，为学校发展修正航向，为学校高质量发展集聚资源。

学校的标杆在哪里

学校要加强院校研究。什么是院校研究？院校研究也称为机构研究，是“用来描述有组织地收集、记录和分析高等教育机构的计划、进程和环境的数据及信息的努力”①。美国院校研究协会（AIR）网站关于其宗旨的介绍中隐含着这样的认识，即院校研究是“旨在增进对高等院校自身的理

---

① 中央教育科学研究所比较教育研究室．简明国际教育百科全书（教育管理）［M］．北京：教育科学出版社，1992：300.

解，促使院校规划、管理与运行状况得以改进的研究”①。有学者认为院校研究是“基于以下环节的研究活动：收集一所高校的内部状况资料；收集该校的环境资料；分析整理这些资料使之转换为有用的信息；根据这些信息对学校的计划、政策、决策进行论证”②。由此可见，院校研究既要研究自身，也要研究他人。因此，要借鉴国外通行的做法，在常州科教城内、苏南、省内、国内、国外各选取一所目标院校进行跟踪研究，确定比较指标，获取相关数据，定期进行比对，在比较研究的基础上提出学校各个阶段改革发展的对策建议。这项工作可以由高职研究所承担，研究人员应从一般性基础研究中解脱出来，聚焦院校研究。

学校的核心竞争力在哪里

著名高等教育家潘懋元教授在“高等学校内涵式发展的内涵与样板”讲座中指出，高校外延式发展的一个典型是“学院”纷纷要改名为“大学”。但是，现在要内涵式发展了。“内涵式发展”包括课程、教学、师资和专业创新人才 4 个元素，而这 4 个要素的“载体”是学校的专业，毫无疑问，专业是高校的核心竞争力，更是高职院校生存与发展的生命线。

在下一个五年，要切实把改造老专业、开发新专业落到实处。要确定哪些专业处于“领跑”地位，哪些专业处于“并跑”状态，哪些专业处于“跟跑”状态。要在经费投入、师资配备等方面，适当限制“跟跑”专业，积极鼓励“并跑”专业，做优做强“领跑”专业。

学科是普通本科院校竞争的主战场，本科院校一般都设有学科办公室，负责统筹协调全校的学科建设。因此，高职院校也可考虑设置专业建设办公室，负责统筹推进学校的专业建设，该部门也可以和教务处合署。专业建设办公室可侧重专业发展管理，教务处则侧重日常教学管理。

学校的亮点在哪里

俗话说，“前人栽树，后人乘凉”。学校的发展是一代代人接续奋斗的结果。在下一个五年中，学校可适度举债，筹建工业中心。该中心集实训、展示、教学为一体。这样既可以解决现行实训分散的问题，也可以推进各二级学院共建共享，减少重复投资，且可以产生集聚效应。

---

① 蔡国春．“院校研究”是什么，不是什么：解读美国“院校研究”［J］．比较教育研究，2005（11）：27-31.

② 周川．院校研究的性质与特征［J］．教育研究，2003（7）：32-36.

实现愿景依靠谁

华为创始人任正非在网上有个著名的“三砍”论。他认为，第一要砍掉高层的手脚，只留下脑袋，让高层没有机会去插手基层的“琐事”，而是专心于洞察市场、规划战略这种运筹公司未来的“大事”，要防止总经理在做总监的事，总监在做经理的事，经理在做员工的事，员工在谈论国家大事；第二要砍掉中层的屁股，就是逼着中层走出办公室，下现场、走市场，实行走动管理；第三要砍掉基层的脑袋，就是要让员工少说多做，不要好高骛远，不能身在基层，却老想着指点江山，一定要认真做好当下工作，在每个岗位上闪光发亮。

当然，高校和企业是两类性质不同、目标不同的组织，但管理原理是相通的。相同点在于无论企业还是高校，高层都要有决断力，中层都要有理解力，基层都要有执行力；不同点在于基层，教师的工作不同于企业员工，教师是立德树人的工作，不仅要有执行力，还要有创造力。

学校规划制定得好，可以成为激励全体师生员工的“武器”；如果制定得不接地气、没有志气，那就只能成为写在纸上、挂在墙上的“废话”。

2020-6-10

为“让每个学生都有点艺体特长”鼓与呼

2020年5月，来自黑龙江省鹤岗市的初中男生ZMM因其神模仿老师的一则视频而引起社会关注，不久他被教育部门“约谈”的传言及视频下架又引发了网络“围观”。笔者不想对该生模仿个别老师的视频内容加以评价，但对其表演能力却非常赞赏。试想，如果没有细致入微的观察，他的模仿怎么能那样惟妙惟肖？在义务教育阶段，除了上课之外，还有很多能够让孩子快乐的事情，还有很多看似微不足道却能帮助孩子健康成长的活动。当今的教育太需要给予孩子充分的尊重，太需要足够自由、足够包容的教育氛围了！

如果说在应试教育的大环境下，东北的ZMM给当今教育带来了一点“小清新”的话，那么，西北的青海则给素质教育带来了新的突破。在青海省西宁市城东区教育局所属的18所学校里，这样的场景随处可见：音乐声响起，红艳艳的“功夫扇”便舞动起来；大课间时间一到，整齐的篮球操、劲爆的拉丁舞、欢快的锅庄、悠扬的秦腔、攀岩挑战、跳绳比赛等让操场的各个角落生机勃勃。这是该区自2015年开始实施并推广的“体育艺术2+1项目”的一个缩影。据该区教育局党组书记、局长苏玉芳介绍，所谓“体育艺术2+1项目”，就是在国家推进新课程改革、深化素质教育的大背景下，通过学校组织的课内外体育、艺术教育教学和一系列相关活动，让每个学生至少掌握两项体育运动技能和一项艺术特长，为学生的终身发展奠定良好的基础①。

现如今，“不能输在起跑线上”的音量逐步减弱，往常火爆的各类补习班、兴趣班、早教班已偃旗息鼓，“天价”培训费也成了历史。然而，中小学生的学业负担过重还没有得到根本扭转，小学生书包越背越重，甚至用上了拉杆箱，写作业要到晚上十一二点，睡眠严重不足，家长心疼，老师无奈。“快乐的童年”已成为当今中老年人的美好回忆。与“玩命的中小学”形成鲜明对照的则是“快乐的大学”。与小学生书包形成对比的是，大学生上课，经常看到男生带个手机，女生拎个坤包。

---

① 王英桂．让每个学生都有点艺体特长：西宁市城东区实施“体育艺术2+1项目”纪实[N]．中国教育报，2018-10-31（03）.

按照“德智体美劳”五育并举的要求，这五个方面同样重要，没有高低之分，但从教育部的机构设置来看，有思想政治工作司管德育，有基础教育司、职业教育与成人教育司、高等教育司等司职各个学段，而体育卫生与艺术教育司则要抓学校的体育、卫生与健康教育、艺术教育、国防教育工作，如此庞大的业务量只由一个司主管，是否可以认为体卫艺在教育顶层设计中就没有得到足够的重视？

在我国各个学段，理想的状态都应该是快乐的教育，都要注重“玩”，但都不要“玩命”。在义务教育阶段，要重视快乐教育，学生要养成良好的学习、生活习惯，培养健康向上的兴趣爱好。在高中教育阶段，要注重基础学习，打牢知识基础，培养勤奋刻苦的意志品质。在大学教育阶段，则要强化专业教育，坚定专业志向，提高职业兴趣，培养职业道德。

2018 年 8 月 30 日，习近平总书记在给中央美术学院 8 位老教授的回信中，就做好美育工作、弘扬中华美育精神提出殷切期望。在信中，习近平总书记指出，“美术教育是美育的重要组成部分，对塑造美好心灵具有重要作用”。2019 年 4 月 8 日，习近平总书记参加首都义务植树活动，他一边劳动，一边向身边的少先队员询问学习生活和体育锻炼情况。其间，习近平总书记还特别提到了“文明其精神，野蛮其体魄”。“文明其精神，野蛮其体魄”源自青年毛泽东 1917 年在长沙求学时发表的《体育之研究》这篇文章，大意是说，要让人们的精神变得文明，让他们的身体变得强健。1952 年 6 月 10 日，毛泽东主席还为中华全国体育总会成立大会题词“发展体育运动，增强人民体质”。之后，几代领导人都非常重视群众性体育运动的开展，广大人民群众不再是被体育遗忘的对象，而是成为体育的主人，这极大地激发了人民群众参与体育运动的积极性和主动性。群众性体育运动的蓬勃发展，促进了人民健康水平的日益提高，揭开了新中国体育事业的崭新篇章，新中国逐步从体育大国走向体育强国。

在人的生命长河中，除了安身立命的专业之外，对体育、艺术有一点兴趣爱好，不仅可以丰富自己的业余生活，陶冶情操，也能在繁忙的工作之余使身心得到放松，起到“文武之道一张一弛”的效果。时任中央音乐学院副院长周海宏 2017 年在《光明日报》撰文指出，“自童年开始，每个人在成长阶段至少要学一件乐器，要接受以音乐教学为抓手的艺术教育。其重要标志之一，就是在适当年级，一定要开展有效的艺术教育”。他呼吁每个孩子都要尽可能习得一项艺术特长，这应成为基础教育的常态，每个国民都享受艺术应是国民基本文化生活的常态。青海省西宁市城东区实施的“体育艺术 2+1 项目”为全国的中小学校树立了榜样。专业之外，每个学生都具备一定的艺体特长，一定能够为他们今后的人生道路增加丰富多彩的元素。

2020-6-28

自由与规则的较量

2020年5月10日，一位博主挂出了江苏某设区市一小学老师组织全班学生跳舞为某明星应援的几段视频后，引起网民关注。据了解，该老师在授课的PPT上，插入与某明星有关的图片，在课堂上布置以电视剧《陈情令》情节为主题的作文，还要求学生排练该明星的歌舞等。学校随即对当事老师做出停职停课的处理，教育局对该教师所在学校校长进行了诫勉谈话。为此，5月14日《人民日报》发表文章《“饭圈”不能圈一切》，痛批少数教师“不仅突破了职业规范，也有损教师职业道德，折射出教育培养管理的漏洞”。其实，在这一舆情背后，隐藏的是自由与规则的关系问题，有的教师没有弄清楚个人自由和职业规范的界限在哪里，如果没有真正明白这一对关系，即使让他们停职停课，恐怕还是治标不治本。

追星是个人的自由

如今娱乐圈催生了一个追星的新名词“饭圈”。粉丝群体叫“饭”，他们组成的圈子叫“饭圈”或“饭团”。以前追某个明星或乐队，最多就是买专辑、看演唱会，基本都是“散粉”，并没有“饭圈”的概念。近年来，随着一些娱乐节目的推波助澜，明星的粉丝群体不断扩大，催生出为偶像买衍生产品，租广告位做宣传、投票，以及做慈善公益活动等多种追星方式。每个人的价值观不尽相同，兴趣爱好不一，所谓“萝卜青菜，各有所爱”，每个人都有喜欢某个明星的自由，这是非常正常的事，也是社会进步的标志，说明社会的包容性在扩大，但这个自由应该是有前提的。

遵循职业规范是从业的本分

职业是每个人谋生的手段，每个职业都有自身的要求和规范。以教师为例，教师这一职业在提供谋生手段的同时，也要求履行“传道授业解惑”的职责，必须弘扬主旋律，传播正能量，坚守社会主义核心价值，一切有悖于这些规范的行为都将受到追究。根据国家监察法的要求，公办学校行使公权力的人员都是监察对象，其中也包括教师。该教师组织全班学生跳舞为某明星应援不仅突破了师德的底线，也是滥用公权力的具体表现，属于法律调整的范畴。正如《人民日报》文章所说，“职业底‘线’不能破，理性之‘圈’不能出，饭圈不能圈一切”。追星需要文明和理性，更需要规则意识。

个人自由和遵循规则不可偏废

西方有句谚语“你挥舞拳头的自由止于我的鼻尖”，它非常形象地说明了自由与规则的关系。挥舞你的拳头是你个人的自由，但你的拳头不能碰到我的鼻子，否则就是侵犯了我的权利。自由不代表为所欲为、无所顾忌，自由也有边界！如2019年5月新颁布的《北京市轨道交通乘客守则》规定，乘客不得在车厢内进食。广州地铁则在2016年将“禁止在列车上进食”修改为“禁止在列车上食用有刺激性气味的食品”。进食是人的本能，是生存的需要，但是在属于公共场所的地铁上吃气味浓的食物或者喝容易泼洒的饮料等就有可能影响甚至损害他人的权利。同理，小学老师有追星的权利，但前提是不能影响工作，不能动用学校的资产，更不能把学生变成追星应援的工具。当然，追星也不能影响明星个人的权利。前些年有一则报道，有个女生追著名演员刘德华，严重影响了该演员的工作和生活。有一些较为狂热的粉丝经常在明星出入的机场、酒店等处聚集，跟机、跟车进行围堵，不仅影响了正常的公共秩序，也严重妨碍了明星的自由。追星应该坚守不影响自己的正常生活、不对其他群体造成伤害、不违反公序良俗等原则，否则该行为就超出了自由的范畴。

教师职业是社会性职业，教师承担着相应的社会责任。教师不仅要严格要求自己，规范自己的追星行为，同时还承担着对学生粉丝群体进行正面引导的责任，更要以自身良好的形象做学生的榜样，引导和激励青少年健康成长。《半月谈》杂志社曾对全国2万多名12岁至18岁中学生开展了一项“青少年追星调查”。调查显示，有42.2%的人自小学就开始了追星生活，有52%的人追星时间在3年以上①。因此，学生中的追星问题应引起教育主管部门和各级各类学校管理者的关注，追星中“规则与自由”的教育也应摆上管理者的重要议事日程。

2020-7-5

① 杨三喜. 因势利导推动“饭圈”文化健康发展［N］. 中国教育报，2020-07-02（2）.

男老师穿旗袍是祈福还是搞笑

自2002年开始，每年的高考都设定在6月份，2020年的高考因为受新冠肺炎疫情的影响而被迫延迟到7月。疫情下如何保障高考平安顺利，使教育系统乃至整个社会都处于神经绷紧的状态之下，然而一则搞笑新闻却打破了这种紧张的氛围。

据2020年7月7日《紫牛新闻》报道，为了比肩穿旗袍的女同胞为考生祈福，辽宁省丹东市敬业实验高中高三班主任WLB也穿上了大红的旗袍。只是，他没有站在考场外，而是站在教室里。7月5日，他把自己穿旗袍的这段视频发上网后，迅速得到很多网友的关注。当年他曾许下要穿旗袍为同学们祈福的诺言。视频里，WLB剪着平头，身穿运动裤、运动鞋，外面套了一件大红碎花旗袍，站在黑板前，在黑板上写下“预祝我的学生们旗开得胜!”随后他拿出两把剪刀，满脸笑意地让同学们给他的旗袍分衩，还让同学们剪得高一些，因为“衩开得越高，考得越好”。据说，该视频当天晚上点赞数达到50万，微博上“男老师穿旗袍祝学生旗开得胜”话题阅读量达到了8000多万，其中不乏点赞者，但围绕男教师穿旗袍这一话题，笔者有三大疑问。

首先，穿旗袍就能“旗开得胜”?

本来与高考八竿子都打不着的旗袍，意外“傍”上了高考。全国各地的送考妈妈和女老师纷纷穿上旗袍，希望自己的孩子和学生能够旗开得胜。本来这是送上隐含的祝愿，倒也温情满满。不过今年WLB老师的“男士旗袍”着实盖过了考场外妈妈们和女老师们的风头，形成了一道“怪异”的风景。一些网友在看了WLB老师的视频后，表达了不屑，认为“男老师穿旗袍，真不是在恶搞吗?”还有的认为“奇葩！看上去不太舒服”。

黑格尔曾说过，“第一个把美女比作鲜花的是天才，第二个重复这一比喻的是庸才，第三个重复这一比喻的是蠢材”。艺术大师齐白石说：“学我者生，似我者死。”如果说，第一位穿上旗袍为考生送上祝福的人是“创新”，第二个人穿旗袍就属于“模仿”，而男教师穿旗袍则明显属于“搞笑”了。如果说，妈妈们和女老师们穿上旗袍，能够体现东方女性之美的话，那么“身穿运动裤、运动鞋，外面套了一件大红碎花旗袍”的男老师要表达的是何种“美”呢？

其次，难道没有更加“知性”的祝福方式？

与“搞笑”形成鲜明对照的是2020年高考前的7月3日《四川民族教育报》发表的《高考礼物》的文章。作者回忆了2000年参加高考时其班主任为他们减压的场景。高考前有天晚自习，班主任Y老师来到教室，让同学们到隔壁的储藏间领个东西，然后到楼下的小操场集合。大家不明就里，就到储藏间领东西。领的东西是每人一个枕头。令大家没有想到的是，枕头是为“枕头大战”准备的。在操场上，随着一声令下，大家纷纷抱着枕头四处找对手，几乎是逢人便砸过去。昔日的淑女即刻变身为斗士，谦谦君子也开始“奋勇杀敌”。老师们随后也加入进来，他们一下成为“众矢之的”。大家一起“围攻”几名老师，把他们“打”得只有招架之功毫无还手之力，一度把枕头大战推向高潮。枕头大战结束后，大家意犹未尽地回到了教室。班主任老师说：“今天的枕头大战，就是在考前释放压力，大家一定要轻松上阵。我没有什么东西给你们，就送你们一个枕头吧。”Y老师话音落地，雷鸣般的掌声立刻响起，学生们从来没感觉到老师如此亲切。数年之后，作者也成了一名教师。每当高考来临，作者总会想起那年的枕头大战，那是老师给大家最好的高考礼物。中国的高考，社会关注度极高。高考关系着千万人的命运和前途，承载着千万个家庭的梦想。在高关注度下，作为舞台中心的“舞者”，每个考生都承受着极大的压力。作为高三年级的任课教师和班主任，为考生祝福、减压都是职责所在，更是人之常情。如何为考生减压、为考生祈福则能显示出教育智慧。希望更多充满教育智慧的“Y老师”能够策划更多知性且富有创造力的“枕头大战”，而让每年都要登场的旗袍歇歇脚吧。

最后，除了旗袍，媒体对于高考的报道导向是什么？

高考不仅是有考生家庭要操心的大事，也是教育部门、学校乃至整个社会关注的大事。为此，为考生“祈福”是每个家庭的共同愿望。如：当妈妈的穿旗袍，衩要开得高，意思是“旗开得胜”，当爸爸的则穿上黄马褂，意思是“马到功成”。再如：第一天穿红，意味着“开门红”，第二天穿绿，意思是“一路绿灯”。而一些媒体则乐此不疲，始终把镜头对准那些稀奇古怪的搞笑方式。

媒体人要牢牢把握正确的舆论导向，走进教室，走近教师和考生，唱响主旋律，弘扬正能量。媒体要围绕高考、关注高考、服务高考，要把镜头对准那些为高考辛勤工作的广大教师们，要把版面留给为护航“平安高考”而默默奉献的公安民警、出租车司机们，让服务高考、护佑高考的人和事在报纸上有“形”、在电视上有“影”、在电台里有“声”。

但愿围绕高考的正能量新闻多些，再多些，而博眼球的“奇葩”新闻，少些，再少些。

2020-7-12

六年级小学生研究癌症获大奖的背后

据报道，云南昆明六年级小学生 CLS 的“C10orf67 在结直肠癌发生发展中的功能与机制研究”课题，于 2019 年 3 月 9 日参加第 34 届昆明市青少年科技创新大赛终评决赛获得一等奖，并于 2019 年 12 月获得第 34 届全国青少年科技大赛三等奖①。消息一出，舆论哗然，媒体迅速跟进。

据记者调查，CLS 自称于 2018 年 1 月 6 日在一名老师带领下来到中国科学院昆明动物研究所，与研究人员商量开展参与研究工作。据其日记记载，2018 年 1 月 9 日，老师们给了他一个基因，叫 C10orf67。他上网搜了一下什么叫基因，1 月 13 日了解 PCR 技术的原理，知道 PCR 引物的设计、PCR 扩增 mRNA 底物和荧光基因的概念，大概了解为何通过荧光强弱的比较就能知道哪些基因的 mRNA 表达水平，进而判断一个基因在细胞中的表达水平和功能强大与否。

通过网络了解何为基因后，CLS5 天之内即完成了堪称“高大上”的课题，并据此获得云南省和全国的大奖。美国斯克利普斯研究所的一位神经生物学博士后向《新京报》记者表示，CLS 所完成的 Western-blot，qRT-PCR，genetic knockdown 等分子实验，“相关专业研究的本科生需要经过大半年的训练才能操作，但实验结果并不能做到 CLS 同学那样完美，很难相信一个小学生会有如此精准的手法”，“这种专业的项目，指导老师应该是专业人员，比如大学教授或研究员”。然而《新京报》记者了解到，CLS 的三位指导老师分别是昆明市盘龙小学的两位老师和现任校长。

此事经媒体报道后，7 月 13 日，2020 年中国科学院昆明动物研究所官网发表声明称，经初步核查，全国青少年科技创新大赛“C10orf67 在结直肠癌发生发展中的功能与机制研究”获奖项目学生，是该所两位研究员之子。CLS 的获奖论文，与其父母的研究属同一领域。其中，其母曾承担过一个名为“C10orf67 在低氧适应及非小细胞肺癌发生发展中的功能与机制研究”的研究项目，与 CLS 获奖的结直肠癌课题十分接近。7 月 15 日第 34 届云南省青少年科技创新大赛组委会办公室就“小学生研究癌症论文”

---

① 子兮．小学生凭基因研究获大奖，有多少博士父母的“功劳”？［N］新京报，2020-07-14（A2）．

一事，发布调查和处理结果情况通报。经专家组认定，该项目研究报告的专业程度超出了作者认知水平和写作能力，项目研究报告不可能由作者本人独立撰写。大赛组委会根据评委会建议，决定撤销该项目第34届云南省青少年科技创新成果项目（小学组）一等奖奖项，收回奖牌和证书。几乎同时，网上流传出该学生父亲的致歉信。致歉信称，因为“未充分掌握及领会组委会发布‘项目报告必须是作者本人撰写’的关键信息”，过度参与了项目书文本材料的编撰过程，使用了大量生物医学专业术语，给广大网友和媒体造成了困惑与误解，“给大赛组委会、工作单位和家人造成了极大的伤害，造成了不好的社会影响”。

从官方调查、奖项撤销、家长道歉等一系列操作看，事件走向无疑契合公众预期，此事也算可以完美“收官”。然而笔者总感觉还有些话要说，虽然小学生获大奖并非不可以，但这次挑战公众智商的行为还是给全社会带来了许多值得反思的地方。

家长如何帮助孩子

事件曝光后，许多网友都质疑，CLS背后是否有专业人士的“助攻”，其获奖又是否是其家人运作的“功劳”？因为CLS的研究内容，远远超出了公众对小学生科技创新的想象，明显是一个专业研究人员才有能力涉足的项目。果不其然，网友的质疑很快得到了印证。如果孩子真的对研究感兴趣，家长可以适当引导，给予一些基础知识的普及和研究方法的介绍，这也并非不可以，而家长望子成龙心切，进而越俎代庖、拔苗助长就不可取了。这其实是功利心在作祟。如果在青少年科技创新这类大赛中获奖，不仅个人能够获利，在升学、评优等方面获得加分，而且学校也有荣光，因此，部分家长、老师就会想办法“走捷径”。然而，比获奖更重要的是诚信，造假不仅会给孩子造成负面影响，还可能沦为大家的笑谈，结果给孩子造成严重的心理阴影，可谓得不偿失。

“人无德不立”，诚信是德之根本。教育是育人的事业，造假行为损坏的不只是一物，产生的危害不只在一时，而是将对人的发展产生深远的负面影响。有的家长帮助孩子造假，或者过度包装、虚假宣传自家孩子，将孩子带上歧途，这样的“坑娃”家长不在少数。而一些教师面对学生的造假行为装聋作哑、无所作为，不仅未能把好关口，更未能在德行上给予学生恰当的指引，这也是违反师德师风的。

评委的评审规范在哪里

大赛官方发布的《青少年科技创新成果竞赛规则（2020年修订）》要求，每个项目可有1~3名辅导教师对学生开展项目研究给予辅助性指导，但须遵守“三自”原则，即自己选题、自己设计和研究、自己制作和撰写。具体来说，选题必须是作者本人提出、选择或发现的；设计中的创造性贡献必须是作者本人构思、完成，主要论点的论据必须是作者通过观察、考察、实验等研究手段亲自获得的；作者本人必须参与作品制作，项目研究报告必须是作者本人撰写。

带有明显不合常理、远远超出了六年级小学生的智力水平与认知能力的项目居然堂而皇之地获得了省部两级奖项，自然引来了网友的调侃。如：“作为985的本科理工科化学系毕业生，表示真的很深奥，居然看不懂，服了！”“我还在为生化的基因章节掉头发，这娃都研究C10orf67在结直肠癌的高表达了。”“光是PCR一做就能做一天，小学生有能力有体力进行这种强度的工作？”“我们实验室八点打卡晚上九点半打卡回宿舍，导师还觉得我们太轻松了，更别说转录组分析SPSS数据分析。MEGA、PRIMER他会用？”“我作为国内绝对一流的6年制医科大学毕业生，近30年的临床经验，如果不去认真检索文献的话，连这个项目简介都看不懂，尤其是那个C10orf67，压根不知道是什么鬼。他一个小学生，居然还以此获得‘全国青少年科技创新大赛’的大奖，这等人物真是稀世天才啊”。

按照《青少年科技创新成果竞赛规则（2020年修订）》，项目要符合创新性、科学性、实用性等“三性”原则，评审还要经过资格审查、初评、终评及展示交流活动等诸多环节，这种连网友都能看出来的假象，作为该学科的专家居然看不出来？结论无外乎两个，要么所谓的专家是“水货”，要么评审就是走个过场，专家根本没有发挥应有的作用。

监管机制如何完善

全国青少年科技创新大赛官网信息显示，该赛事是由中国科协、自然科学基金委、共青团中央、全国妇联共同主办的一项全国性的青少年科技竞赛活动。该赛事自1979年开始举办，每年先在基层学校预选，经过选拔后，500多名青少年科技爱好者、200名科技辅导员参加全国大赛，进行竞赛、展示和交流活动。

对一场规格颇高的全国性比赛而言，这样一个疑点突出的项目，竟然能够通过层层审核最终获得奖项，也充分暴露了比赛监督方面的短板。作为保证公平公正的最后一道关口，监督机制没有发挥应有作用，“牛栏关猫”，形同虚设。中国科协原青少年工作部部长、曾担任过全国青少年创新大赛组委会主任的牛灵江说：“公众的质疑的确给大赛主办方提了个醒。我们必须坚持办这个大赛的初心，那就是培养和选拔有潜力的科技创新人才，它不应该成为少部分徇私的工具。”①

“亡羊补牢，犹未为晚。”针对这类“神童”事件，许多网友提出了一个务实的建议，那就是在未来的同类竞赛中，要增设答辩面试环节，从而检验参赛的青少年是否真的熟悉自己所做的项目。2020 年 7 月 20 日，教育部办公厅印发了《关于进一步加强面向中小学生的全国性竞赛活动管理工作的通知》，以解决各类竞赛在组织过程中暴露出的问题：一是要求各竞赛主办单位要切实履行主体责任，全面开展一次自查，对以往获奖项目的真实性、独创性进行复核；二是举办面向中小学生的全国性竞赛必须坚持公益性，做到“零收费”，严肃查处竞赛中出现的违法违规行为；三是不得将竞赛奖项作为基础教育阶段招生入学加分依据。

小学六年级学生癌症研究获奖事件意外“医治”了青少年科技大赛的“毛病”，这也算是本次负面新闻带来的意外收获。但愿这一事件能够给各类赛事提个醒，各相关方能够从中汲取教训，更好引导和规范青少年参与科技创新实践活动，回归初心。

2020-7-25

① 张盖伦，操秀英．从“神童”到“撤奖”是谁让造梦大赛变了味？［N］．科技日报，2020-07-17（5）．

大学录取通知书印错，谁之错

每年的8月和9月，对于应届高中毕业生来说，都是几家欢乐几家愁的月份。欢乐的是经过12年寒窗苦读，终于考上心仪的大学，愁苦的是那些没有实现愿望的“苦命人”。然而在欢乐和愁苦之外，每年的高考发榜之后，还存在一些“苦笑”的人们，那就是接到自己录取通知书的高考生。在打开自己盼望已久的大学录取通知书的时候，绝大多数人都是把通知书当作高考试卷来“审”的，生怕错过了重要信息，在仔仔细细阅读的过程中，一些考生总感觉通知书有什么不对劲的地方，原来在通知书中出现了错别字。

这样的事情确实发生在被上海对外经贸大学录取的2020届高考同学的身上。他们收到的该校录取通知书还真出现了错误。通知书正文第一行的校名“上海对外经贸大学”被错写为“上海对外经大学”，漏了一个“贸”字。据教育部统计，2020年全国共有普通高校2738所，其中，本科院校1270所，高职（专科）院校1468所。本来全国有这么多高校，这件事应该是个案。然而这并非个案，就网上报道的，今年在录取通知书上出错的高校，除了上海对外经贸大学以外，至少有两所高校在录取通知书上犯了印刷错误。一是河南工业大学，该校在发给研究生的录取通知书中，封面上本来“学生”的英文“students”，结果印刷出来变成了“studets”，少了一个“n”；另外，该校在2019年发给本科生的录取通知书中，部分学生本科专业被印成专科。二是著名高校华东师范大学，发给研究生的新生报到须知，“报到”直接错写成了“报道”。这一件小事的背后，有三个问题值得思考。

是否该错

从客观上讲，是人就会犯错，大学也不例外。然而录取通知书并不是自媒体上的文章，读者看到后，或者心知肚明，或者会心一笑。这毕竟是从大学出来的。在录取通知书上犯了文字错误，虽说不是什么原则性错误，但盖上大学的印章、签上校长的大名，就变成了大学的一种文书。寥寥数十字，出现这样的“低级错误”，既不庄重，更不严谨，实属不该。

谁之错

也许今年是一个特殊的年份，受疫情影响，高考延期，时间较紧，但这只是客观因素。发生这样的错误，大学招生管理部门自然是责任难逃，打字的有错在先，校对的马虎应付，盖章的没有核对，最后校长的签名章也是工作人员代劳，校长本人可能都没有看见过录取通知书。结果，这一错误在所有环节中都没有被发现，直至到了考生手中才被刚刚接受“严考”的考生发现，但为时已晚，该错误不仅造成了一定的经济损失，还对学校造成了不好的影响。

如何防错

知错必改，立行立改。上海对外经贸大学以最快的速度和最诚恳的态度，很快发布了一则勘误说明，称因为刊印错误，给学生造成了不好的体验，并将更正后的录取通知书重新寄发给所有录取新生。

小小录取通知书，从小处说，是大学给新生的一份“见面礼”，作为大学的一种公文，至少体现的是一所大学的文案水平；从大的方面说，通知书也体现了学校的工作水平和工作作风，甚至可以说通知书是学校文化的一部分，体现了一所大学的文化符号。为此，绝大多数大学都在录取通知书设计上花了很多心思，以此突出学校的文化品位和个性特点，第一时间就能让新生认同学校的文化标识。因此，所有高校要在“如何防错”上下功夫。

一是把工作制度真正落实到位。相信每所大学都有公文制作相关制度，录取通知书的工作流程也应纳入其中。相较于传统的手写和铅字敲打技术，计算机技术的发展极大地提高了文字输入的速度和文案制作的工作效率，输入法的改进更增加了汉字的联想功能，在提高效率的同时也增加了错误的发生概率。从文字输入的角度看，是允许有一定比例的差错率的，关键是校对把关有没有做到位。与其说上述通知书是印错的话，不如说是校对的环节出了问题。文字输入只是第一关，清样稿校对是第二关，寄发是第三关，按理说错误不该在这层层关口中顺利“通关”的。因此，当事高校应首先检查是否有相关流程，流程有没有不完善之处，既有流程，又没有问题，那就要真正把制度落到实处，把各道程序的职责明晰起来，失职必定要追责问责。二是要举一反三，防微杜渐，从通知书做起，并向其他工作推开，在教职工中大力倡导严谨细致的工作作风。

高考年年考，通知书年年发。高端大气上档次的录取通知书不仅承载着千家万户的希望，也是高校给所有新生的“见面礼”。从这个意义上说，大学录取通知书应该成为一道亮丽的风景线。但愿来年不再出现类似的“新闻”。

2020-9-20

教育改革应少些简单化

2020年国庆刚过，一则关于山西省长治市中考的新闻就引发了社会的广泛关注。该市发布公告称，从2022年开始，在高中录取总成绩中，体育分值将在现行50分的基础上增至70分，其中，身体素质占20分，并把裸眼视力和体重列入身体素质的主要评价指标。据了解，此次增加的身体素质20分，包含10分的过程性评价和10分的结果性评价。过程性评价重点考查学生参与各项体育活动、心理健康表现等情况；结果性评价主要考查学生裸眼视力（5分）和体重（5分）。长治市教育局相关负责人在接受媒体采访时对这一政策进行了介绍。裸眼视力的考查分为三档，大于等于4.9为正常视力，得5分；4.6到4.8之间为中度近视，得4分；小于等于4.5为重度近视，得3分。体重的考查则主要依据体重指数（体重指数=体重/身高的平方），男生在15.8到22.8之间、女生在16到22.6之间为正常，得5分；男生大于等于26.1、女生大于等于25.2为肥胖，得3分。两项指标最高分和最低分都相差两分①。而推进这一政策落地的依据是2019年6月出台的《长治市深化基础教育改革十大行动》，该文件提出要对中考招生评价标准进行改革，增加体育分值。

如何改进学校的体育工作一直是教育主管部门关注并切实推进的重要工作。2020年10月15日，中共中央办公厅、国务院办公厅印发了《关于全面加强和改进新时代学校体育工作的意见》。文件进一步明确了体育中考的方向，同时着手研究在高考录取中体育素养如何评价、如何计分。在教育部召开的新闻发布会上，教育部体育卫生与艺术司发言人表示，学校的体育中考要逐年增加分值，达到跟语数外同分值的水平。这些对学校体育带有革命性的提法，预示着在基础教育领域体育工作是今后要推进的一项重点工作。

“提出意见—开展试点—在取得经验的基础上逐步推广”，这是一条具有中国特色、符合中国国情的改革路径。据了解，针对体育中考，教育部

---

① 贺威通．山西长治把裸眼视力和体重考核结果纳入中考总成绩的要求引发热议［EB/OL］．(2020-10-12)［2020-10-20］．https://baijiahao.baidu.com/s?id=1680340066291958392&wfr=spider&for=pc.

已经成立了专家组，正在对全国各地体育中考工作进行系统梳理，并将云南省列为改革的重点试点省份。2020 年云南省中考中体育和语文、数学、外语分值相同，均为 100 分。云南省的体育中考分三年进行，最终得分是将三年的成绩累加，这也是响应教育评价体系改革文件里提出要增加过程评价的具体举措。试点之后，教育部将在系统总结云南省试点经验的基础上推广其经验。

倡导健康的生活，减少近视发病率，着力解决青少年中“小胖墩”现象，是长治市深化基础教育改革的初衷。山西省长治市把裸眼视力和体重考核结果纳入中考总成绩的要求，其出发点是好的，目的是引导青少年自觉地加强视力保护、体育锻炼。体育与语数外同等重要，改进体育工作又是基础教育领域要推进的一项重点工作，那么山西省长治市推进的中考体育加分政策为什么会引发社会关注并引起争议？主要原因是做法上的简单化。简单化主要表现在两个方面：一是简单运用数据赋分。在“分分计较”的中考、高考中，运用定量指标似乎非常公平。既然公平，那又何来争议呢？其焦点主要在于特殊情况的处理。如：怎么公平对待先天性近视群体？一些孩子吃了含激素的药物导致肥胖怎么办？长治市教育部门对此也有预案，并提出了针对性解决办法。对于先天性近视，家长可提供孩子自近视以来的医院就诊及治疗相关证明材料，学校审核公示无异议后，可直接得 5 分。对于用药导致的肥胖问题，解决办法是如果在用药期间，家长可提供医疗部门出具的诊断证明，学校审核公示无异议后得 5 分。这些特殊情况得 5 分的学生又对其他正常近视的学生造成了一定的冲击。二是缺乏监管的具体方案。从问题到解决办法看似考虑得非常周全，但实际缺乏谁来监管这一新问题。这项政策在执行过程中涉及一系列的申报、审核、公示及部分特殊人群的证明审查等，谁来监管、如何监管、监管不到位如何处罚等，这些群众关注的问题在设计阶段并没有给出具体的实施方案。

在我国，教育是最大的民生工程之一，中考、高考牵涉着千家万户的切身利益。在教育资源尤其是优质教育资源还不够丰富的情况下，任何教育改革都可能在社会上引起广泛关注。因此，政策的制定者不能简单地将相关要求纳入考试或者期望借助考试来解决所有问题，更不能草率推出未经试点的改革措施，否则不仅办不成好事，而且还会好心办坏事。

2020-10-20

一堂生动有趣的劳动教育示范课

据报道，在2021年临近寒假时，南师附中新城小学南校区近1700名学生领到了属于自己的“蔬菜盲盒”。“霜打红根菠菜”“苏芽豌豆苗”“湖熟布茄”“六鳌蜜薯”……拆开盲盒，一份份专属的新鲜蔬菜成为学生们寒假来临前最惊喜的礼物。“蔬菜盲盒”是该校大队部发起的一项少先队研学活动，学生们拿到蔬菜后，要在家人的指导下开动脑筋，将拿到的蔬菜做成一道色香味俱全的菜品，并和家人一起品尝。该校校长叶微表示，“我们主张‘吃’出学问，把美食作为一项课程，放给学生研究。”叶校长说，“蔬菜盲盒”是学校探索“食育”教育的一项举措，是德育教育的延伸，新城小学南校区将通过多种寓教于乐的活动实施“以食育人”。①

当今的小学生们尤其是城市的小学生们，大多过着衣食无忧的生活，对于“汗滴禾下土”“粒粒皆辛苦”的理解也只是停留在书本上。南师附中新城小学南校区“蔬菜盲盒”作为学校探索“食育”教育的一项举措，不仅是德育教育的延伸，更是劳动教育的一次示范。该校的“蔬菜盲盒”研学实践不仅要求学生们认识各种蔬菜，还引导他们学习使用厨房工具，并动手制作菜谱，在学习烹饪的过程中享受劳动的快乐和成功的喜悦，同时让他们在劳动过程中体会长辈每日制作三餐的不易，从而培养感恩的意识。南师附中新城小学南校区“蔬菜盲盒”的活动，为探索劳动教育提供了借鉴，有较高的理论价值和实践指导意义。

没有劳动教育的教育，是不全面、不完整、不成功的教育。虽然我国在劳动教育方面积累了许多有益的经验，但以前劳动教育主要是作为德育、智育的一个途径，不具备与德智体美四育并行的地位，劳动教育“在家庭中被软化、在学校中被弱化、在社会中被淡化”的现象比较普遍。从家庭层面看，部分家长较少让孩子做家务事，有意无意让学生产生了轻视劳动的意识。从社会层面看，“劳心者治人，劳力者治于人”的观念根深蒂固，“重学历、轻技能”的现象较为普遍。从学校层面看，“升学”“分

---

① 李英莉，王雪瑞．寒假作业玩出新创意！新城小学南校区“蔬菜盲盒”让孩子拆出“大学问”［EB/OL］.（2021-01-22）［2021-03-10］. https://view.inews.qq.com/k/20210122A08ULF00?web_channel=wap&openApp=false.

数”成为评价学校的重要指标，而作为素质教育重要组成部分的劳动教育被弱化、边缘化，“说起来重要，忙起来不要”。北京教育科学研究院基础教育科学研究所的报告显示：美国小学生平均每天的劳动时间为 1.2 小时，韩国 0.7 小时，法国 0.6 小时，英国 0.5 小时，而中国小学生平均每天的劳动时间只有 12 分钟。2020 年 3 月 20 日中共中央办公厅、国务院办公厅印发了《关于全面加强新时代大中小学劳动教育的意见》，对构建德智体美劳全面培养的教育体系进行了系统设计和全面部署。2020 年 7 月 7 日教育部印发了《大中小学劳动教育指导纲要（试行）》，明确了劳动教育的性质和基本理念、劳动教育的目标和内容、劳动教育的途径、关键环节和评价方式，学校劳动教育的规划与实施、劳动教育条件保障与专业支持等，要求在小学、初中、高中、职业院校、普通高等学校等各个学段都要将劳动教育纳入人才培养全过程。《关于全面加强新时代大中小学劳动教育的意见》的出台意义重大，充分体现了党中央、国务院对劳动教育的高度重视和殷切期望，凸显了全面加强新时代大中小学劳动教育的重要性和紧迫性，把劳动教育上升到了前所未有的政治高度，这必将开启新时代劳动教育新篇章。

紧跟时代要求，劳动教育要“有形”

开展劳动教育，无论是独立开设劳动教育必修课，在学科专业中渗透劳动教育，还是在课外校外活动中安排劳动实践，首要的问题是要根据各个学段学生的实际情况，寻找劳动教育的实施载体，做到劳动教育“有形”。所谓“有形”，就是对现实生活中可能遇到的问题、符合时代发展要求的活动加以设计，作为劳动教育的项目，如小学阶段的家务劳动，中学阶段的学工、学农、学军，大学阶段的专业实践和社会调查等，都可以成为劳动教育的有形载体。

新城小学南校区的“蔬菜盲盒”劳动项目，就要求学生具备一定的烹饪知识，能制定烹饪计划，会清洗食材、掌握切菜方法、调味方法、盛放方法、餐后收拾方法等，掌握基本的煮、炒等烹饪技巧，学会蒸米饭、做汤，以及安全卫生地使用相关工具等。

“有形”的做饭是家庭生活的重要环节之一，通过做饭能帮助学生掌握生活的基本能力，改变“饭来张口，衣来伸手”的“小皇帝”做派，杜绝上了大学还要母亲陪读这种情况的发生。劳动载体要“有形”，要求劳动教育的项目是具体的、实在的，学生能够通过劳动实践达成劳动目的；劳动过程要“有形”，如做饭后的大汗淋漓、厨房的卫生清理情况等。学生制作出的美食、活动结束的心得体会撰写等都是“有形”的劳动成果。通过做饭，变“无形”的说教为“有形”的实践。

紧贴学生身心发展实际，劳动教育要“有趣”

兴趣是指一个人经常趋向于认识、掌握某种事物，力求参与某项活动，并且有积极情绪色彩的心理倾向。兴趣是人们对事物特殊的认识倾向，这种特殊表现在兴趣上就是有快乐、喜欢、高兴等肯定的情感相伴随。人们对某种事物发生了兴趣就会特别喜爱它，就会优先地去认识它。人们都会因为兴趣而执着于某一项活动，并在最后取得或大或小的成功。

兴趣是最好的老师，劳动教育也不例外。劳动教育除需要“有形”外，关键还要紧贴学生的身心发展实际，做到“有趣”。要注重培养学生的劳动兴趣，提高学生运用工具的动手操作能力和思维能力及创新能力等，真正的劳动教育不仅要“劳力”，更要“劳心”。实施劳动教育时，可根据学生的身心发展特点，选取一定的劳动载体，并加入计算机、互联网的现代元素，通过现代技术激发学生劳动的兴趣。

民以食为天，是千百年来广为流传的生活共识，人活着自然不是为了吃饭，但只有吃饭才能活着，才可能实现心中的梦想。新城小学南校区的“蔬菜盲盒”劳动项目，融烹饪知识与烹饪实践于一体，让学生在家长的辅助下，以自己的设计、制作等工序把一道精美的佳肴呈现在家人面前，这项劳动项目自始至终充满着乐趣，激发了学生的求知欲、表现欲，当和家人一起品味舌尖上的味道的时候，小学生们体悟到了劳动的快乐。

紧扣立德树人根本任务，劳动教育要“有效”

劳动教育在“有形”“有趣”的基础上，最后还要落在“有效”上，因为有效才能称其为教育，才能达成教育目的。

中国青少年研究中心家庭教育首席专家孙云晓在《劳动教育，从教孩子做饭开始》一文中介绍了由日本一家三口——丈夫信吾、妻子千惠和年幼的女儿阿花共同写就的《会做饭的孩子走到哪里都能活下去》一书，感动了许多人。① 因此，学会做饭是每一个人好好活下去的基本能力。

新城小学南校区的“蔬菜盲盒”劳动项目可谓匠心独运，学会做饭，有着极为丰富的教育内涵与价值。通过做饭，让小学生们体会劳动的乐趣；通过做饭，还能体会妈妈的辛劳；通过做饭，更能懂得分享、学会协

---

① 孙云晓．劳动教育，从教孩子做饭开始［N］．中国教育报，2020-05-07（9）．

作，真正体悟“锄禾日当午，汗滴禾下土。谁知盘中餐，粒粒皆辛苦”的真正内涵，这是劳动教育的最高境界，也是检验劳动教育是否取得成效的标志。

开展劳动教育要在劳动载体“有形”、劳动过程“有趣”和劳动价值“有效”上下功夫，并使三者达到一定的平衡，南师附中新城小学南校区的“蔬菜盲盒”教育项目给小学学段开展劳动教育提供了一个重要的范例。

2021-3-10

中小学生手机不能一禁了之

在我国的20世纪90年代，手机还是一件奢侈品，刚出现的时候因其体积大还有一个响亮的名字叫作“大哥大”。经过20多年的发展，人们的学习、工作、生活几乎已经离不开手机，手机似乎已成为人们身体的“一部分”。然而，手机在给人们带来便利的同时，也带来了很多无奈和烦恼。

关于手机的两则新闻

第一则新闻是2021年1月15日教育部办公厅发布《关于加强中小学生手机管理工作的通知》，要求学校告知学生和家长，原则上不得将个人手机带入校园，学生确有将手机带入校园需求的，须经学生家长同意、书面提出申请，进校后应将手机交由学校统一保管，禁止带入课堂。通知强调，采取这一措施的目的是为保护学生视力，让学生在学校专心学习，防止沉迷网络和游戏，促进学生身心健康发展。通知一出，广大家长表示非常赞同，学生则暗自神伤，社会则议论纷纷。

第二则新闻则是四川一少年持刀闯进茶坊，威胁父亲归还其手机，否则就要自残。事情的经过是这样的：2021年4月5日晚上8点12分，四川省南充市公安局顺庆区分局北城派出所接到报警电话，称在辖区某酒店茶坊里，一名少年要自杀。接到报警后，北城派出所副所长周毓带领值班民警和辅警赶到现场。民警通过现场了解得知，扬言要自杀的少年叫阿浩（化名），今年17岁，他13岁时辍学，其父母几年前离婚，平日与奶奶一起生活，喜欢宅在家玩电脑、手机游戏。而在事发几个小时前，阿浩睡觉醒来，发现手机找不到了，便怀疑手机是被父亲“没收”了，因为其父最近曾因他玩手机批评过他，阿浩遂决定向父亲当面讨说法。当晚8时许，阿浩在离家不远的一家酒店茶坊找到父亲，并拿出水果刀威胁，“我和我爸只能活一个”。在被茶坊内围观人员劝阻后，阿浩转而将水果刀架到自己脖子上，欲割喉自残。民警了解到这一情况后，与阿浩聊天，安抚其情绪。乘阿浩到卫生间接电话的时候，民警迅速冲进去并顺利夺下阿浩手中的水果刀，并将他带回派出所作进一步了解。之后，为防止发生意外情况，阿浩被其姐姐直接从派出所带到其家中小住一段时间。上述两则新闻中，有两大问题值得关注和反思。

网课期间的手机功过

2020年疫情防控期间，“停课不停学”，大中小学大规模开展线上学习，其中，手机发挥了积极的作用，但同时也带来了新的隐忧。一是部分学生借网课之机游戏、娱乐。在线上教学过程中，一些自觉性不够的学生就打起了“擦边球”，在没有家长等监护人陪伴其左右的时候，美其名曰在上网课，事实上却在打游戏或者上网娱乐。二是容易损伤未成年人的视力。由中国社会科学院新闻与传播研究所、中国社会科学院大学新闻传播学院与社会科学文献出版社共同发布的《青少年蓝皮书：中国未成年人互联网运用报告（2020）》指出，未成年人通过手机上网的比例已达75%以上，而用电脑上网的仅占14%。按一节网课40分钟计算，大部分学生在疫情防控期间每天用手机连续听课4~6小时，时间过长，且手机屏幕较小，易造成未成年人视力损伤。

如何防止未成年人手机上瘾

手机作用越来越强大，它不仅淘汰了许多产品，而且成为人们学习、生活、娱乐的重要伙伴。教育部门禁止中小学生在校使用手机的初衷是好的，但在手机作用如此强大的背景下，教育部门一纸禁令恐怕不能解决所有问题。在学校不用手机，学生回家之后怎么办？中学毕业后怎么办？因此，防止未成年人手机上瘾需多管齐下，疏堵结合，建立联动机制。

一是监护人应强化防沉迷意识，疏堵结合，引导未成年人丰富现实生活。家长有义务引导孩子培养广泛的兴趣爱好，积极配合学校，培养未成年人正确使用手机的习惯，可以有限制地允许孩子使用电子产品，而非一禁了之。一味期待学生自我管理是不现实的，家长也要履行监护者的主体责任，并提升自我媒介素养，为孩子树立榜样。

二是教育部门要根据年龄段调整学生的学习方式。其实，手机也使学校陷入了两难境地。一方面，要建设数字校园、智慧校园，方便人人、时时、处处可以“触网”，其中最方便的就是移动终端设备；另一方面，学校为防止手机带来的副作用，又采用“手机袋”、教室信号屏蔽等手段限制手机的使用。因此，应针对各学段制定相应的有区分度的线上作业规划，尤其在义务教育阶段，为保护未成年人的视力，不提倡以线上方式开展教学、完成作业等。

三是互联网企业有责任完善防沉迷机制。从法规制度上看，防沉迷系统漏洞百出的主要责任在平台服务运营商，法律未明确网络服务平台对实名认证等信息进行实质性的审查义务，仅规定网络游戏企业承担用户实名注册义务，这使得注册账户和游戏主体可能存在“两张皮”现象。因此，信息、网信等主管部门要进一步完善法律法规，督促平台履行实质性审查的义务。

解救未成年人被手机“绑架”是一项社会性工程，需要家长、学校、互联网企业等多方共同努力，形成统一联动的健康上网机制，这样才能降低学生沉迷手机的风险。

2021-5-5

重温1934年《新安小学第六年计划大纲》

2021年5月30日，在“六一”国际儿童节到来之际，习近平总书记给江苏省淮安市新安小学五（8）中队少先队员回信，对他们予以亲切勉励，充分体现了习近平总书记对少年儿童的高度重视和深情关爱。

新安小学是人民教育家陶行知先生在1929年创办的。1935年10月10日，该校14名学生组成新安旅行团，以文艺为武器，宣传抗日救亡。在毛泽东、周恩来等老一辈革命家的关怀指导下，新安旅行团积极宣传党的主张，历时17年，行程5万余里，吸收团员600多人，足迹遍及全国22个省份。新安旅行团通过放映抗战电影、排演街头歌舞剧、教唱救亡歌曲、写标语、绘壁画、编辑出版刊物、组织发展儿童团等多种多样的宣传形式，开展抗日救亡活动，为号召广大军民共赴国难、取得抗战最后胜利立下了功勋，也为中国人民的解放事业做出了贡献。这是新安小学令人注目的红色之旅，著名作家冰心称赞他们是“民族解放的小号手”。

除此之外，新安小学80多年前实施的生活教育也值得推崇。新安小学的第二任校长汪达之先生是陶行知的学生，他在拟定的该校1934年度《新安小学第六年计划大纲》（以下简称《大纲》）中，详细列举了要达到的生活教育要求。《大纲》共分为经费、生活、环境、口号四个部分。第二项“生活”包括“生活的目标”“生活的方法”和“共同生活的人”三个部分，每个部分列举的事项及要求都非常详细，能量化的尽量量化，让人一看就明白。如：“生活的目标”概述为要达成的五大目标，即康健的体魄、科学的头脑、艺术的兴趣、生产的技能和自由、平等、互助的精神。为达成这五大目标，《大纲》又列举了29项“个人生活”方法和15项“团体生活”方法作为载体。在一年之中，作为一个小学六年级学生，要做好这44项“功课”确实不易，但如果真做到了，就不仅基本达成了生活教育的目标，而且也为一个人安身立命打下坚实的基础。时光荏苒，现在重读这一份《大纲》，仍然有耳目一新的感觉。

教育目标要和学生的实际生活紧密联系

美国实用主义教育理论和进步教育运动的主要代表人物杜威认为，教育就是儿童生活的过程。生活就是发展，而不断发展、不断生长，就是生活。陶行知是杜威的学生，汪达之又是陶行知的学生，杜威的教育理论在淮安新安小学自然得到了贯彻与实施。“生活即教育”“社会即教育”“教学做合一”构成了陶行知生活教育思想的三个命题。新安小学是按照当年陶行知生活教育思想创办的一所乡村小学，既是乡村小学，自然离不开乡村“生活”。因此，《大纲》的要求就与乡村生活密切相关，体现“生活即教育”的理念。种蒲田者、瓦匠、木匠、铁匠都是学生熟悉的人，蚊蝇鸡狗悉数都是学生的“死敌”和“玩伴”，而抬水、做饭、撑船、游泳都是乡村生活必备的生存技能。《大纲》把这些生活要素作为教育元素，构成了一幅乡村“生活教育”的平凡而美丽的图景。

教育目标的实现需要搭建更多的载体

杜威认为，既然教育是一种社会生活过程，那么学校就是社会生活的一种形式。他曾强调，学校应该成为一个小型的社会，一个雏形的社会。在学校里，应该把现实的社会生活简化到一个雏形的状态，应该呈现儿童的社会生活。就“学校即社会”的具体要求，杜威提出，一是学校本身必须是一种社会生活，具有社会生活的全部含义；二是校内学习应该与校外学习连接起来，两者之间应有自由的相互影响。为此，《大纲》把学生的校园生活与社会生活联系起来，从个人走向他人、从校园走向社会、从中国走向世界，促使学校成为一个“微型社会”。等学生走出校门、走进社会，既没有陌生感，也没有隔离感，遇到问题也不会手足无措、手忙脚乱。

一是学会与自身和谐。《大纲》要求学生每天必须要做自身的清洁工作，每天要喝开水和豆浆，并且规定分别是五大碗和一大碗；每天养成定时大便的习惯等；每年洗澡约八十次到一百次，每年种痘一次；学习的要求则是每天写日记一篇；运动方面，要会打六套拳术，还要学会游泳，增强生存的技能；在河湖密布的苏北地区，船是重要的交通工具，要求小学高年级学生要学会撑船等。

二是学会与自然和谐。《大纲》要求学生认识环境中最易见的动植矿物各 10 种以上，并且观察各一种以上的生长过程及与人类的关系，要认识每晚容易看见的恒星和行星 12 颗以上，并能懂得风云雨露等自然现象的成因和人生的关系，会运用 10 种以上的普通药品，养鸡五对狗两只，捕灭蚊蝇，并懂得蚊蝇为何是人类大敌。

三是学会与社会和谐。在社会生活层面，要求小学生从观察普通劳动者的生活开始，接触社会，了解社会，为研究社会做准备。要求每天除了看本地的报纸外，还要看外地报纸一份，以了解外地的风土人情；每年还要和国内外小朋友通信 12 封，既能广交朋友，又能了解异国风情。《大纲》特别提到了种蒲田者、瓦匠、木匠、铁匠等职业，从事这些职业的是小学生几乎能天天遇到的“邻家大叔”。为培养小学生的社会能力，要求每日开寅、晚会各一次，每周开周会一次，每月开月终会议一次，每年开纪念会一次。每日轮流做主席和记录，每日轮流烧饭和抬水，每日每人参加一种或两种生产工作。每年长途旅行一次。征集社会的批判。要教两个以上不识字的人认识 500 个字作扫除文盲的基本运动。还要学会总结和计划，要编印一年概况，编制第七年度的计划和生活历；为强化团队合作精神，《大纲》还要求学生编写莲花周报五十二期，每周一期。

为贯彻“学校即社会”的理念，《大纲》还列出了学校的环境改造项目及所需的经费预算。如：《大纲》计划辟天然游泳池一所及建设户内生活区一座，包括自然科学实验室（附医药用品陈列）、社会科学参考室、艺术展览及习作室、金木工制造室，为学生学习游泳及认识社会提供条件。另外还要建设演讲厅一座，供学生演讲、表演戏剧及放电影，以增加学生对社会生活的兴趣。

教育目标是否实现要能够观察和评测

《大纲》从个人生活到团体生活都具体到天、月、年，并且可以用数字来量化，但这些数字又和现时的分数不一样。如果只提出目标而没有实现目标的措施，那目标永远都只是挂在墙上的文字口号而已。《大纲》为了保证目标的切实贯彻，又详细制定了实施途径和考核办法。以生活为例，从“个人生活”和“团体生活”两个方面要求学生学会“生活的方法”。在语文、数学、艺术、科学等方面的要求也非常明确。如：认识 500 个生字，并且会用；会写字体端正的字，并且写得快；会计算普通用数，能画简单的构图；能欣赏名歌名画和自然风景，会唱 12 首新歌，会一种乐器，会表演 6 种话剧，会摄影和冲洗晒印照片；会制作科学玩具及动植矿物标本各 10 种以上，会开留声机、电影机和无线电收音机。学生在小学阶段就需掌握这些文化基础知识，学会这些科学技能、养成这些文艺素养无疑对他们今后的人生大有裨益。

这份《大纲》的目的显然是想通过具体切实而又生动活泼的教育实践，通过“教学做合一”“在劳力上劳心”的方法，把学生培养成身心健全的人，对社会有用的人。透过这份《大纲》，能看出汪达之先生的良苦用心：试图由此来建构教育与生活、学校与社会、个人与世界、人与自然等的关系。《大纲》设计的逻辑主线通过确定目标—实施载体—结果评测来展开。目标是康健的体魄、科学的头脑、艺术的兴趣、生产的技能及自由、平等、互助的精神。这些生活教育的目标和现时提出的“德智体美劳”是一脉相承的。这些目标通过具体切实而又与学生生活密切相关的教育载体来实施，把学生培养成与自我、与社会、与自然和谐相处的人。每条内容都有“数字化”的表述，既便于观测和评价，又能够通过量的积累达到质的提升，从而能够使教育目标落地生根、开花结果。

我国从20世纪末就提出了素质教育的口号，目前素质教育的理念已深入人心，如何把理念变成行动，变成一个个可实施的素质教育方案才是成败的关键。回望80多年前的这份《大纲》，既能给当前教育主管部门和学校管理者及老师很多启发，也能对只关心孩子的学习成绩而忽略对孩子生活技能及社会经验培养的家长以警示。

附《新安小学第六年计划教育大纲》(节选)

第二项　生活

以“在劳力上劳心”的“教学做合一”的理论与方法，追求达到五项目标的原则，及实验生活即教育的真实性。以共生活共甘苦为原则，养成生活的正确意识和态度。

生活的目标

一、康健的体魄

二、科学的头脑

三、艺术的兴趣

四、生产的技能

五、自由、平等、互助的精神

生活的方法

甲、个人的生活

一、每天做内体运动一次。

二、每天整洁一次。

三、每天写日记一篇。

四、每天吃开水五大碗和豆浆一大碗。

五、每天大便一次，且有定时。

六、每天看本埠和外埠报各一份。

七、每年种痘一次。

八、每年洗澡约八十次到一百次。

九、每年洗衣约八十套到一百套。

十、每年和国内外小朋友通信十二封。

十一、会写字体端正的字，并且写得快。

十二、会计算普通用数。

十三、要认识五百个生字，并且会用。

十四、要教两个以上不识字的人认识五百个字作扫除文盲的基本运动。

十五、要认识环境中最易见的动植矿物各十种以上，并且要观察各一种以上的生长过程，及对人类的关系。

十六、要认识每晚容易看见的恒星和行星十二颗以上，并能懂得风云雨露等自然现象的成因和人生的关系。

十七、能欣赏名歌名画和自然风景。

十八、能画简单的构图。

十九、会唱十二首新歌。

二十、会弄一种乐器。

廿一、会表演六种话剧。

廿二、会打六套拳术。

廿三、会制科学玩具及动植矿物标本各十种以上。

廿四、会开留声机、电影机和无线电收音机。

廿五、会摄影和冲洗晒印照片。

廿六、会修理农具及日常用具。

廿七、会运用十种以上的普通药品。

廿八、要认识社会生活，并择一种构成社会生活之基本的工人生活，如，种蒲田者、瓦匠、木匠、铁匠……的生活，详细观察，并加记载，为研究社会科学的基础。

廿九、要学会游泳和撑船。

乙、团体的生活

一、每日开寅、晚会各一次（星期寅会举行纪念周）。

二、每周开周会一次。

三、每月开月终会议一次。

四、每年开纪念会一次。

五、临时集会，可临时约定；其他纪念会，俱于临时会议中决定。

六、每日轮流做主席和记录。

七、每日轮流烧饭和抬水。

八、每日每人参加一种或两种生产工作。

九、每年长途旅行一次。

十、养鸡五对狗两只。

十一、捕灭蚊蝇，并懂得蚊蝇何以为人类大敌。

十二、编莲花周报五十二期。

十三、编印一年概况。

十四、征集社会的批判。

十五、拟第七年度的计划和生活历。

2021-6-18

中学校长站垃圾桶旁吃学生剩饭剩菜，真的必要吗

据2021年9月6日《潇湘晨报》报道，永州郡祁学校的一则视频引发网友热议。视频中，在该校食堂，一名中年男子正站在垃圾桶旁，只要见到有学生端着大量剩菜准备倒入垃圾桶，男子便会用手中的筷子将其盆中的剩菜吃完，不时还鼓励饭盆里有剩菜的学生一起吃。网传视频显示这名男子为该校校长。

两种意见

此事一经媒体报道，立即引来“围观”，并形成了两种意见。一是“力挺派”。有网友表示，“这才是为人师表，以身作则”，称“这个老师给孩子们上了非常生动的一课”。二是“质疑派”。有网友质疑：“看起来不舒服，有点像作秀”，“有时候学生是真的吃不下，不能强求。”9月6日，《潇湘晨报》记者联系到了当事人W校长。W校长7月份到永州郡祁学校任高中部校长，9月份开学时便在“开学第一课”上强调了光盘行动，并在吃饭时间，到学校食堂回收剩饭剩菜的垃圾桶旁站着，一天三顿吃学生们吃剩下的食物。他说：“我以身作则吃剩饭，让孩子们觉得浪费这种行为是不对的，这个行动不光孩子们惊讶，老师们也挺惊讶的，有的孩子看到我在吃，也立马把自己的剩饭吃完了。现在孩子们也会主动和食堂工作人员提及自己能吃多少，减少了浪费的现象，我觉得特别好。”

用心良苦的初衷

笔者对W校长的良苦用心深表敬佩。经过改革开放和现代化建设，2021年我国顺利打赢了脱贫攻坚战，全面进入了小康社会。曾经吃不饱饭的日子一去不复返了，然而居安必须思危，我国的粮食还没有到可以随意浪费或者挥霍的地步。联合国发布的《2020年世界粮食安全和营养状况》报告显示，全球有近6.9亿人还处于饥饿状态，并在一年内增加了一千万饥饿人口。一边是成千上万的人在挨饿，而另一边是触目惊心的粮食浪费。国家统计局重庆调查总队课题组2015年撰文《我国粮食供求及“十

三五”时期趋势预测》指出，据估算，在消费环节，全国每年浪费食物总量折合粮食约1000亿斤，可供养约3.5亿人一年的需要。2018年中国科学院地理科学与资源研究所和世界自然基金会联合发布的《中国城市餐饮食物浪费报告》显示，大型餐馆、游客群体、中小学生群体、公务聚餐等是食物浪费的“重灾区”，如大型聚会浪费达38%，学生盒饭有1/3被扔掉。联合国《2019年世界粮食安全和营养状况》报告显示，全球每年约有1/3的粮食被损耗和浪费，总量约为每年13亿吨。

尽管我国粮食生产连年丰收，但对粮食安全还是要有危机意识，要时刻保持警醒状态，对于存在的餐饮浪费现象，更要花大力气加以整治，采取更有力的举措，促进全社会深入推进制止餐饮浪费工作。教育部专门制定了《教育系统“制止餐饮浪费培养节约习惯”行动方案》，要求坚决制止学校餐饮浪费行为，切实培养青少年勤俭节约习惯，并结合绿色学校创建，建立健全学校餐饮节约管理长效机制。从这个意义上说，W校长的行为值得称赞。

可商榷的方式

在敬佩W校长良苦用心之余，笔者并不赞同他的这种做法。一是缘于职责定位。粮食节约问题是个大事，校长以身作则，站在垃圾桶旁吃学生的剩饭剩菜，现身说法，开展一次现场教育未尝不可，但作为一校之长，理应还有许多教育教学管理的工作要思考、要部署、要检查，如果天天如此，恐怕时间难有保障。其实这些工作分管后勤、思想政治教育的校领导也应该切实负起责任来。二是现实问题。如果全校只有极个别学生有浪费行为，校长一个人可以帮他们吃完剩下的饭菜，但如果很多学生都没有吃完，想必W校长也吃不下吧？三是制止餐饮浪费是一个系统工程，非靠校长一个人“帮吃”就能解决。虽然教育部制定了《方案》，但如何把《方案》落到实处，则是“W校长们”需要思考的问题。要因校制宜制定针对性、操作性、实效性强的举措，明了“浪费的标准是什么”，以及“谁来管，怎么管”等问题。

单靠吃学生的剩饭剩菜树立榜样恐怕不是长久之计，而要重在从根本上解决学生浪费问题。一是要开展教育宣传，把养成勤俭节约良好习惯作为培育校园文化的重要内容。二是要做到“光盘行动”常态化，完善相关制度，加强餐厅的巡回监督检查，对学生剩饭剩菜的行为进行批评教育。三是开展经常性的主题教育活动，组织学生走出课堂，走向田间地头，让学生参加“锄禾日当午”的农活，品尝“汗滴禾下土”的艰辛，使他们真正体会“粒粒皆辛苦”的真谛，并将此类体验活动形成制度，以扭转学生餐饮浪费的不良风气。四是要加强学校食堂管理，优化餐饮服务，按照学生的口味制作可口的饭菜。

希望 W 校长站垃圾桶旁吃学生剩饭剩菜留给我们的不仅仅是感动，更多的是行动。

2021-9-15

教授的绝交信与伟人们的谦让词

2022年4月，正值全国疫情多点散发、局部暴发的时期，涉疫地区的大学教授们绝大部分正在家里上网课，这时一封绝交信冲上了热搜。

教授的绝交信

发出绝交信的是中国政法大学的教授、博士生导师LM，她绝交的对象是同为该校博士生导师、小她十几岁的“小辈”WHY教授。据网上流传的《关于我与WHY绝交的声明》，LM之所以要与WHY绝交，原因在于两人都想当中国刑事诉讼法学研究会的副会长，竞争结果是WHY当选，LM落选。据称，WHY当年在政法大学攻读博士学位，是LM帮他留的校，并把他招进刑诉研究所，还帮他胜任教职并让他参与自己主编的教材编写工作，可以说，WHY的每一次晋级、晋职都离不开LM教授的提携，用LM的话说就是“给他这碗饭吃的人是我”。不承想，WHY在与她竞争中国刑事诉讼法学研究会副会长的过程中，不愿让贤，不念旧恩，还“阳奉阴违、欺上瞒下、挑拨离间、嫁祸于人”，为此LM决定与WHY绝交，并将绝交信公之于网络。从这一封绝交信，笔者想起了伟人们谦让的往事来。

伟人们的谦让

先来看看恩格斯是如何谦让马克思主义冠名权的。马克思主义这一概念早在马克思在世的时候就已经使用了。从狭义上讲，马克思主义即马克思和恩格斯共同创立的基本理论、基本观点和学说的体系。这一理论用他们两人的名字命名应该无可厚非，然而恩格斯却谦让了。他在1886年说明了为什么以马克思的名字命名这一理论。他说：“我不能否认，我和马克思共同工作40年，在这以前和此期间，我在一定程度上独立地参加了这一理论的创立，特别是对这一理论的阐发。但是，绝大部分基本指导思想（特别是在经济和历史领域内），尤其是对这些指导思想的最后的明确的表述，都是属于马克思的。我所提供的，马克思没有我也能够做到，至多有几个专门的领域除外。至于马克思所做到的，我却做不到。马克思比我们大家都站得高些，看得远些，观察得多些和快些。马克思是天才，我们至多是能手。没有马克思，我们的理论远不会是现在这个样子。所以，这个理论用他的名字命名是理所当然的。”①

中共中央文献研究室副主任陈晋曾撰文谈及毛泽东主席评价自己的往事。1961 年 12 月 5 日毛泽东主席会见委内瑞拉外宾，对方谈到自己家里挂了马克思、列宁、斯大林和毛泽东的画像，毛主席说：“我的画像不值得挂。马克思写过《资本论》，恩格斯写过《反杜林论》，列宁写过《谈谈辩证法问题》，他们的画像是应该挂的。”事实上，毛泽东在新中国成立后一直在做理论创新的事情，但他总感到不够理想，并且越来越有一种不那么自信的紧迫感和危机感。他感慨自己，“人老了，不知道是否还能写出些什么东西来”；也埋怨自己，“像《资本论》《反杜林论》这样的作品我没有写出来，理论研究很差”。有外宾问他有没有新的理论著作打算发表，毛泽东说，“可以肯定回答现在没有，将来要看有没有可能，我现在还在观察问题”。他还说，我们搞了 11 年社会主义，现在要总结经验。苏联的经验是苏联的经验，他们碰了钉子是他们碰了钉子，我们自己还要碰。②

再举一个李先念的例子。1960 年毛泽东曾在会见外宾时夸奖李先念副总理，他说：“建国之初我们非常缺乏经济方面管理人才，于是我们只好抓个大兵来管钱。事实证明，我们这样的做法也没有什么不好的。我们的李先念同志就把中国的人民币和其他各种钱财管理得非常好！”后来，毛泽东还称赞李先念和李富春、薄一波、谭震林为中国经济工作中的“四大名旦”。然而李先念却说：“我是一穷二白，一无所有，什么工作方法，指挥水平，领导艺术，一切都是学来的。”“军事上是从徐向前那里学来的，经济上陈云是我的老师，外交上是周恩来直接指导的，毛泽东是我一辈子的导师。”③

整治高校“官本位”

回忆伟人们的谦虚和谦让，再来看副会长之争，虽然这两人无法与伟人们相比，但伟人们的人格和精神应该是可以学习的，尤其是他们的谦虚

---

① 中共中央马克思恩格斯列宁斯大林著作编译局．马克思恩格斯选集：第 4 卷［M］．北京：人民出版社，1995：242.

② 陈晋．文章千古事：毛泽东在新中国成立后对自己著述的评价［N］．人民日报，2017-3-30（24）.

③ 辛文．李先念：“一切都是学来的”［J］．世纪风采，2019（4）：7-13.

和谦让是值得后人继承和发扬光大的。绝交信这一闹剧，让我们看到我们的高等教育内部还有许多问题需要解决，师资队伍中的师德师风建设任重道远。这一个案的背后，至少有三大问题值得教育主管部门和高校管理者深思。

一是如何尽快构建高校的评价机制。2018 年习近平总书记在全国教育大会上强调，要深化教育体制改革，健全立德树人落实机制，扭转不科学的教育评价导向，坚决克服唯分数、唯升学、唯文凭、唯论文、唯帽子的顽瘴痼疾，从根本上解决教育评价指挥棒问题。“五唯”之一就是“帽子”，这个事件的起因就是副会长这顶“帽子”。在 2016 年公布的一份中国刑事诉讼法学研究会第二届理事会组成人员名单中可以看到，该会设会长 1 人，常务副会长 1 人，副会长多达 17 人。由此可见，官本位的思想在学术界已经到了何种严重的程度！因此，教育领域破“五唯”的任务确实任重道远。

二是如何把党管干部、党管人才的原则落实到高校管理的各个方面。据了解，中国刑事诉讼法学研究会的前身是中国法学会诉讼法学研究会，成立于 1984 年，是中国法学会最早成立的学科研究会之一。该会自 1984 年成立至 2006 年历经六届 22 年。研究会是一个群众性的学术组织，应该以学术成就论英雄，按照个人在法学界的影响力和道德力提出会长、副会长、秘书长预备人选。文艺界有“德艺双馨”，那学术界不也应该是“德学双馨”吗？按照信中所言，如果真是副会长的名额分配给了中国政法大学，那该校相关部门有没有提名的权限、需不需要对人选进行一定范围的考察把关、要不要对预备人选在适当范围进行公示？作为学术界的权威人物，研究会的副会长怎么能够如信中所言私相授受、论资排辈，甚至你争我抢呢？

三是高校官本位的风气如何才能得到有效治理。会长也好，副会长也罢，都是学术权威、学界领袖，为了一个副会长，竟然还操弄出了一场“绝交信”风波。因此，在当今的高等教育领域，如何营造学术的神圣感、如何重塑中国当代学者淡泊名利的形象、如何营造风气正的校园政治生态，应是教育主管部门和高等学校管理的着力点和重点。

教育是国之大计、党之大计，是民族振兴、社会进步的重要基石，是功在当代、利在千秋的德政工程，其中教师队伍具有决定性意义。人民教师无上光荣，每个教师都要珍惜这份荣光，爱惜这份职业，做学为人师、行为世范的践行者，这样才能无愧于人类灵魂工程师的光荣称号。

2022-4-23

管理给教育的启示

2022年5月12日，江苏省委干部考察组一行人来到常州工业职业技术学院开始为期三天的党委、行政领导班子集中换届考察工作。

换届考察工作分为三个阶段。第一阶段，召开动员大会。考察组组长讲话，强调了此次考察工作的意义、要求、方法，并对考察工作提出了明确的要求；党委和行政领导班子及成员开展述职述廉；随后参会人员对学院领导班子及成员进行满意度测评。第二阶段，开始谈话。考察组分若干小组，分别与学院各级领导干部和其他人员进行个别谈话，了解本届领导班子的总体运行情况、主要特点、存在问题或者不足，以及对加强领导班子建设的意见和建议。第三阶段，考察组汇总各小组谈话情况，撰写相关工作报告。此次换届考察的流程和工作方法使笔者想起了2021年12月10日省教育厅来学院开展的人才培养质量诊断与改进复核工作，以及2021年12月26日省委对学院的年度综合考核工作，并且发现虽然这三项工作分属党的建设、教学和行政工作，工作内容不一样，主管部门也不同，但是他们的工作方法却出现了高度的一致性。

不同的工作，相同的程序

第一，组建专家工作组。专家组有三大特点。一是权威性。专家组受上级主管部门委派，代表的是指派他们的组织，因此，专家组具有较高的权威。二是专业性。专家组的成员都是相关领域的专家和学者，他们一般都有深厚的学科背景和较高的专业素养，有的还是领导干部，有丰富的管理工作经验。三是代表性。专家组的成员经过精挑细选，既有来自教育系统的，也有来自行业企业的，还有政府主管部门的领导，因此专家组具有广泛的代表性。

第二，制定工作方案。无论是换届、复核还是考核，专家组组建完成后，一般都会召开专家组的相关会议，制定工作方案，研究具体工作，并报派出组织批准。

第三，进驻现场开展实地考察。现场考察是工作的重要环节，是换届、复核及考核工作的核心，决定着该项工作的成效。

第四，反馈工作情况。在组内和学校基本取得一致意见的情况下，形成换届、复核、考核工作报告，根据情况召开不同形式的反馈会，通报工作情况。相关报告报主管部门批准后，该项工作即告完成。

不同的方法，共通的原理

上述工作属教育管理的范畴，都符合管理学原理，在管理方法上具有高度的共通性。

一是符合ISO9000质量认证的审核程序。第一，拓展信息源。学校的工作总结、人民来信、问卷调查、访谈、测评等都是专家组需要掌握的信息。第二，证据审核。人员谈话记录、资料、凭证、台账都是专家组定性的重要的客观依据。第三，审核发现。对照法规、文件、规定、要求，对学校的执行情况形成初步意见，并通过沟通获得学校的认可。第四，审核结论。形成综合评价，经上级主管部门批准后形成正式报告。

二是符合质量管理戴明环理论的要求。PDCA循环是美国质量管理专家休哈特博士首先提出的，由戴明采纳、宣传，获得普及，所以又称戴明环。PDCA循环的含义是将质量管理分为计划（plan）、执行（do）、检查（check）、处理（act）四个阶段。制定工作方案、组建专家组等属于计划；根据工作方案推进工作属于执行；综合运用文献法、调查法、访谈法获取有用信息，发现问题的过程属于检查；形成专项工作报告，提出问题清单，进行整改直至下一个循环的过程是处理。

三是符合“事前事中事后”管理控制原理。管理控制工作一般可以分为事前、事中、事后三个环节，事前规划是谋定而后动，事中控制是过程监控，事后处理是持续改善，这三个环节相辅相成，三管齐下，有助于管理计划的实施，最后的结果也更能接近最初的设想。

对大学教育教学的启示

评估、换届、巡视工作程序和工作方法高度符合管理学基本原理，成熟的管理工作程序，成为推进组织提高工作水平的重要抓手。这些重要原则对高等教育教学也有着重要的借鉴意义和启发作用，即大学应强化通识教育的基础性地位，重视社会能力的培养。

评估、换届和巡视工作有着本质区别和不同要求，那为什么工作组的工作步骤、工作方法基本相同呢？原因在于他们都遵循着基本的管理原理。由此可以设想的是，大学的专业可以细分为几千种，无论学什么专业，人们是不可能把终身要用的知识和技能在大学三到五年中都学完的，因此，在大学就需要掌握一些终身有用的知识，这些终身有用的知识就是通识教育。1941 年，梅贻琦先生和潘光旦先生在《大学一解》中提出了“通识为本，而专识为末，社会所需要者，通才为大，而专家次之，以无通才为基础之专家临民，其结果不为新民，而为扰民”的著名论断。如果说专业教育提供的是具体学科知识的深度教育，那么通识教育提供的则是基础知识的广度教育。专业教育解决“生存”问题，通识教育解决“发展”问题，是“当下”与“未来”的关系。通识教育能够帮助大学生了解自己与社会、了解文明与文化、了解科学与技术、了解过去与未来，从而逐步形成自己的知识体系、价值理念、分析方法和认知能力，无论面对各种社会现象还是具体现实问题，都能够独立思考、全面分析，能够使自己在日新月异的社会变迁中游刃有余。如同上述评估、换届或是巡视工作，虽工作内容不同，但工作流程基本通用，运用的方法也大同小异。

通识教育的目的之一就是培养人的社会能力。社会能力是在专业能力之外的通用能力，一般包括人际交流能力、问题解决能力、协调分析能力、领导管理能力、组织能力、逻辑思维能力、创新能力、学习能力等等。社会能力是一个人在社会中生存、工作、学习等一切活动所必须具备的基础能力，实践则是培养学生社会能力的桥梁，可有效降低“高分低能”现象的发生概率。1964 年 2 月 13 日毛泽东在《在春节座谈会上的谈话》中提到，“学生成天看书，并不好，可以参加一些生产劳动和必要的社会活动”①。他还说，“清华大学有工厂。它是一所理工科学校，学生如果只有书本知识而不做工，那是不行的。文科要把整个社会作为自己的工厂。师生应该接触农民和城市工人，接触工业和农业。不然，学生毕业，用处不大。如学法律的，如果不到社会中去了解犯罪情况，法律是学不好的”②。毛主席的这一思想，经过了几十年，现在看来，仍没有过时。如今“行动导向”“做中学”等理念在高等教育领域已逐步深入人心，一些高校也在积极探索大学生社会能力培养的多种途径，如：重视大学生活指导、生涯规划、社团活动、社会实践、校园文化及各类讲座等，同时对这些活动进行课程化改造，变成大学的校本课程，赋予其与专业课程相同的地位。如此，在大学阶段应该为学生未来工作打下适应社会生活的通用基础，正所谓“不管风吹浪打，胜似闲庭信步”。

2022-5-20

---

① 毛主席论教育革命［M］. 北京：人民出版社，1967：16.
② 毛主席论教育革命［M］. 北京：人民出版社，1967：23.

透过社会看教育

教育是党之大计、国之大计，也是关乎千千万万家庭的德政工程。教育与社会的联系越来越密切，社会对教育的关注度也非常高。既要身在教育看教育，也要跳出教育看教育，才能更加清晰地看透教育现象，全面把握教育本质。文化娱乐、医疗服务、体育运动等与教育也有着千丝万缕的联系，通过这些活动不仅促发了关于教育的思考，而且能够领悟很多关于教育的真谛。这部分内容主要记述社会对教育的看法及由此引发的关于教育的若干思考。

如何看待大学被称为“公司”

2011年第15期《内蒙古教育》刊发了陈漠撰写的《大学这家公司》的文章。作者用敏锐的观察、犀利的文字，将大学比作公司，对当前大学存在的问题提出了尖锐的批评。

观点摘要

《大学这家公司》从大学怎么做市场、怎么搞运营、收入与支出如何、校园文化怎么样等4个方面入手，阐述了大学按照商业目标运转、整个环境完全商业化等情况，其观点主要有4点。

其一，大学的各种热门专业层出不穷，什么流行就一蜂窝模仿它，直到最后做滥。很多招生时最热门的专业，等到学生毕业的时候已经泛滥成灾、就业无门了。

其二，院校合并成为我国教育界的一项盛事，学院合并升格为大学，专业性大学合并升格为综合性大学，理工大学有人文学院，科技大学有影视学院，几乎每所大学都有医学院。

其三，我国高校负债实际的数字可能在4000亿元到5000亿元。教育体制改革的诸多口号中，高等教育产业化是执行得最有力的，这直接意味着学费连年上涨，扩招年年实行。既有校长呼吁增加拨款，又有校长抱怨学费太低；硬件不够时怨钱少，就业率低时怪社会；负债时它说自己是公共服务，收钱时它又成了产业经营。哭穷、赖债是两头都有道理。

其四，没有哪家公司的新闻比大学这家公司更像娱乐新闻了。网站新闻头条，猛料迭出，随便拎个元素就是上好的标题。历数一下近年的大学，从招生、教学、考研、学术、收费、征地、贷款、就业乃至师生关系、校园生活、社会活动，爆出了不少丑闻。

理性分析

纵观全文，作者提出了大学专业设置、院校合并、校园建设和大学文化4个方面存在的问题，平心而论，这些问题确实存在。其中专业建设和大学文化存在的问题应该主要由大学来承担，因为这是大学办学自主权范畴内的。而院校合并、校园建设，表面看是大学的问题，背后却是宏观政策、经费投入不足所致，大学只是“背锅侠”。因此，要理性看待大学存在的上述问题。

第一，专业建设的主体责任在大学，但主管部门也有不作为之嫌。

高校大扩招之后，对高校的领导体制和管理体制进行了改革，高校的办学自主权得到了进一步的扩大。为了促进高等教育规模、结构、质量、效益的协调发展，加强和改善对高等学校本科专业的宏观管理，1999 年教育部制定了《高等学校本科专业设置规定》，其中规定了专业设置的条件、权限、程序及评议机构等，同时要求教育主管部门要对所属高等学校的专业设置实行指导、检查、监督。然而这么一项严格的规定，院校层面没有很好地执行，教育部门也没有切实履行监督职责，以致出现文章所称的什么专业热就开什么专业的情况，导致“千校一面”。

第二，大学合并潮、升格风是高校大扩招的“后遗症”。

1950 年 8 月 14 日中央人民政府教育部颁布的《高等学校暂行规程》第三条规定：高级学校包括大学及专门学院两类。1986 年 12 月 15 日国务院发布的《普通高等学校设置暂行条例》对大学、学院、高等专科学校、高等职业学校的名称、培养层次、学科范围、在校生规模等做了具体要求。2006 年 9 月 28 日教育部又发布了《普通本科学校设置暂行规定》，在设置标准的条款中，对学院和大学又进行了规范。然而，在高校设置上，教育主管部门却率先没有遵守自身制定的规则，没有按照从严从紧的原则对高校改名、升格进行把关。想改名、想升格只是大学一厢情愿的事情，如果教育部门严格把关，一视同仁，何来改名、升格乱象？从这个意义上说，教育主管部门有不可推卸的责任。

第三，大学负债是高等教育跨越式发展的必然结果。

现在的大学管理者不仅要成为教育家，还要成为政治家，更要成为经济学家和社会活动家，然而在计划经济时代的校长们，他们不必为校区建设发愁，因为这是政府的事；他们不必为教师的收入增长烦恼，因为这是国家定的标准；他们唯一要考虑的就是如何把学生培养好。高校大扩招，既解决了“千军万马争过独木桥”的拥挤，也大大改善了高校的办学基本条件，但同时也让大学背负了沉重的债务。本来这个债务应该由大学的举办者背负，而我国又是“穷国办大教育”，所以只能以“众人拾柴火焰高”的方式，通过国家拨付、学生资助、企业赞助、学校自筹等方式扩大学校规模，改善基本办学条件，从而实现了我国高等教育跨越式的发展，并在 2002 年跨入了高等教育大众化阶段。因此让大学既“背债”又“背锅”

着实有点冤枉。

第四，“象牙之塔”屡屡“破防”，大学难辞其咎。

在加速与社会的交流、交往、交融的同时，大学现在已不再是“象牙之塔”，市场经济的观念侵入校园，社会不良思潮也侵袭大学校园，“象牙之塔”屡屡“破防”，导致师德师风问题频现。大学作为一个社会组织，在管理过程中产生这样那样的问题在所难免。然而大学作为引领社会风气的组织，社会对于大学的要求和期待普遍高于其他社会组织。如学术不端出现在大学校园就会形成社会舆论，而缺斤短两的欺诈行为在社会上就不大会成为新闻。

解决之道

大学是象牙塔也好，是商业化公司也罢，该走的弯路只能走，该交的学费就得交。但有一点值得期待，那就是大学校长们的工作内容总有一天会和他们的职务相匹配，届时他们将心无旁骛地把学校管理好，把师德师风建设好，把学生培养好。这是近百年来世界高等教育发展的规律。因此，高校实现了跨越式发展，我们也应该实现从批判者到建设者的跨越。作为一个批判者相对容易，因为更多时候他只是一个旁观者；而作为一个建设者，更多背负的是责任，需要为大学更好更快发展出谋划策。

一是严格执行专业设置管理规定，建立专业认证制度。

2012 年，教育部根据形势变化，重新修订并颁布了《普通高等学校本科专业设置管理规定》，同时印发了《普通高等学校本科专业目录》，既进一步规范了普通高等学校本科专业的设置与管理，又落实和扩大了高校专业设置自主权，其目的是优化学科专业结构，促进学校办出特色，提高人才培养质量。与此同时，教育部从 2006 年开始在全国开展了工程教育专业认证试点工作。这不仅是我国工程教育改革的必然趋势和内在要求，也是促进各高校工程教育专业建设、提高人才培养质量的契机。因此，在工程教育专业认证试点取得经验的基础上，教育主管部门应尽快借鉴中国工程教育专业认证的做法，对大学所有专业进行认证，并开展人才培养审核评估。同时，要组织对省域范围内的相同专业进行排名，并以一定方式向社会公布，以此促进专业建设与改革，改变专业设置同质化倾向，增强办学的核心竞争力。

二是以生为本，开展毕业生满意度调查。

首先，开展全国性的调查。全国高等学校学生信息咨询与就业指导中心每年开展学生对学校教学工作满意度调查，这项数据可以代表学生对大学人才培养工作的认可，具有权威性和典型性。其次，开展省级层面的调查。由省级政府委托第三方评价机构对省域内高校进行学生满意度测评，形成“学生满意度报告”。最后，开展用人单位满意度调查。由省级教育主管部门或第三方机构以院校为单位，把毕业生的就业率、职业道德、职业素养、技术技能水平、就业质量、创业能力作为主要指标进行满意度调查，以此倒逼大学真正把注意力放在人才培养和内涵建设上。

三是加强师德师风建设。

大学充满着个性与灵性，教育充满着创新性、艺术性。在教育管理中，既需要对群体进行规范性的要求，也需要人性化的管理，两者之间并不矛盾。人性关怀是在制度与法律的框架内的自由，规范管理是打造团队必需的要求。为加强高校师德师风建设，2011 年，教育部和中国教科文卫体工会全国委员会研究制定《高等学校教师职业道德规范》；2012 年，国务院制定印发了《关于加强教师队伍建设的意见》；2014 年 10 月教育部公布《关于建立健全高校师德建设长效机制的意见》，首次划出针对高校教师的师德禁行行为七条“红线”。有理由相信，随着制度的有效实施，坚决清除教师队伍中“踩红线”的“害群之马”，高校的师德师风将会根本好转。

四是加快校园基本建设。

1999 年在作出高校大扩招的决策之后，中国高等教育迎来了规模扩张、跨越式发展的新阶段。扩招之后对高校最大的挑战就是学校教学条件和后勤服务保障能力是否能够短期内承受扩招带来的压力。为了消除制约我国高等教育发展的“瓶颈”因素，保证新世纪高等教育的健康发展，高校扩招之后，采取了包括推进高校管理体制改革、大力发展高等职业教育和高校后勤社会化改革等重大举措。1978 年，我国高等教育毛入学率只有 1. 55%，1988 年达到 3. 7%，1998 年升至 9. 76%。1999 年开始大学扩招，高等教育毛入学率快速上升，2002 年达到 15%，高等教育从精英教育阶段进入大众化阶段。2010 年，高等教育毛入学率达到 26. 5%。试想，如果没有高校大扩招，就根本没有大众化阶段如此快速的到来，就没有千百万各级专门人才支撑我国经济的高速发展。为此，在高校规模基本稳定的前提下，政府应履行举办者责任，加大对高校的投入，尽快为高校“清债”，让高校“轻装上阵”，回归育人本位。

2013-1-3

“GDP 主义”是如何侵入大学校园的

2014 年 3 月 9 日《中国教育报》发表了时任全国人大代表、山东省教育厅副厅长 ZZY《教育 GDP 主义“毁”人不倦》的文章。文章认为，在我国各社会群体中，每天起得最早、睡得最晚、工作学习时间最长的，都是中小学生。在沉重的课业负担下，如今的中小学生正成为失去童年的一代。这与我国教育领域曾经盛行一时的“GDP 主义”脱不开干系。文章强调，GDP 本身没有错，错在“GDP 主义”。一旦加上“主义”，就成了唯一，就意味着人们不择手段地去追求 GDP 这个数据本身。“教育 GDP 主义”的危害堪比“经济 GDP 主义”。“经济 GDP 主义”危害的是经济发展、资源环境、人的健康等，“教育 GDP 主义”危害的则是人的健康发展、国民素质和民族复兴大业的人才根基。当教育走上“GDP 主义”之路，当教育者把考试分数和升学率当作教育追求的主要价值目标时，教育就会变得不择手段，彻底突破法治底线。

看了这篇文章，笔者深感敬佩，敬佩于一个敢说，一个敢登。作为一省教育厅的副厅长，敢于揭自家的短，露教育的丑，既体现了对工作的责任担当，也体现了对教育领域存在问题的忧虑；而作为中国教育领域十分有影响力的《中国教育报》敢于登载这样的文章，既表明了教育主管部门的鲜明态度，即“教育 GDP 主义”确实存在；又显示了决心，即动员各方力量采取措施对“教育 GDP 主义”重拳整治。文章作者提到的是基础教育中的“GDP 主义”，其实在高等教育领域这一现象也明显存在。

高等教育“GDP 主义”面面观

GDP 是 gross domestic product 的缩写，即国内生产总值，是一个国家（或地区）所有常住单位在一定时期内生产活动的最终成果，是衡量一个国家或地区经济状况和发展水平的重要指标。GDP 主义则是指一个国家的经济发展和增长主要以 GDP 来衡量，其核心就是用物质利益来刺激各级官员在发展经济方面的积极性。一段时期以来，GDP 主义也逐步侵入教育领域，通常表现为以显性指标来衡量教育的成败得失：基础教育最典型的就是以分数论成败、以升学率论英雄，而高等教育的 GDP 主义也有其特殊的表现形式。

表现之一：名不副实的各类奖项。

1994 年 3 月 14 日国务院令第 151 号发布《教学成果奖励条例》，这是旨在鼓励教育工作者从事教育教学研究、提高教学水平和教育质量而设立的最高级别的奖励，国家级教学成果奖每 4 年评审一次。之后，教学成果奖成为各类学校的重要追求目标，不仅会通过大会小会层层动员，大多还设立奖励基金，获奖者在评定职称、评先评优方面也有优先权。然而教学成果奖重申报、轻成效的问题也逐步显露出来，一些高校把主要精力放在“写作”和“包装”方面，至于实际成效如何，则无关紧要。主管评奖的部门对于评选结果主要采用公示的方式，对申报单位既没有驻点调研，也没有问卷调查，效果到底如何、能不能推广等几乎无人关心。

表现之二：注重显性的考核指标。

人才培养是高等学校的主要职能，但是办学评估、各类考核中，对于人才培养质量的考核指标比重普遍较低。以东部某省对地方普通高等学校综合考核指标体系为例，该考核指标共包含招生与就业、职业创新能力、现代职教体系、专业建设、课程与教材建设、教学能力、教学成果奖、教师队伍、科技文化服务、社会支持与服务、国际交流与合作、资金绩效、提质培优行动、人才培养满意度、综合项目等 15 个项目，95%的指标都是人才培养的间接性指标或过程性指标，而能够反映高校人才培养质量的直接指标——人才培养满意度的权重只占 5%，包括教师和学生的满意度；高素质专门人才和拔尖创新人才的数量，包括学术大师、兴业英才、治国人才等指标则难觅踪影。

表现之三：与学生无关的“精品”。

2000 年教育部发布《关于实施“新世纪高等教育教学改革工程”的通知》，开始实施“新世纪高等教育教学改革工程”，先后开展了国家级或省部级的教学团队、教学成果、优秀教材、精品课程、教学名师等评选。然而从这些成果看，这些名为质量工程的建设项目，绝大部分是一些保障质量的外围指标，都是教与学中“教”方面的衡量，没有一项直接涉及受教育的主体——学生，以学生为中心的理念在“教育 GDP 主义”盛行之风中沦为一种口号。

“教育 GDP 主义”侵入高校的影响因素

“冰冻三尺非一日之寒。”“教育 GDP 主义”在高等教育领域发生、发展经历了一个较为缓慢的过程，背后有着深刻而复杂的原因，这些因素助长了“教育GDP主义”之风的盛行。

第一，经济思维向教育领域蔓延。

人才培养、科学研究、社会服务和传承社会文明是大学最基本的功能。随着大学功能的拓展，大学势必会不断与社会各方面交流、交往，在与经济社会密切交往的过程中，大学不可能不受到社会各领域的影响，工业思维、经济思想等也逐渐进入大学；用抓经济的手段抓教育、用抓工业生产的方法抓人才培养也就不足为奇，用显性指标来评价大学也变得顺理成章。

第二，教育产业化的推波助澜。

改革开放后，党和国家把教育放在优先发展的地位，提出并实施科教兴国的战略。尤其是1999年作出了高校扩招的重大决策，高等教育实现了跨越式发展，并在2002年跨入了高等教育大众化阶段。高等教育大发展的过程中，曾经出现了两种口号，一是教育产业化，二是做大做强。首先，一般认为，教育产业化有狭义和广义之分。狭义理解主要是指在学校举办企业、科技类和服务类的校办产业，广义理解则泛指利用市场手段扩大教育资源、利用市场机制“经营”教育的各种举措。其中最突出的，是多种渠道筹集教育经费和缴费上大学。其正面价值有教育经费来源的多样化，教育服务、教育消费概念的形成等；其负价值则开始出现教育市场和教育的选择性，出现了学校、社会和学生之间的寻租活动，高考舞弊案、学术剽窃案、“注水文凭”、权学交易和钱学交易、“择校热”和巨额的“择校费”，以及严重的教育乱收费等。这些现象致使教育行为发生扭曲，享受“优质教育”越来越成为金钱和权力的较量，教育话语在很大程度上被经济话语取代。其次是用经济思维解决教育问题和管理教育。在大学做大做强的指导思想下，传统的工科大学办起了文科和理科，以文理科见长的大学办起了工科。如此这般，大学是做大了，却没有做强。一些原先排名全国第一的工科院校出现了质量滑坡。同时，追求校名的“高大上”，致使校名掩盖了行业背景、办学特色，理工、科技学校“满天飞”，专业同质化、大学趋同化，形成了“千校一面”的怪象。

第三，西方大学排行榜的“侵入”。

各类大学排名机构推出的林林总总的大学排行榜，已经成为评价大学的一种不可忽视的力量。大学排名的存在确有其合理性与现实基础。有学者提出，大学从初级到高级划分为三个层次，分别为技术层次、制度层次、哲学层次。而当下，大学评价擅长和推崇的是技术层面的信息、数量、指标，只因这些内容信息可查实、可比照、可列出。受制于大学评价方法与手段所限，抑或是非技术性要素的不可测度性，甚或是对主观评价的不可控特点，一些基于制度和哲学层次的指标迟迟未能进入各大学排名机构的主要指标体系中①。有学者研究发现，“从现有的大学排名类型来看，发布的主体主要分为三类，一是大学排名公司，二是商业性媒体，三是大学附属排名研究机构。无论是哪一种类型的排名，都存在自身的利益诉求，属于典型的利益相关业务。从排名机构属性来看，众多有影响力的大学排名都缺乏独立性和公信力”②。其实，对于大小不等、功能多样、类型不同的大学，想通过一些偏技术性的量化指标信息，期望得出一份客观的排行榜几无可能。因此，当前的大学排行榜不客观，没有可比性。

第四，教育评价的“黑箱效应”。

管理学中有“白箱”和“黑箱”理论。如人的身高体重言谈举止一目了然，可以称为“白箱”；而人的所思所想则无法直接测量，被称为“黑箱”。教育中也有“白箱”和“黑箱”。如：知识的掌握、技能的习得，具有可测性，是教育“白箱”；而价值观的形成、隐性知识如经验的获得则具有不可测性，是教育“黑箱”。又如，同一个教师教一个班，同样的投入，每个学生的产出是不一样的，教师的投入可以看作“白箱”，而学生的产出则是“黑箱”。在大学评价中，同样存在着“白箱”和“黑箱”，科研论文、项目、经费、奖项、教授、博士数量等属于“白箱”，人才培养质量就属于“黑箱”。在评价大学的时候，人们往往去繁就简，把显性的、可视的“白箱”当作评价大学的主要指标，而忽略了难以测量的人才培养质量等重要指标。久而久之，这些“白箱”指标就顺理成章地变成了“大学 GDP”而大行其道。

第五，“大学版”的彼得原理。

彼得原理是美国学者劳伦斯·彼得（Dr. Laurence Peter）在对组织中人员晋升的相关现象研究后得出的一个结论，即在各种组织中，由于习惯于对在某个等级上称职的人员进行晋升提拔，因而雇员总是趋向于被晋升到其不称职的地位。彼得原理在教育现实中也同样存在，如称职的教授、院士被提升为校长后无法胜任职位。与彼得原理有着异曲同工之妙的是所谓高等教育的“圈”理论，即中心是北京大学、清华大学，由内到外依次环绕着“985”工程建设大学、“211”工程建设大学、中央部门直属高校、

---

① 袁本涛，李莞荷．世界一流研究型大学的分层与建设路径［J］．高等教育研究，2017（4）：5-11.

② 张端鸿．排名不能覆盖大学全部发展目标［N］．中国教育报，2018-06-20（2）.

博士授予高校、硕士授予高校、普通本科高校、国家双高职业技术学院、省高水平高职院校，以及其他职业技术学院。在这些高校链中，低一次层次的高校都想往高一层次的高校迁移；而在迁移的过程中，起决定作用的是能够达到上一级学校的指标，这些指标就成了高校的“晋升 GDP”。哪个高校“晋升 GDP”高，则晋升的机会就大，如此循环，最后都变成了一种模式的高校。

在高等教育领域，是到了纠治“教育 GDP 主义”的时候了，纠治的路径是教育部提出的“四个回归”，即回归常识、回归本分、回归初心、回归梦想，以之作为高校改革发展的基本遵循，把人才培养放在大学管理的核心地位、教育教学的基础地位、新时代教育发展的前沿地位，把培养堪当民族复兴大任的时代新人作为高等教育的核心使命，把立德树人、教书育人、提升内涵、公平协调、开放合作、开拓创新等纳入大学评价的重要范畴。

2019-3-15

三个视角看当代大学生的欠缺

据《2013年全国教育事业发展统计公报》统计，全国共有普通高等学校和成人高等学校2788所，全国各类高等教育在学总规模达到3460万人，高等教育毛入学率达到34.5%。从这些数据看，我国高等教育不仅已经达到国际公认的高等教育大众化的水平，我国也确实成了世界高等教育大国之一。但就高等教育的质量来看，却还远未达到高等教育强国的目标。这其中有高等教育发展时间较短的问题、体制机制的制约问题、儒家文化创新能力不足的问题等，就教育主体——在校大学生而言，也存在一定的差距。下面从教育主管部门、大学教师、宿舍物管人员的视角来分析当代大学生身上的欠缺。

令人担忧的身体素质

军训是大学生入学教育和国防教育的规定内容，但开学伊始却时不时出现一些关于大学生军训的非正面报道，其中，除了一些“八卦”新闻外，报道最多的就是大学生在军训中晕倒的新闻。这绝不是媒体杜撰，而是年年都发生的事情，军训期间，尤其是开始的第一周，晕倒的学生众多。由此可见，当代大学生的身体素质是多么地令人担忧！

无视别人劳动的失礼行为

据媒体报道，2014年9月16日下午，在北京人民大会堂2014年首都高校科学道德和学风建设宣讲教育报告会上，92岁高龄的国家科技最高奖获得者吴良镛院士一手拄着拐杖，在工作人员的搀扶下，一步一步缓缓走上了报告台。他用35分钟做了题为“志存高远　身体力行”的报告。吴老坚持站着做完了报告，但放眼台下，就在吴老做报告的过程中，大批后排的学生却一片片“倒”下，趴在桌上睡去。吴院士的讲座安排在报告会的第一个，且也只有短短的35分钟，就有学生“倒下”。不知那些“倒下”的本科生和研究生，是“陶醉”还是在“追梦”？放眼大学课堂，老师在台上讲，台下一片“睡神”和大批“低头族”现象，已不是天方夜谭，而是一种“新常态”！对于当今大学生的某些失利行为及其背后的原因，浙江大学农学院叶恭银教授给出了答案，他认为“目前很多大学生的失‘礼’行为，源自他们在家庭教育中被过度宠爱，形成了以自我为中心的思维习惯，在公共生活中容易忽视‘礼’”①。

粗枝大叶的做派

据2015年1月5日《现代金报》报道，陈茂林是浙江纺织服装职业技术学院12、14号教学楼两幢楼87间教室的管理员，已在学校工作了7年，开门、锁门、关灯是他每天的工作。除了这些，他还帮忙“收拾”同学们遗忘在教室的东西。眼下，学期又快要结束了，他收罗来的失物还有一小部分没有找到失主。自2008年6月3日至2014年12月25日，管理员陈茂林的失物招领账本记了670条，共32页，共捡到421只手机、83个钱包，还有手提电脑、MP3、身份证、学生证、校园卡……为了找到失主，他还开通了微博。陈茂林是学校的临时工作人员，一个月收入只有2500多元。我们在为有这样一位拾金不昧的管理员点赞的同时，不免为我们的大学生汗颜，这些手机、钱包、手提电脑，都是用家长辛辛苦苦赚的钱买的，怎么到了他们的手里，就那么不在意呢？这种丢三落四、粗枝大叶的背后，其实也是责任的缺失，这样的行为、这样的习惯，带到以后的工作岗位上，后果应该是可想而知的。

为此，大学应该把提高身体素质、懂礼仪、感恩、知责等内容纳入大学新生的第一课，帮助他们学会自律、学会尊重、学会感恩。

2015-1-5

① 王若青．人人都成为崇德向善的主体［N］．中国教育报，2014-03-17（12）．

学校该向医院学什么

2015 年年初，我在上海某医院做了右侧甲状腺结节切除小手术，住院一周。以前我从没有住过院，对医院的了解也仅仅限于医院门诊。这次近距离的观察与亲身体验使我对医院“以患者为中心”的理念和服务有了许多感悟，这些感悟对我们教育工作者来说，也有许多启发与借鉴之处。

以患者为中心

在竞争激烈及医患矛盾相对尖锐的大环境下，以患者为中心始终是医院改革与发展的首要任务。在这方面，该医院的做法让我比较满意。第一，注重降低医疗费用。我术后第三天即停药，主要靠自身机体康复，既降低了抗生素的滥用风险，又降低了患者的医疗费用。另外，严格控制自费药的使用，患者可根据自身的经济条件，有选择地使用自费药物。第二，为患者配备营养餐。患者住院吃饭一直以来是个大问题，医院以前是由患者自己点餐，不仅耗时费力，而且营养也得不到保障。现在则由主治医生给患者配餐，如什么时间吃流食、什么时间吃半流食，都提前做了安排，不仅能保证营养合理，还减少了患者及家属的麻烦。我入院 7 天，饭菜可口，荤素搭配合理，全部伙食费用仅 80 多元。第三，开展满意度调查。患者出院后，都会收到医院寄来的“满意度调查表”，调查内容主要包括医生和护士的工作情况、各科室的服务情况，以及是否有工作人员收受患者钱物情况等，这一做法不仅能够获得患者的直接意见和建议，也能在一定程度上杜绝“红包”现象。第四，“一站式”术前检查。以往患者入院体检，一般是医生开出体检单，由患者按照检查项目自行前往检查。为此，来回奔波、到处排队使已经有病在身的患者苦不堪言，同时也存在漏检的可能，给患者带来潜在的风险。现在则是住院部和门诊的体检项目分开，同时由专门的护工带领患者“一站式”完成所有体检。这些以患者为中心的服务举措，不仅给患者带来了极大的便利，也有力促进了医院综合服务水平的提高。

结构化的医护团队

我们知道，最初的医生，是医护一体的，既要治疗也要护理。随着科技的发展和病人的增多，护理工作逐步从医生的职业中分离出来，形成了专门的一个职业——护士。而到了现代，出现了一个“蓝衣”群体——护工。不要小看了这些护工，他们已经成为医院的一个重要群体，主要负责除医生、护士职责之外的工作。他们中有专门护理重症患者的，也有负责住院病人体检的，还有专门负责运送药物的，连运送患者进出手术室都有专人负责。这些护工分工明确，并接受了一定的基础医疗知识和服务技能培训，这个群体的出现既解决了农村转移人口的就业问题，更重要的是方便了患者，促进了医院精细化服务的开展。

我入院后，医院就组建了医护团队，大致分为三个层次。一是由主任（副主任）医师挂帅的治疗团队。该团队一般由主任（副主任）医师牵头，成员包括主治医师、住院医师和实习医生等，主要负责患者治疗方案的确定、与患者的交流、手术的实施、术后观察与咨询等。二是手术辅助团队。该团队主要负责手术的安排、麻醉方案的确定、与患者的交流、麻醉的实施等。三是护理团队。该团队实行护士长负责制，每一位患者都配备一位主管护士，负责患者的入院教育与咨询、术后的护理，同时配备若干护工，协助护理工作。结构化的团队，不仅锻炼了队伍，方便了患者，促进了医护水平的提高，也增强了医院的综合竞争力。

启示

一次短暂的住院经历，对医院的观察可能挂一漏万，不够深入。但回看我们的教育，有许多方面值得向医院学习。一是要落实“以生为本”的理念。我们虽然高举“以生为本”的大旗，但我们的改革还仅仅体现在理念上，有些甚至仅仅停留在口号上和文件中，在具体的操作层面，有“南辕北辙”的现象。二是在教育举措上，顶层设计需加强。目前出台的一些改革举措是否能够促进学生的全面发展没有很好地去论证，如国家投入大量的人力、物力和财力的精品课程建设、教学资源库建设等项目，投入与产出比是多少，对学生的培养作用到底有多大，好像没有令人信服的结论。三是在生活服务上，应充分考虑学生的真实需求。然而不少学校在生活服务上没有从学生的实际需求出发，更没有充分听取学生的意见，导致一些改革举措得不到大多数学生的认同和支持。四是在结构化团队建设方面，应厘清职责边界。目前学校应充分考虑如何进一步厘清专业课教师、辅导员、班主任的职责边界，以共同促进学生的成长成才。

医院和学校，虽然各有其社会分工，但两者都是面向“人”的工作，同属第三产业和事业单位，都涉及民生，社会关注度也较大，在提升社会效益的同时，也有自身的经济效益问题等。在某些方面，学校可以借鉴医院的一些做法，让“办人民满意的教育”来得更快一点。

2015-3-11

酒、巷子、吆喝与招生

中国古代有句谚语叫作“酒香不怕巷子深”，意思就是说如果酒酿得好，即使在很深的巷子里，也会有人闻香知味，前来品尝。所谓“陈窖一开香千里，无数酒客循香来”，引申为只要东西或产品很好，虽然它处在一个很偏僻的位置，通过自身的优秀品质，总能使人们（消费者）知道它。

到了现代，随着市场经济的发展及竞争的加剧，这一谚语就演变成“酒香也怕巷子深”，意谓在有大量竞争者及地理位置不利的情况下，要注重营销理念的更新，制定独特的营销策略，加强对产品的包装、宣传等。

“酒香不怕巷子深”也好，“酒香也怕巷子深”也罢，归根结底是如何处理酒、巷子和吆喝三大关系。在这三者中，巷子是不变量，而酒的品质和吆喝是变量。作为不变量的巷子，这里特指酒的产地，与酒的品质有密切关系的诸如水质、湿度、温度等地理条件是不可能轻易改变的，如果随意改变则可能破坏酒的品质。三大元素中，酒的品质和吆喝是两大变量，通过努力是可以改变的。首先，酒的品质要好，色香味俱全，老少咸宜，度数适中，等等，这是竞争最根本的基础，是赢得市场的资本。如果没有酒的品质作保障，即使地理条件再优越、吆喝得再卖力，可能也无济于事。如当年山东某知名品牌的白酒，是中央电视台黄金时段的广告“标王”，风光一时。由于酒厂在广告上，也就是“吆喝”上投入了巨资，因而没有更多的经费投入改善酒的品质上，致使该品牌后来逐渐被人们遗忘。其次，在酒品得到保证的前提下，如果地理位置优越，那是再好不过了。如果地理位置比较偏僻，“巷子深”的话，则要多吆喝，加强宣传，也就是现在说的营销手段。1915 年，中国茅台酒在美国费城举办的世博会上获得了金奖。其实一开始茅台酒根本不被人注意，但中国展销商不经意打碎了一瓶酒，芳香四溢，立刻引得人们纷纷品尝，由此在世博会上一举成名。这说明酒香也怕巷子深，需要宣传。

酒、巷子、吆喝三大关系对当前高职招生也有启发作用。招生工作，表面上看似乎是招生部门的事。其实，招生工作也和卖酒一样，也有三个方面的要素。

一是专业，相当于酒的品质。酒讲究的是色香味，喝完回味无穷。专业对接的是职业，读个好专业，意味着有一份好工作。人们判断一个专业好坏的标准大致有就业、师资、课程、教学条件等几大因素，而对于普通老百姓来说，专业重点看就业，将来就业好就是专业好。用老百姓的话来说，“吃力不赚钱”的工作是差工作，“赚钱不吃力”的工作就是好工作。因此，学校要把专业建设好，以此带动就业工作。

二是区位，相当于巷子。这里主要包括三个方面。第一是学校所处的地理位置。著名的“胡焕庸线”，证明了人们选择就业、居住位置的重要性和合理性。第二是产业背景。一、二、三产业的就业状况、生存条件、幸福指数等与过去相比并没有颠覆性的改变。第三是学校的性质及收费标准，这也是人们需要考虑的一个因素。仅就这三点来说，学校的行业背景、所处位置、学校性质是已经存在的客观现实，一般短期内不会改变。

三是宣传，相当于吆喝。宣传策略、激励措施非常有必要，尤其对于新建学校、新设专业，要把自身的优势、与众不同的特色介绍给考生和家长。招生宣传既不能学“王婆”，也不要做“姜太公”。当前要做的就是像打碎茅台酒瓶一样，注意宣传的方式，“把酒香送到鼻子前面”。但宣传和激励也不是万能的，可以起“一时”的作用，而不能起“一世”的作用。想当年，如果茅台酒缺乏其内在的品质，不用说碎一个瓶子，就是全打碎，估计也不会闻名全世界。

从 1999 年高校扩招开始，我国的高等教育一直处于“亢奋”的外延扩张之中，教育主管部门也曾意识到内涵建设的重要性，但“时代列车”有自身的惯性，一下子想慢也慢不下来。当前，“新常态”不仅体现在产业领域和经济领域，高考人数的变化对优质高等教育的追求，也会倒逼高职教育管理者不得不思考一个问题，那就是如何处理高职教育领域的“酒”“巷子”和“吆喝”的关系。为此，既要有“酒香不怕巷子深”的淡定，又要有“酒香也怕巷子深”的忧患意识，要以“十年磨一剑”的韧劲，在专业内涵建设上下功夫；同时，在发达的信息社会，利用先进的网络技术，及时把专业建设的最新成果推送给广大考生和家长。

2015-5-4

极端事件与职业素养

只要有人的地方就有交往，只要有利益的地方就会有冲突。如果现场有“智者”，冲突可能会瞬间化解，反之则可能会失控，甚至酿成悲剧。

事件回放

据《京华时报》2015 年 7 月 21 日报道，2 月 13 日下午，黑龙江人陈某与朋友在一家自助餐厅吃饭、喝酒。下午 4 时，当陈某一行人酒足饭饱准备离开时，陈某提出要上厕所。但由于一名女服务员的错误引导，他上的竟是女厕所。陈某感觉自己受到了羞辱，便气冲冲地到餐厅收银台找服务员理论。店内男员工周某向陈某解释：“可能服务员跟你开玩笑吧。”陈某听后非常气愤，顿时失去理智，拿起收银台旁边的椅子砸向周某，周某用手挡了下来但未进行反抗。随后，陈某又两次冲向周某，对其头部、脸部等部位进行殴打，两人便扭打在一起。其间，陈某还曾解下随身所系的皮带想要殴打周某，但被人夺下。后来，两人被周围群众拉开。餐厅老板见状报了警，随后陈、周两人被民警带往派出所。途中，周某感到头晕并伴有呕吐被送医救治。不幸的是，第二天下午 5 时多，周某经抢救无效死亡。经鉴定，周某系小脑动静脉畸形破裂出血死亡，而头部遭受钝物外力打击震荡与高血压加重可诱发小脑动静脉畸形破裂出血。经法院审理判处被告人陈某有期徒刑十年六个月，并根据相关规定判决被告赔偿周某家属 25 万元。

原因分析

这本是一起非常小的纠纷，如果处置恰当，应该不会酿成如此大的悲剧——一人失去了年轻的生命，一人身陷囹圄。在扼腕叹息之余，在谴责施暴者的戾气之外，我们应该好好反思，从职业素养的角度来分析出现问题的原因。

一是女服务员的工作失误。

作为服务单位的工作人员，女服务员竟然将男顾客带到了女厕所。究其失误的原因可能有二：一是刚刚上岗，真的搞不清；二是心不在焉，对待客人漫不经心。细究这两个可能的原因，归根结底，还是一个问题——服务意识不强，缺乏责任心。即使刚刚上岗，熟悉岗位职责也是分内的事，不清楚时可以问，可以自己去了解。由此可见，女服务员岗位责任的缺失，成了悲剧的导火线，正是因为她的职业素养不高，才导致了这场悲剧的发生。

二是其他人解释的“火上浇油”。

发现错误，立即纠正，并向客人道歉以请求谅解，事件也可能到此为止了。然而男服务员“帮倒忙”，丝毫没有道歉的意思，解释不到位，进一步为女服务员的失误开脱，导致客人的情绪失控酿成悲剧。男服务员的问题在于，他没有真正把顾客的需要放在第一位，没有设身处地为顾客考虑才会激怒顾客。这样的场合，只有安抚顾客的情绪，诚恳地道歉，才有可能获取顾客的谅解。

三是管理层的“惊慌失措”。

面对突发事件，该店的管理人员未能及时制止事态的进一步升级。首先男员工面对即将到来的危机没有预感，安全意识差，对砸向自己的椅子未及时躲避，也没有反抗，更没有迅速撤离。倒是现场的群众在制止事态。根据报道判断，店老板一直在“观战”，而没有第一时间加以制止，现场控制能力差，危机干预不及时。

从表面看，这是一起由小纠纷引起的刑事案件，但从整个事件的背后看，女服务员、男服务员、店老板的“职业素养”严重缺失是这起事件的“前因”。如果他们的岗位职业素养过硬的话，一开始不会发生这样的低级错误，更不会导致事件的一步步升级。

作为培养高素质技术技能人才的高职院校，如何培养学生的职业素养，让他们更好地胜任今后的工作岗位值得深思。这一事件让我们看到了职业素养的极端重要性。

2015-7-24

扶还是不扶，这还真是个问题

又是一起大学生扶老人遭讹诈的事件。从2015年9月8日开始，“安徽女大学生扶老人”事件，上演了一幕“反转剧”，让观众看得晕头转向。首先，女大学生袁某找到目击证人自证清白，其后老人桂某某一方找到目击证人证明女大学生确实撞人，实现第一次“反转”。接着，老人一方证人“疑似照稿念”，实现第二次“反转”。直至9月21日，当地警方认定女大学生袁某骑车经过老太桂某某时，相互有接触，认定是一起交通事故，袁某在这起交通事故中承担主要责任，桂某某承担次要责任，至此，实现了第三次“反转”。

其实这样的新闻事件已不新鲜。最著名的当数2006年11月20日发生于江苏南京市的一起引起极大争议的民事诉讼案——彭宇案。通过近两年的漫长诉讼，该案双方当事人在二审期间达成了和解协议，并且申请撤回上诉，最后案件以和解撤诉结案，且双方当事人对案件处理结果都表示满意，但该案造成了极大的社会负面影响。

2008年9月9日下午，一老太太在南昌市洪都中大道的江西省旧货市场门口，因脚底踩到西瓜皮而摔倒在地，这一幕正好被旁边买自行车的女大学生看到，小姑娘看到老人摔倒后赶紧跑过去抓住老人的手想把老太太扶起来，结果老人却说是小姑娘把她撞倒了。好在当时有很多市场中的老板和路人，为女大学生大呼不平，都站出来为女大学生做证，才还了该女大学生的清白。

2015年8月30日下午4点多，河南开封市遭遇当年入汛以来最强降雨。下午5时50分许，张建伟骑电动摩托，跌入0.4米深积水中，不见挣扎，没有呼救，甚至连头都没来得及露出水面。其实在他发生意外6秒钟之后，就被人发现了。3个年轻男女蹚水到近前，离张建伟不足1米，最后却都选择了转身。在发生意外的3分钟里，有至少15辆汽车从他身边驶过，没有一辆停留。2分钟之后，附近商家杨彦武、李琳及一名路人开始伸手救人。解放军155中心医院接到急救电话，经心肺复苏无效，张建伟被确认死亡。

遇到这种情况，到底是“扶”还是“不扶”？有的人坚定地选择了

“不扶”，有的人则支出各种各样“扶”的招法，也有的地方政府表示要为出手相援的人买单，以至于在春晚上都出现了“扶不扶”的小品。作为教育工作者，看到这样的现象，不得不引起我们的深思，在这种情况下，我们该如何教育引导我们的大学生呢？

第一，要见义勇为。

在大力提倡时代主旋律与社会主义核心价值观的今天，社会主义道德规范已经深入人心。2012 年 3 月 5 日中国好人网首届“搀扶老人奖”评选就是最好的例证。“中国好人网”是由华南师范大学教授谈方创办的中国第一家专门宣传、帮助好人的民间公益网站。据悉，首届“搀扶老人奖”设立 4 个奖项，其中“委屈奖”是奖励好心搀扶老人而被冤枉的好人，奖金 5000 元；“勇敢奖”是奖励不怕风险、勇于搀扶老人的好人，“正义奖”是奖励敢于为好心搀扶老人者证明清白的好人，奖金各 3000 元；“责任奖”是奖励主动承担撞倒老人责任并积极施救的好人，奖金 1000 元。经过对近年来我国搀扶老人各种事件资料的推荐、整理和分析后，中国好人网提出“搀扶老人奖”的初步候选人 66 名。据统计，这次总计颁出奖金 16. 3 万元。可以推断，全社会弘扬正能量的举措将不断推出。

第二，要见义智为。

大学生在见义勇为的过程中，如果条件许可，也要见义智为。厦门网友“J 幺伍”的做法值得借鉴。该网友在厦门集源路人行道上，看见有个老人趴在地上，她朋友叫上路过的两名男生帮忙，三人合力扶起老人。为打消两名男生的顾虑，“J 幺伍”则在旁边拍摄视频作为证据。福建英合律师事务所律师郑少泽对扶老人时拍视频的做法表示赞同。

第三，要勇于担责。

大学生不是生活在真空里，其社会参与面越来越广。在参与社会生活的过程中，各人难免遇到这样或那样的问题。除见义勇为、见义智为外，如果真的由于自身原因对他人造成伤害，就要勇于担当，首先承认，其次担责，不能影响当代大学生的整体形象。

当然，在鼓励包括大学生在内的全社会成员见义勇为的大背景下，社会和政府层面也应发挥应有的作用。一是面对“老人扶不起”这个问题，应完善见义勇为相关规章制度，为好人提供法律援助，以更好地保护与表彰好人好事。二是政府相关部门探索完善起社会救助体系，对难以确认的此类事件展开公共救助，而不要完全依靠“摄像头”和“证人”。前不久在北京发起的北京老年人意外伤害保险项目就是一个很好的探索。据了解，该项目明确投保人在市域内任何时间、任何地点、参加任何合法活动期间发生的意外事故，保险公司均承担相应的赔偿责任，努力让更多纠纷化作一句话："孩子，我没事，我有医保，你赶紧上班去吧。"三是大力表彰社会道德楷模和先进典型，弘扬社会主义核心价值观，营造引人向上、促进和谐的良好社会环境，向"不讹人的老人"和"不怕担责的年轻人"颁发特别荣誉，真正构建起文明和谐的社会。

2015-9-23

《一站到底》与《最强大脑》

《一站到底》与《最强大脑》是江苏卫视收视率高、人气较旺的两档节目。

《一站到底》是一档形式新颖、趣味十足、在挑战中发掘个性又充满悬念的全新益智攻擂节目，每期参加节目的有 11 人，分为 10 位守擂者和 1 位挑战者，他们年龄、身份、文化层次各异。最初的规则是守擂者手中都有不同价值的奖品，挑战者将通过抢答与守擂者对决。若挑战者获胜将赢得守擂者的奖品，而守擂者获胜将成为新的挑战者，并赢取挑战者手中的所有奖品，任何一方失败都将掉下擂台淘汰出局。随着节目的发展，挑战的机制不断完善，形式不断丰富，英雄联盟季、世界名校精英赛等也被引入节目。

《最强大脑》则专注于传播脑科学知识和脑力竞技，全程邀请科学家，从科学角度探秘天才的世界，并将筛选出的选手组成最强大脑中国战队，迎战来自海外的最强大脑战队，决出世界最强大脑。2014 年年初，《最强大脑》以其别具一格的节目形式，在一众真人秀节目中突出重围，掀起了一阵科学热潮。同时，《最强大脑》也将之前并不被看好的科学、脑力类节目带回到观众的视野当中，引领了综艺节目的新风潮。

江苏卫视的这两档节目将人文知识和科学知识搬进了电视荧屏，通过适当的方式，达到了“益智”观众的目的。反观我们的教育，我们知道我们的学生喜欢什么、需要什么吗？我们到底要把学生培养成什么样的人呢？从这两档节目的设计和收视情况，我们可以获得对目前教育的三点启发。

引进与吸收的关系

《一站到底》是从美国 *Who's still standing* 节目改编而来，《最强大脑》则是根据德国节目 *Super Brain* 推出的科学类真人秀节目改编而成。这两档节目没有照搬照套国外的做法，而是借用他们的理念，对节目的受众进行了充分的研究，照顾到中国观众的习惯、喜好，对节目的形式、主持人的选择、播出的时段等都进行了精心的安排。反观我们教育领域的一些改革，对国外的理念照搬照套，“言必称欧美”。照搬他们的教学模式和教学方法，没有充分研究我们的学生，忽视中国的文化、不观照中国的政策环境就进行推广试验，如“双元制”“学徒制”等，效果都不尽如人意。

先天和后天的关系

智力受遗传因素影响较大，人为无法改变，由于先天多种因素，人的智力发育会有所不同。智商是人们认识客观事物并运用知识解决实际问题的能力。从选手的表现看，《最强大脑》比拼的是智力，靠的是选手的先天条件；《一站到底》比拼的是选手知识的广博度，而知识的广博是可以通过后天努力达到的，如接受高质量的教育、优质的培训，等等。

文科和理科的关系

按照美国哈佛大学教育研究院心理发展学家霍华德·加德纳（Howard Gardner）的多元智能理论，在语言、数理逻辑、空间、身体—运动、音乐、人际、内省、自然探索、存在等9个方面，每个人的智能都是不一样的，不可能全面发展。《一站到底》的选手，大部分偏向于人文社会学科，选手们的语言智能非常突出，经常妙语连珠。“最强大脑”的选手则偏重于理工科，数理逻辑、空间智能非常出众。从我国过往高考文理分科到现在的文理融通，要求学生全面发展，门门科目优秀，这一做法是否值得商榷？对于一些严重偏科的“怪才”能否通过“绿色通道”让他们接受高等教育？

2016-4-23

职称外语考试的“退”与英语学习的“进”

2016 年《关于深化人才发展体制机制改革的意见》引起了人们的普遍关注。该意见第四部分“创新人才评价机制”下第十六条称“对职称外语和计算机应用能力考试不作统一要求”。想当年，职称外语考试不知成了多少人技术职务晋升和事业发展的“拦路虎”！现在这一政策虽已出台，但“落地”还需时日。职称外语考试虽取消了，但随着我国对外开放程度的提高，外语水平不仅是个人的一项基本能力，也是衡量一个国家软实力的标志之一。因此，取消职称外语考试只是人才评价机制的创新，并不是说外语不重要。

我曾经到过几个主要的英语国家——英国、美国和澳大利亚，也去过英语为第二语言的国家——丹麦。作为英语专业专科毕业并取得了英语专业本科自学考试文凭的我，到英语国家与外国人交流，按说应该是没有问题的；但事实上，我与当地人自由交流还是有一定的困难，最主要的表现就是人家听得懂我的英语，而我却听不懂人家的英语。我国的英语基础教育和专业教育为什么会出现这样的情况，存在哪些问题和不足，值得反思。

原因与反思

总体原因就是我们学的是“标准”的“英国英语”，所谓“标准”就是我们学的都是在一般语境中用的一种情况；所谓“英国英语”，就是除了英国人的英语外，还有其他以英语为母语的国家和地区的英语。

反思之一：原来学习英语过分强调语法。

在我国，很长一段时间，英语教学都是以语法为主，强调字、词、句的运用，考试也以考语法为主。我在大学学习英语和我毕业之后教别人英语的时候，都是从语法入手，教材也是按照语法功能进行编排，听力和口语的地位没有得到足够重视。记得在教英语的时候，我还沾沾自喜地把学习英语比作盖房子，说语法就是房子的框架，单词就是砖头、黄沙和石子，只要把这些东西填到框架里，房子就盖好了。言下之意就是只要把语法学好，再记上一些单词就能学好英语了。现在看来这是不科学的，这样的英语其实就是“哑巴”英语，只能应付书面考试而已，容易出现“高分低能”的现象。

反思之二：学习英语往往只关注单词的第一个意思。

英语单词绝大多数都属于一词多义，在我们的英语教学中，教师往往根据课文要求记忆该单词的意思，虽然也讲解其他的意思，但学习者往往先入为主，忽略了其他的意思，这也是造成我们听不懂的主要原因。

反思之三：缺少听说英语的氛围。

听力材料单一化。由于历史的原因，大多数学校在很长一段时间内采用一种听力教材，并且选用的都是英国的比较清晰标准的听力教材。随着美国英语的引入，这一状况得到明显改善。同时，在我国的大多数学校，英语外教的数量还很少，不能覆盖到所有学校，“强制”说英语的氛围还没有形成。

建议与期盼

说到底，英语是工具，是一门实践性很强的课程。在此，对英语学习者给出如下建议。

建议一：强化单词学习，注重一词多义。

根据我的经历，英语学习，单词是基础，听力是关键，口语次之，语法最后。单词是任何语言的基础，英语也不例外，这是毫无疑问的。为什么听力是第二重要呢？我认为在有了一定的词汇量后，即使语法有一些错误，对方还是能够理解你的大致意思。但如果一个人听不懂人家在说什么，他的单词和语法是没有任何用处的。你掌握了一定的词汇，能听懂人家的意思，就可以通过自己的方法直接或者间接表达出来，直到对方听懂为止，从而达到交流沟通的目的。

建议二：强化听力训练，注重多种听力材料。

在选用教材的过程中，应选用多种语音的听力教材，并且注重生活场景的运用。平时可以多听多看英语节目，如中央电视台英语国际频道（CGTN）的各类英语节目，创造时时、处处听到英语的机会，从而达到“磨耳朵”的目的。

建议三：感知文化，力求语言地道贴切。

相对于文化而言，语言只是符号，而文化才是真正要表达的内容。在语言交流中，最难的莫过于谚语、俗语的运用，照字翻译、生搬硬套不仅使人摸不着头脑，还会闹出许多笑话，这就是语言的文化力量。不和当地人交流，不在当地生活，仅靠死记硬背是说不出地道而贴切的英语的。因此，在可能的情况下，要多和外国人交流，在交流中感知英美文化的内涵。

学习英语要坚持“机遇与挑战并存”的原则，所谓“机遇”就是轮到自己讲的时候，就抓住机会尽情表达；所谓“挑战”就是通过各种方法应对别人的讲话，不求全懂，但求重点。

2016-5-9

从土耳其参加欧洲杯看高职教育

2016 欧洲杯的硝烟已经散去，我对那些传统的欧洲足球强国并没有多少兴趣，反而对虽然国土面积大部分在亚洲、近年却屡屡在欧洲杯赛场上表现突出的土耳其队有着极大的好奇，而且因为职业原因，也就很自然地和当前的高职教育发生些许联想。

土耳其充满“不忘初心，一心向西”的理想

从地理位置上讲，土耳其应该属于亚洲国家，因为土耳其超过 95% 的领土在亚洲，而且首都安卡拉同样地处亚洲，其宗教信仰和文化传统也与亚洲有着千丝万缕的联系。这样一个亚洲国家，其祖上奥斯曼帝国曾经统治过欧洲巴尔干半岛的许多地方，但经历两次世界大战后，土耳其在欧洲的领土只剩下伊斯坦布尔及附近小部分区域。1923 年土耳其共和国成立以来，土耳其就将脱亚入欧、成为欧洲国家作为基本国策，不忘初心，一心向西，在政治、经济等各个领域都选择了面向欧洲的“西化”价值取向，足球也不例外。1923 年，土耳其足协在首都安卡拉成立，同年加入了国际足联，并于 1993 年正式加入欧洲足联。

与土耳其坚定的脱亚入欧政策相比，中国的高职教育培养目标很长一段时间内没有明确。20 世纪 80 年代开始举办以职业大学为名称的高职教育，1999 年高校扩招之后，高职教育得到了大发展，成为占据高等教育的“半壁江山”。但是对高职教育培养目标的表达却一直莫衷一是：2000 年为“高等技术应用型专门人才”，2004 年为“高技能型人才”，2006 年为“高素质技能型专门人才”，2010 年为“高素质高级技能型专门人才”，2011 年为“高端技能型专门人才”，2012 年又变为“高级技术技能人才和专家级技术技能人才”，最终 2014 年在《国务院关于加快发展现代职业教育的决定》中确定为“专科高等职业院校培养服务区域发展的技术技能人才”，7 种表达方式的背后反映出高职教育经过一段时间的探索终于形成了明确的办学目标。

土耳其具备和高手过招的胆略

欧洲的足球水平处于世界的顶级，世界上许多足球强国也均是欧足联的成员国，无论是世界杯决赛还是国际足联的世界排名，欧足联的会员国都是中坚力量。欧洲足联1954年6月15日在瑞士成立时只有25个成员协会，目前已有55个成员协会。要想在欧足联获得世界杯决赛名额并非易事，但是土耳其没有想那么多，也没有为了眼前利益而放弃长远目标，坚持在欧洲赛场与高手们过招并鼓励土耳其球员在欧洲俱乐部效力。在经历了长时间“陪太子读书”的时期之后，土耳其终于在近年作为欧洲足坛的一股新势力迅速崛起，整体实力有目共睹。在豪门云集的欧洲足坛，土耳其队1996年欧洲杯决赛扩军后就获得了第16名，2000年获得第6名，2002年世界杯季军；2008年欧洲杯获得第四名；2016年土耳其世界排名第13位。虽然本届世界杯比赛土耳其没有晋级16强，但在24支队伍中，最终排名第17位，也属不易。这些成绩的取得，与其一直在高水平的阵营摸爬滚打是分不开的。

从高职教育管理体制上看，在国家层面，曾出现过两次大的变化，先后由高等教育司和职业教育与成人教育司管理。其中，在高职大发展时期，高职教育和本科教育一起管理、一起要求、一起评估。这对于从“三改一补”而来，尤其是从中专升格而来的高职院校，起到了非常大的作用，使一些院校的管理者明白“高等教育”的“高”应体现在哪些方面，要想成为“大学”，首先应在哪些方面“学大”。在与本科院校“同台学艺”的阶段，高职院校在规范化管理、产学研、课程改革、实训基地建设方面取得了明显提升。

土耳其具有不为眼前利益所惑的定力

亚洲足球水平较低是世界公认的。第一原因就是人种的问题。尽管亚洲人具有比欧洲和非洲人身体更加灵活的特性，但相较灵活性，足球这项运动更要求身体对抗的力量、奔跑时的爆发力，以及往返移动奔跑的耐力。足球是一项11人的整体运动，人均体质较弱的劣势会被放大。另一个原因，也是最关键的问题，就是源自发展滞后而与世界舞台长期形成的鸿沟。亚洲足球与世界足球中心的欧洲、与具备足球热情的美洲、与拥有双国籍和语言优势的非洲足球根本无法相比。国际足联为了全球足球水平的整体发展，给每个洲一定的参加世界杯决赛圈的名额，世界三流水平的亚洲也因此受益。土耳其如果有“小农思想”，为了眼前利益，完全可以安于亚足联，这样混个世界杯决赛名额应该不成问题，至少不需要像在欧足联那样的“血腥拼杀”。

在2012年教育部机构改革中，高职教育的管理从高等教育司划归职业教育与成人教育司。这一调整，在统筹全国的职业教育管理方面有一定的好处。高职教育起初的形式是高专，是本科的压缩，强调知识的系统性，因此，需要强调“职业性”。但现在又强调过头了，更多地关注了高职教育的类型，而缺少关注高职教育的层次性和高等性。不重视高等性，那高职生和中职生就没有区别了。如出台的高职招生制度改革像是一颗“扫帚星”，使正在“学艺”而吃力爬坡的高职教育一下变成了社区教育、成人教育。体现在：“高职单招”考试使处于文化基础“最末端”的学生以教育公平的名义被高职录取；“注册入学”则使得高职教育的入学几无门槛。作为高等教育“半壁江山”的高职教育，“入门”无基本的文化基础，“出门”无硬性的规定。这种情况下，要实现“技术技能人才”的培养目标，使高职教育成为不可替代的教育类型，办学中面临种种问题和困难也是意料之中的了。

高职教育的管理者可以借鉴一下土耳其的足球发展经验，学习他们的理想、胆略和勇气。

2016-8-3

电视剧《历史的天空》中一段对话的教育学意义

电视连续剧《历史的天空》主要描写姜必达由一个不自觉的只有匹夫之勇的莽汉，成长为一名足智多谋的指挥员，最终修炼成为一名具有高度政治觉悟和斗争艺术的共产党高级将领。

在姜必达的改变过程中，新四军麒麟山根据地司令员杨庭辉和政治部主任张普景对如何改造姜必达有着不一样的思路。剧中有一个姜必达逼迫下属和自己换鞋的情节，张普景来到杨庭辉的宿舍就此事交换看法。两个人的对话是这样的：

杨：这个家伙实在是个野性子。

张：这样的人，他就不配做革命战士。他就是一个泼皮无赖。没有思想觉悟，没有纪律观念。这样的人跟鬼子敢拼命，他和自己的人也敢拼命。老虎屁股摸不得，这样的人不应该在我们革命队伍里存在。

杨：你的这个心情我理解，可是你别忘了，他刚刚加入我们这个队伍，不能像对待老战士那样要求他嘛。

张：如果有问题就迁就，那我们党的力量哪里去了？我刚从江淮军区调来不久，但我明显感觉到这支队伍纪律涣散。姜必达就是典型例子，这样的人如果不改造好，对革命是有害的。

杨：我完全同意你的这个意见，你这句话说到我心里去了，但有些问题也应该两说。我们现在这个队伍的基本成分是什么？农民、窑工、文盲、半文盲，人家国民党说的那种“土包子”。可我们的主要任务是什么？是抗日，是打仗。我们只能是在完成主要任务、在打仗的过程中，慢慢地教育他们，提高他们的政治觉悟。仗不能停吧？仗是停不下来的。

张：我想在我们这支队伍里面，在大队的全体干部当中，开展一次政治信仰教育，大力宣讲《共产党宣言》，要让我们的每一个干部都知道，革命的性质、纲领和目的，树立起远大的共产主义理想，坚决杜绝姜必达这种强迫和战士换鞋的行为。

杨：《共产党宣言》当然要讲，革命的力量当然要灌输，但是我们现在麒麟山是革命的初级阶段。你现在给姜必达这些人讲什么信仰，讲什么主义，你说他能明白吗？他听不明白，他就不买你的账。他不买你的账，你说我们这个仗怎么打？没人打啊！

张：那这件事情就这么不了了之了？

杨：不能啊！我们得批评教育他们。我觉得倒不如我们去给他们多讲一讲日本鬼子是怎么掠夺我们的财富，怎么杀害我们的父老，怎么糟蹋我们的姐妹，以此来提高他们的思想觉悟，以此来激发他们斗争的激情。我明天就去找他们，好好地谈一谈。心急吃不了热豆腐，我的同志哥。

从张普景和杨庭辉的对话中，不难发现他们两个人对当时革命的主要任务、队伍的现状，以及对干部教育的内容、对教育的方法都有着不同的认识，甚至可以说是严重的分歧。

当前，高等职业教育在经过了大发展后，也遇到了极大的挑战。生源减少，文化基础参差不齐，如何根据学生变化了的特点，有针对性地开展教育教学工作，这段对话，也许对当前高职教育有一定的启发。

对话体现了“因材施教”的教育理念

《共产党宣言》，是马克思和恩格斯为共产主义者同盟起草的纲领，这是国际共产主义运动的第一个纲领性文献。《共产党宣言》第一次阐述了科学社会主义理论，指出共产主义运动已成为不可抗拒的历史潮流。给文盲、半文盲的农民、窑工，宣讲《共产党宣言》，讲革命的性质、纲领和目的，他们肯定听不明白，一头雾水。对这些文化水平不高、来自农村的革命同志，不能采用和从城市里来的同志相同的教育方法。杨司令要求给他们多讲一讲日本鬼子是怎么掠夺我们的财富，怎么杀害我们的父老，怎么糟蹋我们的姐妹。因为这些就是发生在他们身上或者身边的事，他们听得懂，想得明白，这样就能激发起他们的革命热情。

这段对话体现了教育学中的一个重要原则——因材施教。因材施教要求正确处理教育对象与教育内容的关系，教育内容一定要和教育对象的文化程度、生活背景等紧密结合起来，揭示了教育对象的特殊性决定教育内容规定性这样一个道理。因材施教是教学中一项重要的教学方法和教学原则。在教学中根据不同学生的认知水平、学习能力及自身素质，教师选择适合学生特点的学习方法，开展有针对性的教学，发挥学生的长处，弥补学生的不足，激发学生学习的兴趣，树立学生学习的信心，才能最终达成教育目标。人民教育家陶行知也曾经说过：“培养教育人和种花木一样，首先要认识花木的特点，区别不同情况给以施肥、浇水和培养教育，这叫因材施教。”杨司令就像懂得花木特性的“园丁”，给姜必达这样特殊的“花木”施以“对路的养料”，最终促成这些“花木”长成了“参天大树”。

对话体现了“循序渐进”的教育原则

人们对客观事物的认识，有一个由简到繁、由低级到高级、由直观到抽象的循“序”过程。在教育中，也有一个循“序”的过程。所谓循序渐进，就是在教育过程中，将教学内容、教学方法等按序安排，由易到难，由简到繁，逐步深化提高，从而让学生逐步掌握基础知识、基本技能。杨司令告诉张主任，对姜必达这样的工农干部的教育，也要按序进行。姜必达这些同志，刚刚参加部队，什么都不熟悉，什么都不懂，只能是在革命的过程中慢慢地教育他们。不仅要用活生生的事例教育他们，用点滴事实教育他们，还要用“慢火”，逐步地提高他们的政治觉悟。杨庭辉司令员语重心长地告诉张主任“心急吃不了热豆腐”，这是对循序渐进教育原则的最通俗的表达。

对话体现了“学做合一”的教育方法

在对话中，杨司令分析了教育与打仗的辩证关系，也就是教育学中的学和做的关系，教育是“学”，打仗是“做”。他认为抗日是当前革命的主要任务，是主要矛盾；对干部战士的教育是次要任务，是次要矛盾。次要任务要让位主要任务，次要矛盾要服从主要矛盾。由于他们的文化水平、生活背景、对革命的认识等存在较大的差异，因此，杨司令采用的方法是把打仗和教育有机结合起来，边打仗、边学习、边提高，学做合一，“做中学”“学中做”，通过打仗（即“做”）来提高他们对革命的认识（即“学”）。

后来的事实也说明，杨庭辉司令员的教育方法是成功的。以姜必达为代表的来自农村的革命队伍，在党组织的教育下，在血与火的洗礼中，逐步由不自觉的乡村好汉成长为足智多谋的指挥员，最终修炼成为共和国的高级指挥员。不难看出，杨庭辉司令员不仅是优秀的军事指挥员，还是一位深谙教育之道的行家。

2017-9-4

“南L北Z”的警示作用

南京某大学的L教授的事刚过去，北京某学院的Z博士又来了。中国学术界打假的好戏接连上演，一个缘于“低调”，另一个则缘于“高调”。

“低调”的L教授，“此地无银三百两”

2018年10月24日，据《中国青年报》报道，南京某大学社会学院的年轻教授L，多年来著述颇丰，以她为第一或第二作者的中文文献就超过了120篇，但在过去几年里，L教授主动将她的这些论文从中国知网、万方、维普等主要学术期刊数据库删除，被网友称为“404”教授。L教授是“低调”，抑或是知错即改，以为数据库里的那些论文被删除了就没事了，然而它们已经被保存在众多图书馆的书架上。记者比对论文后发现，这些论文至少有15篇存在抄袭或一稿多投等学术不端问题①。同日，《现代快报》就公布了南京某大学党委教师工作部《关于L涉嫌学术不端等师德问题的说明》。之后，南京某大学成立调查组，并在12月12日召开警示教育大会。大会通报了学校对L教授学术不端等违规违纪行为的处理决定：给予党内严重警告处分，行政记过处分，取消研究生导师资格，调离教学科研岗位，强制L退出教育部“长江学者奖励计划”青年学者项目；报请上级有关部门撤销其相关人才计划称号和教师资格。学校还责成社会学院、人力资源处、教务处等相关部门做出深刻反省和认真检讨，采取切实措施，防止此类事件再次发生。

“高调”的Z博士，炫耀不成反被“捉”

2019年1月31日，当红明星Z晒出其北京某著名大学的博士后录用通知书。2月初，当他在个人直播中回答网友提问时，因不知“知网”为何物，其博士学位的真实性受到网友广泛质疑。虽然Z博士在微博留言称“只是开玩笑”。然而执着的网友却不跟他开玩笑。据敬业的网友统计，Z博士在读博4年期间，“至少主演了11部戏、参演了7部戏，做了24个代

① 王嘉兴．青年长江学者与她“404”的论文［N］．中国青年报，2018-10-24.

言、录了 17 个综艺”。对此，有关人士质疑 Z 博士连“知网”都不知道，却参加了如此多的社会活动，是否有时间搞学术研究？是“演而优则博”还是论文“掺水”？媒体报道之后，有关部门立即跟进。2 月 10 日，四川大学学术诚信与科学探索网将 Z 博士列入“学术不端案例”公示栏；2 月 11 日，北京某学院成立调查组并按照相关程序启动调查；2 月 14 日，Z 博士通过个人微博发表致歉信。2 月 15 日，教育部回应对此高度重视，第一时间要求有关方面迅速进行核查。2 月 16 日下午，北京某大学发布关于招募 Z 博士为博士后的调查说明：确认 Z 博士存在学术不端行为，同意 Z 博士退站。2 月 19 日，北京某学院发布关于“Z 博士涉嫌学术不端”等问题的调查进展情况说明，宣布撤销 Z 博士学位，取消其导师的博导资格。

“南 L 北 Z”学术不端事件相继曝光，其实并非偶然。我国在 20 世纪末，高等教育开展了大规模的扩招，然而扩招是在没有做好各方面充分准备的条件下开始的，不仅硬件资源相对缺乏，与之配套的管理制度也没有及时跟上。诸如研究生导师的数量不足、水平参差不齐，研究生录取和毕业的标准也存在不完善之处，学术规范、学术诚信的教育不到位，等等。这些都是引起学术不端的重要原因。

科研学术诚信问题不只在中国存在，也是世界范围内的普遍性问题。为此，2017 年 5 月举行的第五届科研诚信世界大会围绕透明度和问责制相互关联的主题而开展，并制定了《促进透明度和问责制阿姆斯特丹议程》。我国教育部部长办公会议于 2016 年 4 月就审议通过了《高等学校预防与处理学术不端行为办法》，并于 2016 年 9 月 1 日开始施行。这是教育行政主管部门针对学术不端行为开出的治理之方，也是加强我国科研诚信问责的制度保障和行动指南。

“治乱须用重典”。要坚持问题导向，发现什么问题就着力解决什么问题，保持对科研学术不端行为的高压态势，让预防与处理学术不端的制度成为“带电的高压线”。科研学术诚信建设是一个长期的过程，要坚持目标导向，把制度建设贯穿始终，畅通举报渠道，加大问责和惩戒力度，构建长效机制。在这两起学术不端处理过程中，教育主管部门和学校没有缺位，切实履行了主体责任，第一时间表明态度，并且及时跟进调查处置，公布处理结果，不仅给社会和公众一个明确的交代，而且给那些正在从事或将要从事科研学术的人员以警示。

2019-3-12

关于“996”：一场没有对错的辩论

2019年3月27日，一个名为“996.ICU”的项目在GitHub（一个面向开源及私有软件项目的托管平台）上传开。“996.ICU”是指从早上9点上班到晚上9点下班，每周工作6天，生病了就住进ICU。这本是程序员们抱怨互联网公司工作制度的一个项目，如今却在网络上演变成了一场关于生产力和劳逸结合的大辩论。辩论的群体主要分成赞成和反对两组。赞成的几乎都是大“boss”，以马云为代表；而反对的自然是那些“996”们。媒体也不甘寂寞，不失时机地参与了进来。2019年4月11日，《人民日报》针对“996工作制”发表《强制加班不应成为企业文化》的评论员文章。2019年4月12日，阿里巴巴通过其官方微信号分享了马云有关“996”的一些观点，并在当天下午再度回应称“任何公司不应该，也不能强制员工996”。马云表示，“不为996辩护，但向奋斗者致敬”。其实，“996”也好，马云也罢，都没有错，只是各自看问题的角度、强调的重点不同而已。几乎在“996”争论的同时，2019年4月13日华为创始人兼CEO任正非接受美国消费者新闻与商业频道（CNBC）专访①，专访并非针对“996”，但他和记者的对话或许可为这场辩论找到答案。

“去留随意，笑看云卷云舒”

在访谈中，任正非谈到了自己的管理风格。他在面向内部员工进行演讲时，经常会使用一些军事用语，包括战斗性语言。记者问任总，这种军事化风格的演讲方式会让华为员工充满了干劲呢，还是有时候会被吓到呢？任正非回应，被吓到的人应该也很多，因为我们离职的员工累计有16万人。现在公司总员工数是18万多人，经过华为公司这个门的虚拟人数有30万~40万人，实际留下只有18万人。

“物竞天择，适者生存”是当今社会的通用法则。企业营造什么样的企业文化，那是企业的事情。员工选择什么样的企业，也是员工个人的自由。留在华为的18万人，都是华为需要也是个人自愿留下来的，而选择离

---

① 马婧．任正非：孟晚舟受点磨难是好的，有利于她的成长［EB/OL］．（2019-04-16）［2019-04-30］．https://www.bjnews.com.cn/finance/2019/04/16/568313.html.

开华为的 16 万人，要么是华为不需要，要么是自己不中意或有其他原因。总之，去留随意，来去自由。

“996”的企业，一般都是技术密集型的企业。当今时代，科学技术日新月异，如果不争分夺秒，怎么可能在技术前沿领跑？因此，加班加点成了这类企业的常态。“时间就是金钱”，既是高技术企业性质的真实写照，也应该是员工享受待遇的正当要求。“996”企业需要的是“996”的人才，给出的也是“996”的薪酬待遇，反之也不可能拿着“996”的高薪又享受《中华人民共和国劳动法》“每日工作时间不超过八小时、平均每周工作时间不超过四十四小时”的工时制度，天下哪有这等好事？当然，无论何种企业，都必须坚持三大原则：一是恪守法律，在《中华人民共和国劳动法》的框架内决定企业的作息制度；二是坚持自愿，愿意接受“996”制度的员工，就留下来；三是补偿，对于“996”的员工，企业要给予一定的经济补偿，同时在项目完成后给予一段时间的休假补偿，并且在企业内部做好后勤保障、娱乐锻炼、心理服务等工作。

“不经历风雨，怎能见彩虹”

在访谈中，任正非也谈到了自己年轻时代的经历，他说，“虽然我经历了中国大饥荒的时期，也经历了大饥荒以后经济恢复的时期，也参加了中国引进法国的大工程。对我来说，有什么人生启迪呢？就是‘吃苦’。……因为我们在年轻时的理想就是吃饱饭。后来参军以后，我们在东北建设辽阳化纤总厂，当时是从法国引进的世界先进设备，自动控制水平很高。当时东北零下二十多度，我们的房子是很简陋的土坯房，多数房子都漏风。晚上在宿舍里，一定要有一个战士轮流烧火，如果不轮流烧火，火灭了，可能大家都会冻僵。一边是这样的生活，一边是高度现代化工厂的建设，就是‘冰火两重天’。……生活极端艰苦，工作极端世界先进化，对我人生是有很大锻炼的。”

如果任正非年轻时候就天天过着优哉游哉生活的话，不知道是否会有华为的今天？任正非认识到年轻时的吃苦对人的成长有着莫大的好处，因此他对待儿女的教育与锻炼也非常严厉与苛刻。在谈到孟晚舟事件时，他认为子女们“成长太顺利了，受点磨难应该是好的。‘没有伤痕累累，哪能皮糙肉厚，英雄自古多磨难’，我认为这个磨难对她本人也是巨大的财富”。

因此，年轻时加点班、受点累，这是时代的需要，更是未来的召唤。“宝剑锋从磨砺出，梅花香自苦寒来”“不经历风雨，怎能见彩虹”这正是任正非的经历给“996”们的启示。

“幸福是奋斗出来的”

在访谈中，任正非与爱立信 CEO 的对话也非常有趣。当年任正非的公司还是刚刚起步的“毛毛虫”时，爱立信已经是非常大的公司。20 多年后，爱立信的 CEO 曾问他：“你怎么胆子这么大，敢迈这么高的门槛?”任正非说：“当时通信行业门槛特别高。因为不知道有门槛，我就迈进来了，迈进来以后才知道门槛高，但是退不出去了。”

任正非回忆说，“当时我们总共只有 2 万多人民币，创办公司时需要缴各种费用，拿到证时已经没钱了。如果我们再退回去做别的东西，我们一点资本都没有了，那是不可能的，只能咬牙做下来了。”

任正非的经历正好印证了习近平总书记 2018 年新年贺词中的一句话——“幸福都是奋斗出来的”。现在的“996”们正处于职业生涯的探索阶段，在这样的黄金阶段，理应勤奋刻苦，多工作。当然，也并不是不要休息，不去娱乐，牺牲健康，而是要找到工作和休息的平衡点。因为“天将降大任于是人”，“多少事，从来急；天地转，光阴迫”，所以有时“996”是必要的，但“ICU”就未必，关键是自己要调整好。

每天 8 小时，每周工作 5 天，轻轻松松快乐度周末是一种生活状态；从早上 9 点上班到晚上 9 点下班，每周工作 6 天，马不停蹄、来去匆匆也是一种生活状态。二者没有对错之分，核心是对幸福的定义和理解，关键是如何选择。

2019-4-30

从“冯家昌”的变化看身边人的重要性

《下辈子做你的女人》是一部军旅生活题材的电视剧，讲述的是男主人公冯家昌为了改变自己及胞弟的命运而选择参军，通过自身奋斗在军营中有所成就，并顺利在城市立足的故事。

整部电视剧，是围绕着冯家昌和刘汉香这对恋人的“合”与“分”展开的。冯家昌和刘汉香是从小在一个村长大的同学，冯家昌兄弟 4 个，母亲去世早，父亲又有残疾，家境非常不好；刘汉香的父亲是村支书，两家的生活条件有较大差距。但刘汉香不顾家庭的反对与冯家昌确立了恋爱关系。冯家昌高中毕业后回乡当了农民，后又到城里当了副业工，但始终无法改变自己的命运，更不能实现自己的理想。后来在刘汉香的帮助下，冯家昌顺利地参了军，刘汉香虽没有过门，却毅然决然地搬到了冯家，承担了照顾冯家一家老小的责任。然而，刘汉香的付出，却没有换来冯家昌的回报。他忘记了中国的传统伦理道德，最终抛弃了对冯家有着万千恩情的刘汉香，选择了省军区参谋长的外甥女李冬冬，希冀能够借此给他和他的家庭带来“巨变”。积劳成疾的刘汉香最后得了重症，但她却没有怨天怨地，而是选择原谅冯家昌，并希望“下辈子做你的女人”，最后不幸离世。刘汉香身上最感人至深的是她的纯洁、善良、坚持、隐忍及奉献精神，为无数青年人树立了时代榜样。在冯家昌的成长历程中，除了刘汉香，还有 4 个人先后对他的人生轨迹产生了重要而深刻的影响。

一是冯家昌的高中老师朱洪军。用冯家昌的话说，朱老师就是灯塔，不仅教给了他知识，还教给他许多人生的道理。在冯家昌遇到困惑、人生选择等诸多难题时，朱老师不仅通过书信，而且还在可能的情况下，与冯家昌面对面交谈指点，使得冯家昌在回乡务农、工厂干副业工、部队当战士时遇到的苦恼事都迎刃而解。可以说，朱老师在冯家昌的人生目标实现过程中起着“启蒙”的作用。

二是新兵连胡一关连长，后被提拔为通信营营长。在新兵连，胡连长认为冯家昌是一棵好兵苗子，但冯家昌缺乏磨炼，胡连长暗中关注并鞭策着他。毫不夸张地说，如果没有胡连长，冯家昌的军旅生涯就可能终结在新兵连。是胡连长的慧眼、耐心把一个从农村来的“新兵蛋子”打造成了一个可以留在城里带家属的“四个口袋”的军官。当冯家昌被廖参谋长看中调到省军区工作时，胡连长还不忘给冯家昌临别赠言，“别人怎么干你怎么干；不能由着性子干；必须把自己该干的干好”，两人真正做到了亦师亦友。

三是廖参谋长。廖参谋长不仅对冯家昌有着知遇之恩，而且在军事理论研究方面给予了冯家昌许多指点。廖参谋长平易近人，对冯家昌的要求只有两条，“一是干好自己的工作，二是必须说实话”。在廖参谋长被下放到农场的两年中，冯家昌和老首长同吃同住同劳动，深深体悟到该如何面对人生的沟沟坎坎。

四是侯西平参谋。侯参谋和冯家昌同吃同住，在同一个部门工作。在工作中，侯参谋给冯家昌灌输了大量的所谓“心得”，实则是官场“厚黑学”。在生活中，侯参谋明知冯家昌在家乡有未婚妻，却处处为冯家昌与李冬冬谈恋爱创造条件。在冯家昌遇到艰难抉择的时候，侯参谋三番五次地给他灌输娶了李冬冬之后对今后事业的帮助，给了冯家昌一些误导，酿成了冯家昌与刘汉香的人生遗憾，最终使冯家昌人设崩塌，扮演了一个“负心汉”的角色。

冯家昌在工作和事业上是一把高手、好手，但在如何对待爱情、婚姻、家庭方面却是一个“低能儿”。他灵魂深处的世俗观念暴露了他的人性弱点，他希望通过李冬冬改变自己的命运。事实上，凭着冯家昌的努力与已经取得的地位，如果和刘汉香结婚，他也能实现对家庭的承诺，而且可以更好地体现一代军人应有的社会责任和良好品质。

《颜氏家训·慕贤》里面有段话发人深省：“与善人居，如入芝兰之室，久而自芳也；与恶人居，如入鲍鱼之肆，久而自臭也。”在冯家昌的成长过程中，他当农民不被理解，当工人受身份限制，当军人遇到城市兵的挑战。在这些挑战面前，冯家昌失望过、悲观过，但他遇到了释疑解惑的好老师、好领导，朱老师、胡营长、廖参谋长及时给予他正确的指点，成为他人生之中的“贵人”，使他的事业顺风顺水。但冯家昌在感情上受到了侯参谋的负面引导，最终成了一个有“瑕疵”的军人。

人在世上走，不可能不与人交往，也不可能没有几个朋友。但朋友要看质量而不是数量，要多交良师益友，远离损友小人。从冯家昌的身上可以看到身边人的巨大影响，正可谓“近朱者赤，近墨者黑”，这也许是电视剧《下辈子做你的女人》带给观众的一大启示。

2019-7-29

电视剧《安家》透视的教育问题

2020年新年伊始，一场突如其来的新冠肺炎疫情让很多人都只能“宅”在家里。53集电视连续剧《安家》陪伴大家度过了难熬的一段时光。

《安家》是一部都市剧，讲述了某房地产中介公司大区经理房似锦到一家门店挂职后所发生的故事。房似锦年轻有为，干练泼辣，是房产中介公司的金牌门店经理，她在主管领导翟云霄的安排下，“空降”上海，与静宜门店店长徐文昌一起担任店长。到任后房似锦施展铁腕手段，对内冷血整肃，对外辣手反击，与门店店长徐文昌原先推行的人性化管理方式产生了极大的反差，而业务员们也在两位店长的较劲中左右为难。在房似锦的铁腕管理下，业务员们虽然苦不堪言，但是门店不断提升的业绩也振奋了大家的士气。

《安家》聚焦国人最为关注的房子问题，描述了房产中介这一群体的真实生活状态，在折射大都市真实生活图景和人性温暖与险恶的同时，也对当今的教育问题进行了透视，引发了人们关于“房子与孩子”的思考。

素质教育问题

在剧中，业务员鱼化龙（因毕业于“985”高校，人送外号“985”）有个很好的房源，也有了一个目标客户，该客户是个操弄欧洲股票的高手，对居住环境有特殊要求，即需要“晚上工作、白天休息”。但这个房源的对门住着一对母子，孩子叫苏天培，母子俩为了学习的问题，“小吵一三五，大吵二四六”。为此，该客户心有余悸，始终没有下单的决心。为了促成“985”开单，大家想出了让这对母子搬家的主意。通过方方面面的关系，他们给苏天培挑选了一个素质教育很好的中威学校。苏妈妈看了学校之后，非常满意，很快便置换了房子，由此“985”完成了从业“第一单”。在办完手续之后，房似锦和徐文昌有一段涉及教育的对话。房似锦说，她让苏天培妈妈搬家，不仅仅是要卖掉房子。当她看到苏天培和他妈妈水火不容时，就想到了她当家教时曾经教过的一个孩子，那个孩子读书成绩不好，天天逃学打游戏，亲子关系比苏家还紧张。后来一个偶然的机会，这个孩子爱上了园艺，而且在这方面特别有天赋，最后居然成了他们那里小有名气的园艺师。房似锦认为，不是每个孩子都适合读书的，难道不会读书，就应该天天被骂，就要被叫作“学渣”，就该抬不起头吗？徐文昌也非常同意房似锦的观点，认为一所学校如果有很多的课外活动，孩子就会有更多的尝试。通过参加这些活动，学生就会知道他们到底喜欢什么，擅长什么。

功夫不负有心人。在后来的剧集里，苏天培的妈妈拿着锦旗来到门店表示感谢。原来苏天培转学之后发生了翻天覆地的变化，他非常喜欢新的学校。苏天培参加了全国机器人大赛，还得了金奖。评委都说他在这方面非常有前途，并建议他朝这个方向继续发展。而如果不去中威，就发现不了他的这个天分。“对于一个七年级的孩子来说，人家还在糊里糊涂的，我们就已经明确发展方向了。”苏天培妈妈的自豪和感激之情溢于言表。

与房子的重要程度相比，教育的重要性在国人的心目中一点也不亚于房子。房似锦在主观上是为了卖房子，客观上却帮助客户解决了母子关系紧张问题，可以说是两全其美。苏天培母子关系紧张的根源，是当前的教育问题。这里涉及的是中国传统教育的文化氛围。在儒家文化熏陶下，“万般皆下品，唯有读书高”已深入国人的骨髓。家长普遍认为，会读书、考试好就是好孩子，他们不仅让家长脸上有光，还是学校老师的宠儿。然而，按照多元智能理论，人的智能是多方面的。正如房似锦所说，并不是所有孩子都适合读书，有的人擅长读书，而有的人擅长动手实践。因此，普通教育和职业教育是两种不同类型的教育，适合不同类型的学生就读，两者没有高低贵贱之分。从这一点说，《安家》通过苏天培的案例，为素质教育、职业教育做了一次生动的宣传。

学区房问题

与教育有关的学区房也是《安家》关注的一大重点。房似锦为宫蓓蓓医生介绍的第一套房是解决拥挤问题，三代同住，宫蓓蓓没有独立空间，为避免影响家人休息，她只能在卫生间上网查资料。第二套房则是解决孩子的学区问题。房似锦告诉宫蓓蓓，好的学区房是有的，但肯定是贵的。宫医生说：“我有两个孩子啊！投资一套学区房，利用率还是很高的，绝对划算。”后来，房似锦帮宫医生找到了一处房源。房源在一个成熟小区，周边配套设施都很齐全。这个小区里面有幼儿园，是私立双语学校。如果想上公立幼儿园的话，房源和区重点小学都离得很近，两个小孩接送，可以一趟完成，节约不少时间成本。而且这套房子学籍从来没有用过，如果当年能把户口迁进来，她的大儿子第二年就可以上对口的重点小学。

学区房，指的是在某区域有较高教育质量学校的房产，具有稀缺性特征，这是教育资源不平衡在房产领域的“衍生物”。相对于普通商品住宅而言，学区房具有单价相对较高、升值空间相对较大的特点。随着房地产市场调控政策的收紧，学区房的投资优势日渐凸显，无论是商品房市场还是二手房市场，即使是在楼市的低迷期，学区房的成交量与租赁量仍旧保持比较稳定的状态。宫医生所说的“绝对划算”，主要指的是学区房所在的学校教育质量较高、人文环境比较好；同时，购买学区房也是一种投资行为，只要重点小学、名牌小学不搬走，学区房的升值空间就巨大，当孩子毕业之后，可以把升值多倍的房子再卖出去。

为应对不断拉高的学区房房价，多地已出台义务教育入学新政，努力淡化学区房概念。据调查，在北京金融街学区，宏庙小学是北京师范大学附属实验中学的对口直升校，对口学区房每平方米超过 19 万元；在上海，华东师范大学附属小学对口的华东师大一村和二村的房子原仅限教职工内部买卖，自 2018 年 7 月起不再限购后，房价从每平方米 6 万元涨至 8. 3 万元；位于深圳市福田区较好学区的百花片区的国城花园，面积 44 平方米的一居室今年 3 月成交价为 1050 万元。

对很多家庭来说，为了“让孩子赢在起跑线上”，买学区房可谓是倾尽所有，很多故事的结局是孩子并没有考上理想的学校，但房子转手赚了好几百万。在不远的将来，随着入学政策的不断完善和义务教育的均衡化发展，学区房必将在几代人的记忆中成为历史。

隔代教育问题

宫医生要求的第二套房除了要求是学区房外，还有一个要求就是只要两居室。这让宫医生的丈夫大为不解，为此夫妻俩还闹了不愉快。宫医生的出发点是不要和老人住在一起，宁愿自己辛苦点，也不能再让老人娇惯着孩子。宫医生的丈夫则认为宫医生是“卸磨杀炉”“过河拆桥”，等老人把孩子带大就一脚踢开了老人。其实上述问题在中国的城乡都会发生，在农村，父母亲外出打工，孩子只能交由老人看管和教育；在城市，父母亲工作压力大，孩子由老人带也是普遍现象。

宫医生不想让老人带孩子是有道理的。一是由于老人的文化水平普遍不高、与外界的联系不紧密等客观因素，老人的育儿能力往往处于经验阶段，思想观念一般比较陈旧落后。二是如果孩子长期由老人带，可能会造成孩子与其父母的亲子障碍，产生感情隔阂。三是老人对孩子容易溺爱，处处迁就孩子，父母亲教育孩子时他们往往还会“护短”，极易造成孩子任性、依赖性强和生活自理能力低下。为此，专家认为，孩子出生后，老人帮忙带带孩子是可以的，但 2~6 岁的儿童正处于建立规矩意识的关键期，这一时期，老人应及时“退出”，父母亲应及时“归位”。因此，宫医生的选择是正确的。为了维护宫家团结稳定的家庭局面，房似锦提出一个解决方案：在同一个小区买一套租一套，让老人与小家保持“一碗汤的距离”，可谓两全其美。

讲述“安得广厦千万间，大庇天下寒士俱欢颜”的电视剧《安家》，围绕帮助客户买房、卖房、租房过程中的一个个故事，不仅反映了房产中介这一群体的生存状态，同时也折射出在时代变迁过程中社会生活的方方面面，透视的教育问题值得教育界深入思考和探讨。

2020-5-31

疫情防控中学校的“危”与“机”

一场突如其来的新冠肺炎疫情，不仅打乱了人们的生活节奏，也让社会一时陷入了“停摆”。抗疫最大的对策就是“多少勤戴”，即“多通风、少出门、勤洗手、戴口罩”，“少出门”则意味着“停工、停产、停学”。教育作为社会的重要子系统，如何抗疫是学校面临的一次大考题。

疫情防控中学校的“危”

疫情对学校工作造成了不小的影响。一是打乱了原有的工作安排和计划。例如高考和中考及其他考试（艺考面试、研究生复试、职业院校的对口单招等）有的推迟，有的改变了原来的方式。二是一些民办教育机构面临“破产”。不开学就意味着不能收取学费，而教师的工资、场地的租用费还必须支付，这就使得民办教育机构陷入财务危机之中，实力不济的不得不选择“退市”。三是导致部分学生产生了心理健康问题。如：超长的假期使一些家庭出现了“亲子障碍”，孩子与父母冲突增多；集体活动的缺失，使各级各类学生在家“闷”出病来，学生在家中，有的整天捧着手机沉浸在网络游戏之中，有的看着疫情扩散内心充满惶恐和无助等。

疫情防控中学校的“机”

凡事都有两面性。疫情是“危”也是“机”，转“危”为“机”才能最大限度减少疫情带来的损失。在教育系统抗击疫情过程中，也要最大限度地抓住机会把坏事转换为好事。

一是把抗疫作为开展思政教育的好机会。2020 年 2 月 14 日下午，在河南省新冠肺炎疫情防控专题第九场新闻发布会即将结束的时候，河南省教育厅厅长郑邦山回答完最后一个记者提的问题后，说了一段发人深省的话。他说，河南省的教育工作者、老师、同学、家长该扮演什么角色、该拿出什么样的精神状态呢？郑厅长首先举了抗日战争时期教育奇迹的缔造者西南联大的例子。西南联大与战争同行的 8 年，培养了 3882 名学生，其中有 2 位诺贝尔奖获得者、8 位“两弹一星”功勋获得者、4 位国家最高科技奖获得者、172 位院士及上百位人文大师。他又举了河南大学在 8 年抗战中的办学历程。在烽火连天和战争硝烟中，河南大学秉承教育报国之志，坚持敌前办学，表现出百折不挠、自强不息的奋斗精神，创造了河南教育精神。郑邦山厅长强调，社会即课堂、生活即教育。他要求在教学条件变化、交流空间变化中把疫情、把灾难当成教材，保持良好的、积极的心态，把抗疫当作生命教育、信念教育、科学教育、道德教育的一次机会，继承西南联大的光荣传统，发扬河南教育的精神，帮助学生进一步树立和塑造正确的世界观、人生观、价值观，从而“让灾难见证我们坚定成长的足迹，让不幸成为通向幸福的桥梁”。

在此次疫情中，大学生会接触到大量信息，有陈述事实的报道，有抨击诋毁的言论，有传递焦虑的抱怨，也有混淆视听的谣言。这需要大学生有科学、理智、专业的态度，有正视事实、处理信息、理性分析的意识、思维与方法。学校要注重知识学习和现实生活的联系，引导大学生透过现象看本质，运用科学的思维方式来分析现实生活中的热点难点问题，发展独立思考和批判性思维能力，区分与焦点事件相关的事实与观点，甄别科学结论与谣言的方法。各种鲜活的事例会使学生们对“有国才有家”这个宏大的概念有更切实的触摸和感知，对“有国才有家”的深刻内涵有更深刻的理解。学生通过观察、思考，对疫情中所需的责任意识和正确的价值观会有更深切的体悟，这也许是本次疫情带来的最大收益。

二是把抗疫作为生命教育和培养良好生活习惯的机会。疫情中，那些原本健康的生命在短暂的时间里消逝所带来的集体无奈，也冲击着学生的心灵。学生们要把这些鲜活的事例连同之前的关于生命的外在认识框架，内化为灵魂深处的思索与拷问，从而珍惜生命、敬畏生命，并确立自己的人生目标和意义。同时，这次疫情大暴发，也给全国人民上了一次生动现实的“卫生课”。多通风、少出门、勤洗手、戴口罩成为抗疫的“标配”。校园、教室、餐厅进行卫生大扫除；桌椅、门把、电梯定期进行消杀；教室、会议室勤通风；组织观看相关视频、图片，利用各种形式进行疫情防控及卫生知识宣讲。在个人防护方面，人们也增长了许多知识，如“七步洗手法”培养勤洗手的良好卫生习惯；注重社交礼仪，出门戴口罩，保持适当的社交距离；保护野生动物，养成健康的饮食习惯等。

三是推动线上教育上台阶的机会。之前很多学校的“翻转课堂”“慕课”还处于零星试验阶段，但疫情中一夜之间就要马上行动，大规模推广，使得一些学校和老师措手不及。由于疫情原因，所有学校都延期开学，但“停课不停学”倒逼教师和学生在“空中课堂”见面了。学校开办“空中课堂”，需要老师漫步“云端”，这对于教师来说来得有些突然。网课对于各个学段的老师都是一种挑战，尤其是对于那些年纪稍大的教师。“停课不停学”加速了学校教育教学与信息技术的深度融合。如上海交通大学在2020年春季学期，面向本科生上线了1449门课程，面向研究生上线了657门课程，5万多名上海交大师生相聚“云端”，跨越地域界限同上一堂课。该校生命科学技术学院乔中东教授说：“为了能掌握在线教学新技术，我和爱人两个60多岁老头老太，开始参加学校组织的培训，认真观摩每一次试讲。学校500人大团的培训，场场爆满，每次都要提前进会场‘占座’。下课以后，我俩还要在平台中不停练习，互相点评对方新课件中的问题。学校教学管理部门、技术支持部门感觉就像是24小时在线，随时解答各类问题、全程指导。通过这些学习，现在终于觉得底气足了。”① 从线下到线上，从信步教室到漫步“云端”，教师们精心准备课件，想方设法与学生互动，人人在“直播”，个个当“网红”，成为教育领域抗疫过程中一道亮丽的“风景线”。

四是检验教育治理能力和学校管理能力的机会。应对重大危机是检验教育管理的重要契机。这场突如其来的疫情，也是对当前教育治理体系、学校内部管理体系进行检验和评估的一次机会。在抗疫过程中，学校专业人才队伍建设、志愿者队伍建设、信息技术人才队伍建设都显得尤为重要，也暴露出了教育系统、学校管理中的许多“短板”。疫情过后，如何尽快补齐这些“短板”，则是疫情带给我们的思考。

目前，疫情还没有结束，常态化疫情防控仍在继续。教育系统如何化“危”为“机”、“危”中寻“机”，不仅是展现中国教育治理能力现代化的一次机会，也是彰显中国教育智慧的重要窗口，更是推进传统教育教学与现代信息技术融合的重要契机。

2020-7-30

① 李厚锐，祁洁．“键对键”探索走出教学舒适区［N］．中国教育报，2020-3-23（5）．

高考，既考学生也考政府

在我国，高考是民生大事之一。一年一度的高考，不仅是普通高等学校选拔新生的一次考试，也是牵动上至党和国家领导人下至普通家庭的一件大事。据统计，2020年全国高考报名人数达1071万，全国设考点7000余个、考场40万个，安排监考及考务人员94.5万人。因此，高考不仅是考生必过的一道坎，更是考验国家教育行政部门和地方政府应急管理能力的一面“镜子”。高考的考验至少涉及4个方面。

顶层指挥调度能力

新中国高考制度是1952年建立的。当年6月12日，教育部发布《关于全国高等学校一九五二年暑期招收新生的规定》，明确要求所有高等学校实行统一招生考试。当年8月15日至17日，举行了全国高考。“文革”期间，全国统一招生制度中断。1966年至1969年未招生；1970年至1976年实行“群众推荐、领导批准、学校复审”的办法，取消入学考试，且限定招收具有2年以上实践经验和相当于初中毕业以上实际文化程度的工农兵入学。1977年，邓小平同志出任国务院副总理，分管文教工作，8月8日，邓小平同志在科教座谈会最后一天发表了《关于科学和教育工作的几点意见》的重要讲话，并明确要求恢复高考。10月12日，国务院批转教育部《关于1977年高等学校招生工作的意见》，宣布当年立即恢复高考。12月10日，北京开始了为期两天半的考试。1978年全国高考于7月20日至22日进行。1979年的高考于7月7日到9日进行，从此，高考日期固定下来，除1983年为7月15日至17日以外，1979年至2002年的20多年内高考都定为7月7日至9日。

由于我国大部分地区7月份的气温总体偏高，自然灾害频发，给考生复习应考及考试阅卷的组织工作都会带来一定影响，社会各界要求将高考时间提前的呼声日趋强烈。为此，教育部进行了10多年的论证，结合气象资料，在广泛征求意见的基础上，最终讨论通过了《关于高考时间调整方案》，将高考提前到6月。从2003年起，高考时间改为每年6月7日至9日。

因新冠肺炎疫情的影响，党中央、国务院审时度势，果断决策，决定2020年高考延期一个月，推迟到7月7日至8日进行。为此国家相关部门和地方各级党委政府都对高考准备工作进行了周密部署并进行了现场督导。在全国高考的第一天，教育部、公安部有关负责人坐镇国家教育考试考务指挥中心，指挥调度全国高考工作。他们通过网上巡查系统检查了部分地区考点入口体温检查、考生入场身份识别、隔离考场及通道设置、考点周边警戒、试卷保管和发放等情况，听取了北京、湖北、江西等省市相关部门负责同志关于高考组织和安保情况的介绍，通过指挥平台对各地做好高考工作提出了明确要求。

突发事件的处置能力

为推进“平安高考”建设，各地各部门都研制了突发事件处置预案，做到提前研判，处置规范，确保第一时间发现、第一时间处置，目的是把极端天气、地质灾害、突发事件等可能对高考产生的影响降到最低限度。

2020年高考的第二天，云南昆明东川区发生4.2级地震。东川明月中学是东川区唯一考试点，由于之前对地震逃生做过相关培训及演练，地震第一时间就约有100名考生跑出考场，在监考老师的有序组织下，考试在7分钟后就恢复正常。考试结束后老师对学生进行了心理安抚，下午的考试正常进行，显示了较高的应急处置水平。

2020年高考期间，南方各地遇到了大雨，给处于疫情防控压力下的高考又增加了难度。7月7日凌晨，安徽省黄山市歙县遭遇了50年一遇的洪涝灾害，县城多处严重积水，道路受阻。歙县考区歙县中学、歙县二中这两个高考考点的大部分考生均未能按时进入考点，高考无法正常进行。经当地政府研究并报教育部批准，7月8日综合、外语科目考试正常举行，歙县考区原定于7月7日的语文、数学科目考试延期至7月9日进行。

相较于地质灾害和极端天气的影响，发生在辽宁和河南某高考考点的两起突发事件处置得也较为妥当。据沈阳于洪《公安通报》，2020年7月7日，高考语文开考10分钟后，沈阳某高考考点附近一海鲜酒楼突然放起了烟花爆竹，陪考家长随即报警。经查，该酒楼当时有一对新人在办婚礼，当事人称不知道周围有考场。然而据酒店反映，保安当时进行了制止但没成功。因违反三环内禁放鞭炮的规定，当事人被行政拘留5日。2020年7月8日，在河南平顶山一中考场，还发生了一起突发事件。11时25分左右，高考文科综合/理科综合科目考试将要结束时，该考点一考生突然莫名情绪失控，先后抓其右边、后边考生答题卡，造成两位考生答题卡损毁。据平顶山市招生办回应，事发后经过申请，该考点按程序启用备用答题卡，让两名考生重新填卡，并延长了答题时间，而撕毁他人试卷的考生被取消了全科成绩，成为当年高考第一位零分考生。

加大打击高考违法违规力度

高考泄密和高考舞弊行为不仅为法治社会所不容，而且会对社会公平正义造成极大伤害。为此，各地都层层压实责任，严格落实保密规定，严格执行试卷保管、分发、施考、回收等每一个环节的管理要求。强化高考标准化考场建设的力度，做到高考全程监控、无死角。始终保持高压态势，严厉打击考试作弊，严肃考风考纪，严防高科技舞弊行为的发生，同时对冒名顶替等行为进行全面排查。

全社会服务高考的保障能力

公安、交通、环保、疾控、商务等政府职能部门各司其职，全力提高“护航高考”能力建设，妥善处理考生及家长的报警求助，维护考点周边治安秩序。同时，切实落实服务考生“绿色通道”的有关要求，积极为考生提供应急通行便利，帮助转送赴考受困学生，共同营造安全和谐的考试环境。

在特殊情况下进行的2020年高考，各地各部门坚持了最高标准，落实了最严举措，总体平稳有序；对突发事件处置得当，经受住了考验，确保了高考万无一失，顺利实现了疫情防控下“平安高考”的总目标。

2020-7-15

老电影《决裂》与职业教育办学规律探索

江西共产主义劳动大学创办于1958年，是一所面向广大农村办学的农业类新型高校。该校在办学过程中探索形成了有别于传统学术型大学的理念和做法，为改革开放后我国高等职业教育的大发展发挥了“试验田”和“探路者”的重要作用。20世纪70年代，一部以该校为原型的故事影片——《决裂》拍摄并上映。该片于1975年摄制完成，1976年元旦公映。影片讲述了江南某地区党委决定创办一所“抗大”式半工半读农业高等学校——共产主义劳动大学松山分校的故事，该片的主人公们围绕学校选址、招生资格、课程内容、教学方法、校地合作等展开了激烈的争论，生动演绎了松山分校办学的艰辛、探索的不易及执着的情怀。在高等职业教育得到蓬勃发展的今天，再看这部老电影，的确有许多感慨，值得分析和回味。该片拍摄、公映于“文革”后期，距今虽然已有40多年，除去片中的极“左”词语，从当下教育的视角看，该片仍不失为一部可供研究和探讨职业教育办学规律的经典艺术之作。

学校选址之争：办在城郊还是“山头”

松山分校副校长曹仲和，以前一直在教育部门工作，在讨论学校选址时，他建议学校要建在城郊，因为那里空气清新、风景优美，又靠近城市，交通方便。校长龙国正则根据地委副书记唐宁的指示，提出要把学校建在山头上，办在贫下中农的家门口，他说：“这样虽然离城市远了，但离贫下中农近了。”

学校办在城郊还是办在农村，看起来是选址之争，实质却是“为谁培养人”之争。尤其是职业学校，办在什么地方，要考虑学校的办学性质和专业设置、当地经济社会发展的实际情况及人民群众的愿望等。我国幅员辽阔，经济发展水平不平衡，城乡差距较大，松山分校的实践也为我国的职业教育探索出了符合中国国情的职业教育发展之路。

培养目标之争：造就学问家还是建设者

在解决了学校选址问题后，关于培养目标、教学大纲的争论又开始了。教务主任孙子清向曹副校长汇报教学大纲的准备情况，他说："这个教学大纲，参考了名牌大学，甚至外国的好经验都体现在里面。只要按照这个教学大纲教学，教出来的学生不会比人差。"在大家讨论教学大纲时，第一个提出反对意见的是肖萍老师，她说："我是全日制大学出来的，都完不成这些课程。"孙主任也担心大批的工农学生跟不上。曹副校长认为，"我们这一套课程并不是我们自己发明的，全国的农业大学都是这样安排的"，"跟不上，就自然淘汰，这是个规律"，并强调，"学生要赶上大纲，大纲不能迁就学生"。结果在课堂上，徐牛崽同学说听不懂，孙主任则批评说，"越是听不懂，说明学问越深"。

龙校长在研读了《毛泽东同志论教育工作》及《教育学》《裴斯特洛齐文集》等著作后召集大家开研讨会，他认为，"半工半读不能照搬全日制那套。要闯出一条新路。怎么个闯法，大家没有经验。有一条要牢牢记住，我们培养的人才，必须是有社会主义觉悟的有文化的劳动者"。孙主任认为，"学生在这山沟里，见不到世面，怎么能培养高精尖人才"。龙校长说，"'抗大'在窑洞里，为中国革命培养了大批干部，在这山沟里，要多培养革命事业接班人"，"看一个学校的好坏，不能只看有没有高楼大厦，也不能看有没有专家教授，要看这个学校培养什么样的学生"。龙校长在巡查学生自习的时候，向肖萍老师了解学生的学习情况，当得知大家学习很刻苦，进步很快时，他动情地说，"要刻苦地学习，认真读书，'共大'培养的人才，既要有共产主义觉悟，又要有学问，还会生产劳动，成为又红又专的大学生"。

招录方式之争：江大年的手和曹小妹的通知书

在办学之初，松山分校缺经费、缺教室、缺老师，但是最头疼的是"合格"的学生很少。关于招生工作，影片有两个场景。第一个场景是面试现场。曹副校长和孙主任认为当地的考生文化水平低，准备到城里去招一些"高质量"的学生来。孙主任拒收没有文凭的工农学生，认为"这是大学，不是识字班，得有文凭，至少也要有同等学力"。龙校长则打开考场的大门，亲自和孙主任、"贫协"老代表组成面试小组，对想读"共大"的青年进行面试。江大年是农村优秀青年的代表，他上过一年中学，做过木匠，在公社的铁匠铺里当学徒，想开拖拉机。龙校长把江大年叫到身边，高举起他那布满老茧的手，动情地对现场群众说，"这就是上大学的资格"。其他来参加面试的青年有：徐牛崽，是青年突击队长、共青团员，在养猪场劳动，读过两年初中，想学兽医专业；妇女队长李金凤，是劳动模范、育种能手、共产党员，上了几年夜校，有一定的文化基础，现场还带来了自己育的稻种。第二个场景是曹小妹的大学录取通知书从“争取”到“放弃”的过程。与当地工农学生有着强烈求学愿望不同，曹副校长通过自己的关系，为自己的女儿曹小妹争取到了一个到城市上大学的指标。后来，经过激烈的思想斗争，曹小妹毅然在群众大会上把父亲通过关系帮她争取的大学录取通知书给撕了。

这两个场景，与其说是录取对象的争论，不如说是关于大学招录方式的探索。龙校长认为，共产主义劳动大学，第一条资格就是劳动人民，因为学校的性质是“半工半读、勤工俭学、社来社去”，学生从农村来，通过大学几年的培养，再回到农村去。如果说“江大年式”的招录方式有一定的局限性，“曹小妹式”的推荐制大学招录方式也存在靠裙带关系或走歪门邪道等弊端。当今职业教育推行的“文化素质+技能考核”的招录方式，则是吸取了两种方式的长处而形成的一种新的招录方式。这种方式可以追溯到“共大”，“共大”是初始设计者、艰辛探路者和重要贡献者。

课程改革之争：“马尾巴的功能”要不要讲

关于教学内容，影片出现了三个情节。一是春耕大忙季节，一位老社员拉着病牛来到学校，请求正在上课的孙主任为病牛诊治。孙主任生气地让老乡把牛牵走，并告诉他，“这是大学，不是兽医站”。二是孙主任在上课，“昨天讲了马的呼吸系统、消化系统，今天讲马尾巴的功能”。徐牛崽提意见，“学校是不是要把我们派到内蒙古养马去？上课几个月了老是讲马，可这儿马很少，山区更没有马。连石膏马都是第一次看到，听不懂老师讲的。建议改变课程，少讲马，多讲猪和牛”。三是学校水稻在育种中因温度过高而被烧坏。龙校长问肖萍老师是什么原因造成的，肖萍老师说是水稻育秧的教学计划与季节严重错位，浸种的时候讲收割，收割的时候讲浸种。肖萍老师的话引起了龙校长的沉思。他进行了调查研究，进一步了解到，林学系不讲江南的毛竹、油茶、杉树，却去讲俄罗斯的白桦树；农学系的土壤课不讲这里的红土壤，而讲欧洲、西伯利亚的黑土壤。为此，学校开会专题研究课程改革。龙校长指示，“要尽快改过来”。曹副校长则认为，“教材有自己的系统性，怎么能随便改呢？这一套是多少年的传统，是多少教育家心血的结晶”。龙校长坚持说，“教材的系统性应该适应于生产的季节性”。在课程如何改的问题上，还是老代表打开了大家的思路。老代表拿来两种泥，黄泥和红泥。他说，黄泥和红泥分别代表教学和生产。然后他把两种泥揉在一起，就分不出黄泥和红泥了。他进一步解释，种田人是如何学会种田的。他说，“小时候，大人讲一讲，自己做一做。做一做，大人又讲一讲”。这一讲，大家豁然开朗，这就叫“教学结合生产”。曹副校长还是想不通，“我们是想办农场还是办大学？世界上哪有这样的大学啊？”龙校长则斩钉截铁地说：“世界上没有，我们就办它一所嘛。共产主义劳动大学要闯出一条新路子。”由此推开了学校的教学和课程改革。

职业教育与普通教育是两种不同类型的教育，但具有同等重要的地位。如果职业教育不能从传统的高等教育中走出来，不能形成自己的课程特色，那就不会有很强的生命力，随时都可以被其他类型教育所取代。当然，“马尾巴的功能”并不是不能讲，关键是什么时候讲、怎么讲、对谁讲。

教学方法之争：“工农兵学员”如何教

在影片中，关于教学方法的争论也是一个重点。龙校长在考察一些农业大学的过程中，发现了人才培养的一些问题，如：农家子弟嫌弃自己母亲亲手缝制的衣裳，为了写毕业论文随意踩踏庄稼，毕了业不愿再回农村等。他说：“学农不爱农，学农不务农，这样培养出来的学生，怎么能赶上时代的步伐？怎么能和全国人民同心同德建设社会主义？”为改变“穿着鞋袜，在课堂里植树、在黑板上种田”的现状，全日制农学院毕业、分不清老毛竹和嫩毛竹的肖萍老师，率先把自己的“水稻课”课堂搬到了田间地头，这样不仅能让学生实时了解生产实际的知识，更有利于培养他们“学农爱农”的思想。通过教学方法的改革，丰富了学生的感性认识，加深了对教学内容的理解，提高了教育教学质量。

校地合作之争：15 名学生该不该开除

校地合作也是影片描述的另一个重点。学校周边的生产队发生了严重的虫害，此时生产队的劳力都出去运化肥了。教师李金凤得知情况后，赶紧回学校向曹副校长和孙主任汇报，建议学校派学生帮助生产队灭虫。曹副校长和孙主任正在组织学生考试，因而没有答应李金凤的请求。在没有办法的情况下，李金凤发动同学们连夜到生产队帮助农民灭虫。当同学们灭完虫回到学校的时候，等待他们的是“勒令退学”的通知。龙校长在了解原委后，再次召开党委会，纠正了对 15 名学生退学的决定，由此拉开了校地合作的序幕。龙校长在关注学生德育、智育、体育等全面发展的同时，决定把学校的小课堂搬进社会的大课堂，并积极开展社会服务。通过老师们开展“红土壤的研究”，孙主任的观念也得到了转变，他准备了猪、牛等模型，并主动为周边农民的病牛看病。学校的社会服务也得到了当地农民的赞许，一位老大娘说，“你们的技术好，价格又便宜，给猪看病价格便宜一半”。

电影《决裂》艺术地再现了以松山分校为代表的“共大”的奋斗历史。进入新时代，“共大”的实践仍在延续。20 世纪发生在中国大地上的“共大”办学实践，初步探索了我国职业教育的办学规律，值得认真总结和进一步研究。

2021-4-27

我的教育往事

党的十一届三中全会的召开，开启了我国改革开放的大幕。“拨乱反正”使教育领域迎来了大发展的春天。高考制度的恢复、自学考试制度的实施、教育投入的增加、教师节的设立、高等教育从精英教育向大众化、普及化迈进等使我国各级各类教育发生了翻天覆地的变化。我是这些变化的亲历者，也是我国教育改革发展的受益者。这部分内容记述了我参加高考、代课、大学生活、留校工作、出国考察、父母对我的教育等难以忘怀的教育往事。

代课教师：一个时代的印记

1979 年，17 岁的我高中毕业了。接着连续三年参加高考，都以失败告终。1981 年暑假，我在要不要继续复读的苦苦挣扎中逐步明晰了自己的人生规划。

人生的第一个理想

能不能先找一份工作，边工作边复习？这是一个两可的选择，来年能考上大学，最好；考不上就继续工作，这样既可以承受高考再次失利的风险，也可以稍微缓解一下家庭的困难。这一想法逐渐占据上风。可是到底找什么样的工作，又让我有点困惑了。一开始，我曾经在母校——鹤溪中学的教导处有过一段刻钢板的经历。刻钢板是印刷试卷的前道工序，先在蜡纸上用“铁笔”写字，写好后再上手推油印机油印。当时教导主任是聂而楫老师，我跟他谈了这个想法后，他说很好，不过中学已经有一位花老师了，不再需要人了。聂老师人很好，他说：“你家在塘西，我和塘西小学的杨福海校长打个招呼试试吧。”过了一段时间，我就直接去找杨福海校长，杨校长的家在后亭桥，我就赶到他家，边帮他干农活边提工作的事，他既没有答应也没有拒绝，始终没有结果。在学校当一名刻字工，是我人生的第一个理想。

峰回路转

暑假快要结束的某一天，正好遇到了我的同学周玲，她说塘西初中缺英语老师，问我能不能去代课。我当时的想法很简单，就是这个代课教师肯定比那个刻钢板的工作要“体面”。只是心里有点没底气，因为我的英语底子非常薄弱。1979 年第一次参加高考的时候，我选的是文科，英语不考，但要考数学。而数学是我的短板，后来在贡永和老师的鼓励下，我毅然选择报考英语专业。通过一年的努力，英语基础很薄弱的我，居然在 1981 年考了 62 分。当时是走读，每天到中学来回要走 15 里路，每天在上下学的路上，正好背英语单词。到家了再收听中央人民广播电台的英语节目，也就是那一年我的眼睛变近视了。

虽然没有底气，但我想高考英语过了及格线应该不算自不量力吧！至少是符合英语代课教师的基本条件。我就抱着试一试的想法去找塘西初中的龚炳坤校长，他原来是鹤溪中学的副校长，那年他正好调到塘西初中当校长。有一天得知他在鹤溪中学开会，傍晚的时候我就在他回家的必经之路——大寨河边上等他。功夫不负有心人，终于等来了龚校长。自我介绍后，他问了我的情况，因为我们是一个大队的，我父亲是全大队有名的老实人，他也认识我父亲。龚校长倒也很爽快，当即答应了我，说可以去上班，就这样，龚校长成为我人生中的第一位伯乐，开启了我为期一年的代课老师生涯。

边教学边复习

虽然英语考了 62 分，毕竟是应试教育，对于英语也还只是掌握了一些皮毛，什么元音、辅音都搞不清，更不用说教育学、心理学、教学法了。无知者无畏，好在有老同学的帮忙和其他老师的关照。塘西初中全校有 10 多位老师，大多是我原来初中时的老师。英语老师就两位，只有周玲知道我的英语基础。举个小例子，有次我去听周玲老师的课，还把她写成“Mr. Zhou”，让她一阵好笑。好在是老同学，她也没有和其他人说起过。我教初中一年级两个班的英语课，另外还要教初三年级的历史课和地理课。其实我很愿意担任历史、地理这两门课的教学工作，因为这两门课程也是高考科目，通过教学，可以帮助我有效巩固这两门课的知识。另外，为提高语文成绩，我在课余时间还习作作文，写完后再到鹤溪中学找沈丽君老师帮我批改，从中受益匪浅。

两个班的英语课代表分别叫朱红艳和季小花，正好是我同学朱洪富和季金虎的妹妹。她们两人的英语成绩很好，也从侧面帮助了我。在代课的一年中，最后悔的是我脾气不好，记得有个男生上课不听讲，我竟然把他的英语书给撕了，把他的书包也扔出了教室。现在回想起来，确实不太应该，当时没有反思可能是自己教得不够好，学生才不愿意听讲。就这样，边上课，边复习，工作和学习有条不紊地进行着。记得代课那一年的寒假，我就住在数学老师姜新南的宿舍里，既是护校值班，也便于挑灯夜战。

一年的快乐时光

那时，教师办公室里还摆放了一张乒乓球台，课余时间老师们可以打打球。周玲老师和她的男朋友——鹤溪中学的王永强老师经常比赛，当时我不会打乒乓球，当然也没有时间练习，很是羡慕！同事之间的关系也很融洽，记得朱坤元老师是管后勤的，家里杀了一头猪，他把猪头拿到学校，供老师们聚餐食用。姜建大老师是管财务的，每个月都要到鹤溪中学去领工资，回到学校发放。我当时的代课费是每月 28 元，后来涨到了 30 元。现在感觉这是一个小数目，但在那个时候对于一个农民家庭来说，可是一笔不小的收入。以至于我考上大学后，少了这笔收入，我母亲好长一段时间还不太适应！我还用人生第一个月的工资买了到目前为止唯一的一块手表——丹阳牌手表。

对于我而言，代课教师的工作虽然给了我压力，却也给了我高考的动力，开启了我认识社会的“第一扇窗”。代课教师是时代的产物，广大代课教师包括民办教师对农村基础教育做出了历史性贡献。1994 年何群导演拍摄的一部反映代课教师工作生活的影片《凤凰琴》，在社会上引起了强烈反响。之后，党和政府采取一系列措施，基本解决了代课教师、民办教师的编制问题，使代课教师成为一个时代的印记。

2012-8-2

“屡败屡战”，信念是一个人前行的力量

1979 年，改革开放的春风刚刚吹来，我高中毕业了。懵懵懂懂中，第一次参加了高考，结果名落孙山。纵有许多惆怅与不甘，也只能收拾行囊，从学校回到家乡，成为所谓的“回乡知青”。干了两个月的农活，父母看我心有不甘，鼓励我重拾课本，于是我又背起书包，成为当时颇为壮观的“复读大军”的一员。由于严重偏科，我的数学成绩始终没有多大起色，复读一年后，高考成绩还是不理想，但离录取线已经很近了。在班主任的指点下，我改报考外语专业，其实那时我英语成绩并不比数学好多少。但当时报考外语专业，数学成绩不计入总分，只是参考。抱着试试看的态度，又复读了一年，结果离录取分数线还是差了 10 多分。悔恨、失望、内疚，彻底让我打消了再去复读的念头，但要上大学的梦想始终没有破灭。一个偶然的机会，我成为一名乡村初中的英语代课教师。教授初一英语，兼授初三的历史课、地理课。现在想来，真应了那句古语“无心插柳柳成荫”，备课的过程，也是学习的过程，自己的三门课程因此得到了系统的复习和巩固。那段时光，感觉自己浑身充满了力量，可能就是现在所说的“正能量”。早上迎着晨曦，在乡村小道上跑步。白天上课，晚上在矮小的学校宿舍温习功课，憧憬着自己的“大学梦”。

寒来暑往，我人生的第四次高考来了。高考结束两个月后，我终于等来了人生最重要的第一份录取通知书。虽然只是大专，但我也是整个大队第一位大学生。同时我也被母校树为“屡败屡战”的典型，作为激励那些高考失利、重新复读、追求梦想的孩子的正面教材，宣传了好几年。

这么多年过去了，现在回忆起来，那段时光不仅仅是一个“苦”字可以形容的。我们那一代人，当时虽说高中毕业，其实没有学到多少知识，小学五年半、初中和高中各两年，都是办在大队的村校，几乎没有学到系统的知识，还要经常参加支农活动，因此参加高考是一种勇气，能够考上大学则更是一种运气了。

高考，不仅成为我人生的一个重要转折点，也成为我人生的宝贵财富和资源。从我参加高考的体验来说，我觉得有样东西非常重要，那就是信念。信念是支撑一个人前行的重要力量，有了信念就会始终不渝地努力。

在当年的艰苦条件下，我若是失去信念，就没有三年复读的毅力，更没有四度高考的勇气，后来或许会成为一个地道的农民，或许会成为一名乡村教师，至于大学，也只能成为遥远的梦想了。走上工作岗位后要学习的东西更多，依然不能缺少信念，唯有不断地完善自我，才能获得更多前行的力量。从这个意义上来说，高考只是其中的一个小小环节。

党的十一届三中全会的召开，拉开了全国范围内“拨乱反正”的大幕，全国统一的高考制度也得以恢复。广大青年重新看到了希望，纷纷踊跃报考，尤其是广大农村青年从此改变了自己的命运。由此，高考不仅成为当代中国社会阶层迁移最公平的一种阶梯，同时也成为中国当今社会最公平的一种制度，一直得到党和政府的高度呵护和人民群众的由衷拥护。

2013-6-7

难忘的大学岁月

1982 年 7 月，我以家乡初中代课教师的身份又一次走进了高考的考场，这一年丹阳县城设有考场了。夏天的酷热没有影响我在考场正常发挥，发榜之后，我达到了录取最低分数线，并且参加了英语口试，总体感觉良好。就在家耐心等待录取通知书了。

等待

那时实行的也是先行填报志愿，我所填报的志愿从本科到中专，第一志愿清一色的是师范院校，本科是江苏师范学院（现苏州大学)，专科是镇江师专，中专是丹阳师范学校。之所以填报师范院校，主要有三大原因：一是我的两个叔叔和一个姑姑都是小学教师，我从小受到他们的影响，觉得教师职业既光荣又稳定；二是读师范不用花伙食费，作为来自农村家庭的我，这样做自然可以减轻家庭的开支；三是通过一年的代课教师经历，我深深感受到教师在农村也是能够得到人们的尊重的，在代课期间，我们大队只要认识我的，哪怕是年长的，在路上碰到都会喊我一声“壮老师”，令我特别感动。

暑假很快过去了，到了 9 月份，通知书还没有到。当时通信不便，我也不知道大学录取是按照批次录取的。为了能够早日见到录取通知书，我就每天骑着自行车，到蒋墅镇的邮局去，因为我的一个亲戚正好在邮局工作，去了之后顺便还可以到鹤溪中学老师那坐会儿，聊聊天。在 9 月中旬的一天，我终于盼来了镇江师专的录取通知书。拿到通知书的那一刻，激动的心情不亚于范进中举，只是没有满大街喊出来而已。试想如果那一年再考不上，真是难以面对家人和同事。

准备

从中旬接到录取通知书到开学报到，只有 10 天左右时间。在这段时间，我主要做了三件事。一是办理户口和粮油转移关系，这是最重要的，户口要到乡派出所办理，粮油关系则到乡粮管所办理。二是准备行李。我是第一次出远门，父亲还专门到镇上给我买了一个大箱子。三是感谢师恩。为了感谢母校老师的长期关心与我代课初中同事的大力支持，我和父母商量要请客，父母也很支持我的想法。那时比较艰苦，请客是不可能到饭店的，就在自己家里。最重要的食材当然是肉和鱼。那天一大早我和父亲到镇上买肉，好像买了二三十斤肉，是父亲用扁担挑回来的。鱼则由我哥哥负责，他还特地到河里抓了几只大甲鱼，酒就是丹阳黄酒。当天晚上刚好遇上停电，在煤油灯光下，我为老师们一一敬酒，气氛异常热烈。那一次也是我第一次喝酒，喝完酒我还用自行车把一位不会骑自行车的老师送回鹤溪中学。借着皎洁的月光，自行车摇摇晃晃地把老师安全送到了学校。在报到的前一天，我还到自己地里为水稻洒了专治稻飞虱的农药，那时农村刚实行联产承包责任制。

报到

到镇江报到，当时有两种交通工具，一是长途汽车，二是乘火车。由于蒋墅镇上才有长途汽车，况且我也不知道班次，因此决定乘火车去报到。由于是第一次出远门，行李有点多，所以父亲和哥哥两人把我送到奔牛火车站，父亲还一直陪着我到镇江下了火车，目送我上了学校的新生接待车才往家赶。报到手续办理倒也很快，高年级的学长帮我把行李送到了宿舍。那时的男生宿舍建在一个小山坡上，共7层，我的宿舍就在第七层，宿舍共有8个人，都是同班的同学，我住在上铺，我的下铺是来自溧阳的邓力同学。就这样开始了我三年的大学生活。现在回想起来，唯一遗憾的是当时没有让父亲到学校看一看学校的情况，他把我送到火车站就回程了。因为奔牛是沪宁线上的小站，只有慢车才停靠，班次比较少，当时主要还是怕错过了火车的班次。

学习

我的班级名称是82英语（一）班，全班25人，10位男生，15位女生，我的学号是20号。我的同学基本都来自现在的无锡、常州、镇江和南京这四个地区。班级的辅导员是蒋秀珍老师，她是宜兴人，是毕业留校的。当时我们班的培养目标是初中英语教师，目标很清晰，专业思想也很巩固。公共课程主要是大学语文、政治、教育学、心理学、体育等课程，专业课程有英语精读、泛读、听力、英美文学、教学法等课程。课程学习较为轻松，我当时的主要想法是在学好专业课的基础上好好弥补一下素质教育课程。于是当时还买了柳公权的楷书字帖，课余时间开始练习毛笔字，还买了一支笛子，学吹笛子。毛笔字有所进步，但笛子没有学好，估计和我缺少音乐细胞有关。学校的伙食很好，每月定期发饭票28斤，菜票10元，在改革开放初期有这样的标准也是很不错了，经常还可以买点五香排骨和糖醋排骨，现在还觉得回味无穷。学校的管理非常严格，晚上要参加晚自习，早晨要参加早跑步，不起床是不可能的，体育老师会到宿舍，看见没有起床的同学，直接就把被子掀掉。周末是值得大家期待的，因为可以在教室看电视，虽然是黑白电视，但日本电视剧《血疑》和国产电视剧《霍元甲》都给大家留下了很深的印象。有时周末还组织舞会，我的华尔兹就是在那时学会的，但四步舞始终没有学好。周末班级也组织郊游，印象最深的就是到镇江三山，但那时这些地方需要门票，也就不会经常去，只能到镇江南山去爬山，那时的南山还没有开发，既没有路，也不要门票，是我们这些有力气没有钱的大学生的好去处。

实习

转眼到了三年级的第一学期，为期两个月的教育实习要开始了。我被分配到镇江第一中学实习。教育实习工作主要包括教学和班主任工作两个方面。指导我的班主任是一位数学女教师，英语教学是由何老师负责指导。何老师是我的学长，也是镇江师专英语专业毕业的。刚开始的一周我主要是听课和熟悉班级工作。第二周开始，我便撰写备课笔记，进行试讲，试讲合格后才能上讲台正式教学。由于我有一年的代课教师经历，所以进入角色比较快，教学环节和课堂管理都很流畅到位。实习中印象最深的是三件事。第一件事是早晨上课前要和学生一起跑步，当时穿的是棉袄，外面套了一件黄军装，不穿棉袄太冷，穿了棉袄一跑步就嫌热，因此跑前就把棉袄脱了，穿外衣，跑完步再在棉袄上套上外衣，很是麻烦。第二件事是中学的课间餐。在第一中学实习期间，还享受到了学校给教师和学生的待遇，就是在上午两节课之后每人都有一份免费的点心供应。在当时正当长身体的年龄段，这也算得上是非常高的待遇了。第三件事是完成班主任交给我的任务，去联系一位家长。当时通信不够发达，只知道大概的一个地址，就和学生一起出发了。在镇江七里甸的方向走了半天也没有找到家长的单位，只好返程，算是没有完成任务。为期两个月的教育实习结束了，我的教学和班主任工作两项成绩均获得了“优秀”等次。

毕业

到了三年级，大家都在思考工作问题。正是在这一年，外语科的领导班子做了调整，来了一位分管学生工作的党支部副书记夏光荣同志，他是外语系 82 年毕业留校的。他工作敬业，勤恳踏实，关心学生，尤其是知人善任。他来了之后对所有同学的情况进行了摸底分析，发现我还不是共青团员。由于我 1979 年就高中毕业了，毕业之前叫“红卫兵”，共青团组织恢复之后我又回乡务农了，结果直到上了大学也还不是团员。他找我谈了话，说不是团员到中学去组织班会说不过去。之后让我写了《入团申请书》，并在实习开始前召开班级团支部会议，研究讨论并一致通过了我和叶骅两位同学的入团申请。当时校园里的黑板报是学校团委负责的，轮流由全校各个科每月出一期板报。由于我的毛笔字比较好，这样夏书记就把这一任务交给了我，从选题、书写到插图都由我一个人完成，为了尽快让板报与读者“见面”，有时要忙个通宵。当时我也不觉得累，当看到自己的“作品”有来来往往的领导和师生停下来阅读的时候还颇有几分成就感。

转眼到了最后一学期，面临毕业分配。我的理想就是回到我的母校鹤溪中学，当一名初中英语教师。有一天夏书记找我谈话，问我想不想留校。这个问题对我来说想都不用想，当即答应下来。作为一个农家子弟，能够留在城市并在大学工作，还有什么不愿意的呢？就这样我顺利留校工作，在外语科当干事。一年后的 4 月份我入了党，我是我们班最后一个入团、第一个入党的人。这一切都与夏光荣书记的关心和培养分不开，他是我人生道路上遇到的第二个伯乐。

大学时光对于每个大学生来说都是一样的，但并不是每个大学生都是用同一种方式度过。如饥似渴刻苦攻读的有之，浑浑噩噩苦熬日子的有之，成天忙忙碌碌打工赚钱的有之，花前月下卿卿我我的有之……但无论如何，大学是美好的，也是短暂的，容不得半点虚度。大学是开启美好人生的第一步，在打牢基础知识的同时，发展能力则是重中之重。

2014-2-17

留校工作:“学会走路”的三年

1985年7月，到了毕业分配季。我的同学中，有分到常州几所中专学校的，也有分到外资企业的，但大多数都分配到了原籍地的中学当老师。留校对我来说，是最好的选择。1983年开始行政区划调整，我的家乡在丹阳，属于镇江市。当时师范院校分配有个名词叫“切块”，就是师范院校毕业分配到其他系统，哪怕到其他系统所属学校当教师也要占“切块”名额。当年镇江市没有“切块”名额，留校也就成为我毕业分配比较理想的一种安排。既然留下来就好好工作，那年暑假我没有立即回家，而是在外语科熟悉工作。当时学校系级教学单位的名称还是科，如中文科、外语科等，担任秘书工作的称为科干事，后来科才改为系，科干事也改称为系秘书。科干事属于党政领导部门的综合办事人员，既受科主任的领导，也接受党支部的领导，主要负责党政工作会议的组织、课程安排、教学服务、文件管理等工作。

会议室的方凳

外语科是全校较小的一个教学单位，教职工也就20多人。记得当时经常要召开全科教师大会或者政治学习，当时的书记、副书记的办公室还要兼作会议室用。要开会自然要有凳子，原来凳子都集中在这里，但有的老师听课就到会议室拿，听完课之后往往又忘记还回来。这导致每次开会前我都要到处去找凳子，于是党支部熊森根书记就指示我，要想办法解决这个问题。听课老师确实需要凳子，而开会也需要，几天之后我终于想出来一个比较“粗暴”的办法。我到总务处挑选了一些比较新的凳子，再要了一段铅丝，把所有的凳子连接起来固定好，作为会议室专用凳子。与此同时，在我办公室准备一些备用凳子，供老师们听课的时候借用。记得有一次，一位年轻教师急匆匆地来到会议室按照“老套路”拿凳子，结果“牵一发而动全身”，当然就没拿到。后来熊书记还到我办公室表扬说，“这个办法管用”，夏光荣副书记则说“这是没有办法的好办法”。从此会议室的凳子再也没有少过。

难忘的“忘记”

就这样，我在科干事岗位上忙忙碌碌地工作了一年。由于当时学校党政办公室的李晓婷老师要调到镇江市委高校工委去工作，所以学校党政办就在物色接替李晓婷老师的人选。当然没有公开选拔，只是在我们这一些留校的干事们中间选择。最后居然选了我，我当时还没有思想准备，也没有那个想法。事后知道，当时我们这些干事主要和后勤、学生系统比较熟悉，分管后勤工作的陈中行副校长、分管思想政治工作的周希泉副书记都推荐了我，夏光荣副书记也举荐了我。同样是秘书，到学校办公室当秘书，相当于某种意义上的“提拔”了。

当时学校党政办公室是两块牌子一套班子，党委办公室、校长办公室合署办公。主任是陈金榜老师，副主任是李晓波老师，我是秘书。我主要负责文书档案、车辆管理、校长办公会的会议记录等工作。文书档案、会议记录等工作按部就班就行了，而车辆管理就比较烦琐，既要和驾驶员协调，又要和校领导请示汇报。记得有一次，已经离休的党委钱前老书记要我派一次车，我居然给忘记了。当时老书记就到办公室狠狠批评了我。钱书记是老革命，离休干部，在学校属于级别很高的干部。他当时批评得很严厉，我也诚恳地向老书记作了自我批评。这是我参加工作以来的首次比较严重的失误，由于我的粗心大意，耽误了他的行程。这一次的失误，既是一次深刻的教训，也是一次非常及时的教育，对培养我严谨细致的工作作风大有好处。

意外的表扬

1986 年年底，江苏省高教局在河海大学组织了一次省属高校科技年报统计会议，我们学校负责此项工作的是教务处邓之光副处长，他安排我去参加这个会议。虽然是一次工作会议，但这是我第一次代表学校参加。负责会务工作的是发展规划处张兆臣和张鲤鲤两位同志，他们也是刚刚分配到高教局的大学毕业生。这次会议的会期是一天，因此，我提前一天就去河海大学报到了。第二天，我参加了会议，领取了会议资料，做好了会议记录，领会了会议精神，开完会就返程了。回到学校，我向邓之光副处长做了汇报，并按照会议要求填好了相应的报表，经邓副处长审阅签字、盖了学校公章后就把资料寄回高教局。这样，会议的所有工作就告一段落了。

一个多月之后，省高教局在工作简报中通报了全省高校科技统计填报工作的情况，并对填报及时、数据准确的几所高校给予了特别表扬，镇江师专名列其中。党委周希泉副书记还特地将此文件中的镇江师专标注了出来，并对我提出了表扬和鼓励。

如果说上大学前的一年代课经历是我认识社会“蹒跚学步”的话，那么镇江师专三年留校工作经历则给了我“独立行走”的实践锻炼。在“学习走路”的过程中，老师们对我的关心、教诲、“搀扶”至今仍难以忘怀。如：邓之光老师让我抓紧读书，学历要上台阶；夏光荣老师的敬业精神，对学生所思、所盼十分了解；李晓波老师对学校工作的宏观把握、三两天就能把学校党政工作计划、总结呈现在领导面前；等等。现在我对这些还记忆犹新。留校的三年时光虽然短暂，但这些亦师亦友的领导和同事们成为我身边的榜样，给了我前行的力量。

2014-4-26

第 30 个教师节感怀

1985 年，注定是一个不平凡的年份。这一年，我从镇江师专毕业，如愿成为一名教师；这一年的 1 月 21 日，第六届全国人大常委会第九次会议作出决议，将每年的 9 月 10 日定为我国的教师节。从此，我的教龄就和教师节的届数与年俱增。转眼之间，第 30 个教师节到来了，这也喻示着我走上教师的岗位已经 30 载了。这 30 年，我也见证了教育事业的改革和发展，真正体会到了教育事业的发展给每个人、每个家庭带来的巨大的影响，也切身体会到了教师在社会地位、经济地位上的显著提升。

过去：从三个数据看教育事业的发展

设立教师节以来，我国的教育事业取得了长足的发展，从三个数据可见一斑。

一是形成了世界上最大规模的教育体系。

据统计，截止到 2013 年年底，全国各级各类学校专任教师 1476. 82 万人，其中幼儿园专任教师 166. 35 万人（含民办 102 万人）、普通小学专任教师 558. 46 万人、初中专任教师 348. 10 万人、普通高中专任教师 162. 90 万人、中等职业学校专任教师 86. 56 万人、普通高等学校专任教师 149. 69 万人、特殊教育学校专任教师 4. 57 万人、工读学校专任教师 1851 人。他们工作在 52 万所学校，支撑起了 2. 57 亿在校学生（截止到 2012 年年底，普通高校在校学生数为 2536. 5647 万人）这个世界上最大规模的教育体系，为我国实现从人口大国向人力资源大国的转变做出了巨大贡献。

二是财政性教育经费要占到 GDP 的 4%。

1993 年《中国教育改革发展纲要》提出，在 20 世纪末财政性教育经费要占到 GDP 的 4%，2012 年达到 4%，用时 19 年，历经四届政府，三任总理。2014 年 9 月 9 日，习近平总书记在同北京师范大学师生代表座谈时强调：“2012 年以来我国财政性教育经费支出占当年国内生产总值比例达到 4%，这是很大的一件事。”

三是高等教育毛入学率达到大众化水平。

高等教育毛入学率是指高等教育在学人数与适龄人口之比。适龄人口是指 18~22 岁年龄段的人口数。国际上通常认为，高等教育毛入学率在 15%以下时属于精英教育阶段，15%~50%为高等教育大众化阶段，50%以上为高等教育普及化阶段。

1978 年，中国的高等教育毛入学率只有 1.55%，1988 年达到 3.7%，1998 年升至 9.76%。1999 年开始大学扩招，高等教育毛入学率快速上升，2002 年达到 15%，高等教育从精英教育阶段进入大众化阶段。2007 年中国高等教育毛入学率达到 23%，2010 年达到 26.5%。近年来，我国高等教育毛入学率逐步增长，2012 年达 30%，2013 年达 34.5%，2014 年达 37.5%，预计到 2019 年，高等教育毛入学率将达到 50%以上，中国将进入高等教育普及化阶段。2013 年我国高等教育毛入学率达 30%，江苏的高等教育毛入学率达 49%，接近高等教育普及化水平。

现在：从三个角度看教育事业存在的问题

虽然在 30 年的发展过程中，我们的教育事业取得了长足的发展，教师的数量及素质均有了很大的提升，但环顾我们的教育，还存在许多亟待解决的问题。

从宏观看，学前教育还存在着“入园难、入园贵”的问题，义务教育还存在着“择校”的问题，高中阶段教育还存在着“应试教育”的问题，高等教育还存在着“钱学森之问”，即“为什么我们的学校总是培养不出杰出人才?”，也就是创新的问题。

从教师队伍来看，虽然教师队伍总量增加了，基本满足了各级各类教育的需求，但教师年龄结构、学历结构、职称结构还没有得到优化，还不能满足人才培养的需求。

从高职教育来看，主要存在三大问题，一是高职教育在社会上的认同度不高；二是专业建设还不能同时满足用人单位和家长、考生的需求；三是课程建设相对滞后，教学内容与生产、建设、管理、服务一线的现实还存在一定差距。

未来：从三个变化看教育事业未来的发展

尽管当前在教育系统和高职教育内部还存在这样那样的问题，但我们没有任何理由对教师职业的前途感到悲观和失望，相反，应该充满信心。

一是党和国家对教师提出了殷切希望。

2014 年 9 月 9 日，习近平总书记到北京师范大学考察。他强调，百年大计，教育为本，教育大计，教师为本。全国广大教师要做有理想信念、有道德情操、有扎实知识、有仁爱之心的“四有”好老师，并且希望教师成为中华民族“梦之队”的筑梦人。

二是教师社会地位已经达到一定的高度。

从社会地位说，作为“灵魂工程师”的教师职业正成为“太阳底下最光辉的职业”之一。1985 年我国设立教师节。1993 年颁布《教师法》，1996 年颁布《职业教育法》，1999 年颁布《高等教育法》，这些法律法规确保了教师在国家各个阶层的地位。同时，随着公务员阳光工资的实施、央企的降薪和教师绩效工资的实施，教师与其他行业的薪资差距事实上在拉近。

三是教师的整体素质还在不断提高。

各级各类教育主管部门在教师的选拔、聘用、培训到教师的职称、职务的晋升方面都出台了相关的制度，并且能很好地落到实处。这对教师整体素质的提升起到了积极的推动作用。

转眼间，我度过了 30 个教师节，从一个懵懂的毛头小伙，到了知天命的年龄。依稀记得我第一次上讲台的那种局促，第一次晋升职称的喜悦……30 年的教师生涯，的确给了我很多东西，它见证了我的成长和成熟。那不仅仅是一种经历，更是美好的年华，更有美妙的回忆和宝贵的财富。我对教育事业充满了热爱，真心地希望再过 30 年，教育事业有更大的发展。同时也祝愿我们所有的教师有“情”——对教育事业充满感情，有“心”——对教师职业充满信心，有“爱”——对所有学生充满关爱。

2014-9-10

永无止境的自学之路

1985 年，我从镇江师专毕业留校工作，先在外语科担任科干事，一年后调入学校党办、校办任秘书。本以为从事行政工作，专科学历已经够用，但这仅仅才是起步。当时镇江船舶学院有个思想政治教育专业的本科班，因为我想调回常州工作，便没有报考，这样就失去了一次“专升本”的机会。

艰辛的八年自考

1988 年暑假，我顺利调到常州机械学校任教。当时专科学历的教师还说得过去，但是在改革开放的形势下，预感到知识时代的到来，学历是人生事业发展的重要基石。因此，作为一名中专学校的教师，学历提升计划被提上了个人发展的日程。然而，当时“专升本”学历提升的通道还不够丰富，1989 年，我首次参加了由南京师范大学主考的英语本科专业自学考试。主要科目有公共课《政治经济学》和若干门专业课，加上第二外语。第一次我报考了《政治经济学》，暑假在家复习，下半年参加考试，当时实行“一年两考”制度，即每门课程上半年、下半年各开考一次。牛刀小试，下半年的《政治经济学》我考了 77 分，顺利过关。这一门考试的顺利通过，也增强了我走自学考试这一条道路的信心。然而这一条路一走就是 8 年，走得非常艰辛。随着课程的增多，难度也逐渐增大，而且之后“一年两考”变成了“一年一考”，更增加了考试的难度，就像农民种庄稼一样，错过了一季，就要待到来年。虽然之后“专升本”的途径有所扩大，但是我已经通过了近一半的课程，中途放弃又不是我的性格。此后，便咬牙坚持，边工作边自学。别人的暑假是避暑，我的暑假是挥汗如雨，挑灯夜战；春暖花开的季节，别人踏青，我则骑上自行车来到小区旁的田埂上，在油菜花香的陪伴下复习。在觅渡桥小学的教室里，在教育学院附中的教室里，都有我参加考前培训的身影。对我来说，第二外语的考试，显得尤其艰辛。我二外选择的是日语，由于是零基础，通过自学，首次考试只考了 58 分，没有通过。于是就报名参加了一个在教院附中设立的日语补习班。授课教师教学有方再加上自己的努力，我第二次日语考了 82 分，顺利通过了最后一门考试。通过 8 年的自学考试，1997 年我顺利拿到了南京师范大学的自考本科毕业证书，到自学考试办公室拿到毕业证书的那一刻，心潮澎湃。拿到学历证书之后，又有一个消息传来，说可以申请学位证书。条件有三条：第二外语成绩良好（75 分）以上；专业综合考试合格；通过学位论文答辩。这样的机会不容错过，于是我就报名参加了南师大组织的综合考试培训班，顺利通过。之后学校为我们指定了学位论文指导老师，我的指导老师是年轻潇洒的张向阳老师，我选定的题目是《英语颜色词的运用》。论文要求全英文写作，初稿完成后，张老师提了很多修改意见和建议。修改完之后参加论文答辩，我顺利通过。1999 年我获得了南师大的文学学士学位。

意想不到的硕士学位

在准备申请学士学位的过程中，我在 1997 年至 1999 年又参加了由苏州大学和江苏技术师范学院共同举办的面向在常中职学校管理干部和教师的教育经济与管理研究生课程进修班的学习。本来进修班是一种非学历教育，然而在课程班结束后，按照苏州大学的规定，凡是在课程班进修取得结业证书的人员，只要能通过由苏大组织的外语和专业课的综合考试，可以以同等学力申请该校的硕士学位。我是英语本科专业毕业，因此外语这一项可以免考。之后我参加了苏大组织的专业综合考试，考试通过后又开始学位论文的写作。我的导师是唐斌老师，他对职业教育很有研究，我把选题和论文思路向他报告了之后，就开始收集资料，撰写论文提纲。在导师的多次指导修改下，已经达到了申请答辩的条件。苏州大学教育学院办公室的王青老师负责我的答辩事宜，唐斌老师和她商量之后，教育学院院长周川老师决定，我的论文答辩就在常州机械学校进行。2002 年 4 月份，由苏州铁道师范学院韦洪涛老师担任主席的答辩组来到常州，参加我的硕士论文答辩。答辩很顺利，当年 6 月份我就取得了苏州大学教育经济与管理专业的管理学硕士学位。那一年常州机械学校一共有三人获得硕士学位，也是首批硕士。巧合的是，我们三人都来自同一个乡，同一个中学，第一学历还都是专科文凭。

志在必得的博士学位

获得硕士的 2002 年，学校也由中职学校升格为高等职业技术学院，进入了高等学校的行列。因此，学院升格后，开始大批引进有硕士研究生学历的教师。我在取得硕士学位证书还没有来得及喘口气的时候，向更高学历进军的号角又吹响了。华东师范大学是全国第一个职业教育学一级学科硕士点和博士点，上海与常州比较近，交通便利，2003 年我试着报考了华东师范大学职业教育与成人教育研究所的职业技术教育学的博士研究生。期间，我有幸认识了该所所长、博士生导师石伟平教授，在他的鼓励和关心下，我终于在 2004 年考上了他的博士研究生。在石老师的悉心指导下，我顺利完成了《高职教育行动导向教学体系》的博士学位论文初稿，经过了预答辩和进一步修改后，在 2007 年 4 月份我参加了由全国著名教育学者钟启泉教授担任答辩委员会主席的博士学位论文答辩。经过自述、提问、答辩等环节，我的学位论文也得到了答辩委员会成员的一致认可，答辩顺利通过。在 6 月份召开的毕业典礼上，中国工程院院士何积丰教授亲自为我颁发了博士研究生毕业证书和博士学位证书。

“活到老学到老。”中国共产党从 1921 年成立，经过 28 年艰苦卓绝的奋斗，建立了新中国。我从 1979 年高中毕业到 2007 年获得博士学位，也正好是 28 年。值得庆幸的是，正是有了中国共产党的领导，才开启了改革开放和现代化建设的大幕，而我正好赶上了这一美好的时代，才有了改变命运的机会，中国高等教育的大发展又给了我提升学历的空间和机会。我的一段段求学经历，是我国改革开放和现代化建设伟大事业的小小故事；我的一张张学历证书，也见证了我国由精英高等教育向大众化高等教育迈进的光辉历史。我的学历提升之路虽艰辛，但苦中有乐，乐在其中，苦乐相伴。感谢伟大的时代！

2020-7-9

一次难忘的国外教育研学之旅

2003 年到 2013 年的 10 年间，我先后 5 次到国外高校参加研学活动，到过欧洲、美洲和大洋洲的 7 个国家，参观考察了数十所高等学校。这些研学活动使我了解了异国他乡的风土人情，开阔了眼界，丰富了我的人生阅历，而且每一次的国外研学活动都对我的教育研究有着重要的意义。在这 5 次国外教育研学之旅中，2005 年暑期的丹麦之行最惊险，令我终生难忘。

不太顺利的出访手续

首先是“去”的手续办得不够顺利。按照要求，当时我的身份是华东师范大学的学生，凭丹麦罗斯基勒大学的邀请函先去丹麦驻上海总领事馆办理签证。然而当天到了领馆之后，我用的是因公出国护照，却没有出国任务批件。因此，签证官说可以办理因私护照再办理签证。结果是当天的签证没有办成，无功而返。

回到常州以后，首先询问如何办理因私护照。通过打听，得知因为我是教育厅厅管干部，所以办理因私护照需要教育厅组织处出证明。随后电话咨询教育厅组织处，得到的答复是不能因私，只能因公。无奈回到学校，我产生了放弃的想法，学院外事办的徐萍萍老师说按因公渠道，具体手续由她到省外办办理。因公出国任务批件办得倒还算顺利，拿到批件后我再一次去丹麦驻上海总领事馆办理签证，材料收下后不久签证也就到了。之后我委托携程旅游公司买了去丹麦的来回机票，按照预定的日程我们一行四人踏上了赴丹麦为期两周的研学之旅。

机场惊魂

研学期间，我共听了 5 场讲座，参加了研讨小组的所有活动。研学之余，还参观了丹麦首都哥本哈根的文化景点，看到了安徒生笔下的“美人鱼”雕像；感受了丹麦的无人售票火车，到了丹麦和瑞典边界，乘游轮踏上了瑞典的国土。转眼间，研学活动即将结束，大家收拾行李精神饱满准备回国了。

然而就在“回”的路上，发生了一件惊险的、令我终生难忘的事情。因为我买的是双程直达机票，而参加研学活动的其他三人买的回程票是到莫斯科转机再回上海，因此他们三人上午先登机，而我是下午的航班。按照航程时间，我虽然比他们出发晚，但应该比他们先到上海。可在机场候机的时候，一件意想不到的事情发生了。我带了两件行李，一个挎包和一个大箱子。在距离登机安检的前一个多小时，我就把护照、机票等东西放进小挎包，并把包放在座位边上。这时，两个欧洲人来到我旁边，其中一个人跟我叽里呱啦地说着什么，我在努力地听他讲些什么。等我一回头发现我的挎包不见了，这才意识到，刚才那两个人其实是在“演双簧”，一个在吸引我的注意力，一个伺机偷我的挎包，等得手后两人迅速离开，一会儿就不见了踪影。这时，我的脑子“轰”的一下全空白了，因为我的护照、机票、现金全在包里！

我拖着大箱子在候机室转悠了一圈，根本看不到小偷的踪迹。我找了个座位，稳定一下情绪，捋了捋思路。然后来到机票改签窗口改签机票。接待我的是一位华裔小伙子，我和他说了原委，并咨询他遇到这样的事情如何处理。他先帮我办理了机票改签手续，并告诉我去机场警署报案。然后我去了警署，做了登记。当时我身无分文，手机漫游也到期了，电话也打不通。我请求警察，能否送我回丹麦罗斯基勒大学。他说不行，他的执勤地点就是机场。他说的也没有错，但我想如果在中国，人民警察肯定会用110警车把一个外国人送到他要去的地方，况且车程也就半小时。现在回想起来，有困难找警察，在中国管用，在丹麦，不管用。从警署出来，我又去了改签窗口，还是原来那个小伙子帮我打通了研学活动主办方——丹麦罗斯基勒大学终身教育学院院长亨宁（Henning）教授的电话，并帮我叫了出租车，告知出租车到了目的地由亨宁教授来支付车费。

夜幕悄悄降临了，出租车载着我向亨宁教授家奔去。虽然哥本哈根郊外的夜景很美，但我没有心情去领略，只是想着如何尽快地回国。车很快到了亨宁教授的别墅旁边，亨宁教授和夫人已经在等我了。亨宁教授代我付了车费，亨宁教授的夫人则给我了一个大大的拥抱以示安慰，让我绷紧的神经稍稍得到了放松。

怒打小老鼠

到了亨宁教授家，先吃晚饭，饭后亨宁教授先联系我国驻丹麦大使馆，申领旅行护照。不巧的是，第二天8月13日是周六。所幸的是使馆有人值班，预约第二天上午9：00到使馆补办护照。因为在国外护照就是身份证明。使馆要求提供户口本，但因为我的手机已停止漫游，所以亨宁教授通过网络电话与国内取得了联系。丹麦是傍晚，国内还没有天亮。那时传真机还比较少，到学校又比较远，我的爱人邱晓红老师就联系她做外贸的同学丁蓉芬和杨国华，才把户口本传真给了大使馆。这时我悬着的心才稍稍有点放松，亨宁教授遂安排我洗澡。到了浴室，发现了一只老鼠，因为亨宁教授家是双拼别墅，一幢别墅两家住，亨宁教授家住一楼，有老鼠进来也很正常。当时我看见老鼠，格外眼红，遂将老鼠当小偷，把积聚在心中的怒火全部倾泻到倒霉的老鼠身上。不一会儿，小老鼠就一命呜呼了。小老鼠恐怕不会明白，打死它的竟然是来自万里之遥的东方文明古国的文明人。事后想想，这个小老鼠也是为那两个小偷而死。如果没有小偷，我的包就不会丢，自然也就回不到亨宁教授家，更不会遇到这只小老鼠。洗完澡，躺在亨宁教授小儿子的床上，回想着下午发生的事，头疼难忍，吃了扑热息痛药片才渐渐入睡。

补办护照

第二天早上，洗漱完毕吃完早饭，亨宁教授开车带我去哥本哈根我国驻丹麦使馆补办护照。路上，亨宁教授在一个岗亭旁停下车，掏出硬币并把硬币投进了亭子的投币口，然后让我进去坐下不要动，此时只听“咔嚓”一声，原来是自动拍照机。等我走出亭子，照片就出来了。看着照片上自己疲惫的脸庞、苦涩的笑，五味杂陈。到了大使馆，在院子等了一会，居然还有几个也是来补办护照的中国人，原因都是被偷，真是出处没有聚处多啊！接待我的是一位籍贯山东的外交官，他说去过上海，印象很好。他还说，现在每天都会发生好几起游客护照被偷的事件。几年前是偷日本人，后来日本人都用银行卡了，就专门瞄准中国人，因为中国人身上都有现金，一偷一个准。补办护照的费用也是亨宁教授代付的。致谢了外交官，亨宁教授就驱车直接送我到机场，因为还是和昨天一样的航班。到了机场，和亨宁教授道别，相约中国上海再见。

失而复得的护照

“吃一堑，长一智。”在机场候机的时候，我这次就格外小心，把护照放在上衣口袋。期待能够看到小偷的身影。看到中国留学生三三两两在交谈，他们的行李放在离自己很远的地方也很放心，甚至上卫生间也不带走。此时才明白小偷是专偷像我这样的中国人的，因为不用银行卡，而留学生们的包里是没有现金的。据亨宁教授讲，这些小偷都是东欧人，没有工作，没有保障，为了生活，才干此勾当，丹麦人是不会当小偷的。原来如此！此时，机场广播找人，居然听到我的名字，让我去机场警署。到了警署，在桌上看见了我的挎包，里面有我的护照和机票。但是相机、现金是没有了。警察告诉我，是一个人在路边捡到的，看到护照和机票就交到警署来了。看来小偷还是有点“职业道德”的，也非常感谢捡到我挎包的这位丹麦“雷锋”。安检、登机，经过 10 个小时的航程，飞机正点到达上海浦东机场。

损失与收获并在

这次丹麦机场被盗，我损失了 8000 元人民币外加一个相机。有失必有得。这次不同寻常的经历，反而加深了我和亨宁教授的友谊，同时我对社会、对世界也有了更进一步的感受。

感受之一：英语的重要性。

通过这一次的经历，我有切身的体会，就是熟练掌握英语的重要意义。虽然我们这次研修要求能够用英语交流，但是如果不够熟练的话，和机场警察、窗口服务人员、出租车司机等是无法沟通交流的，事情恐怕也会变得更加难办。当然，丹麦人的英语水平也很好。不管是老人还是年轻人，都能说一口流利的英语。在丹麦，英语是仅次于丹麦语的第二语言，丹麦人有说英语的传统，也有很好的学习英语的氛围。

感受之二：办法总比困难多。

在发现挎包被盗的瞬间，我脑子也曾出现了短暂的空白，紧张焦虑无法用语言描述。但紧张过后，就是接受这一事实，如何想办法来解决危机、克服困难。我当时的想法是一个人安静下来，捋一捋思路：接下来要做哪些事？找谁？轻重缓急是什么？如果这个办法不行是否还有另外的办法，底线在哪里？通过这次的应急，也锻炼了我的心理素质，以最大的努力去寻求最好的结果。

感受之三：防人之心不可无。

其实这次我在丹麦被盗，并不是我出国被盗的首次。第一次被盗是在 2003 年首次出国的过程中，在葡萄牙一个宾馆寄放行李时，把一部相机放在了没有上锁的行李中，当时没有发现，等到了西班牙才发现相机丢了。丹麦这次被盗正应了西方谚语所云，“在一个地方跌倒一次不可怕，可怕的是在同一个地方跌倒两次”。“防人之心不可无”，这是丹麦之行最深刻的教训！

感受之四：辩证看问题。

如果没有机场被盗的经历，我对西方国家的文明程度会一直深信不疑；如果没有这样一次经历，我可能体会不到外国人的家庭生活，也体会不到国外警察和中国警察的区别，也想象不出自动拍照机的样子，更没有机会和我国驻外使馆打交道。因此，凡事都有正反两个方面，要学会辩证地看待事物，“危机”就是“危”中有“机”，既不要有“一朝被蛇咬，十年怕井绳”的心态，也不要存天下太平的侥幸。

凡故事都有结尾。之后，亨宁教授来过中国两次，2005 年 10 月 26 日，他以丹麦罗斯基勒大学终身教育学院院长的身份来华东师范大学讲学，我和邱老师赶赴上海，特地用人民币兑换了丹麦法郎，还了他为我代付的相关费用，并在饭店用中国餐招待亨宁教授。2006 年 11 月 29 至 30 日，亨宁教授以丹麦罗斯基勒大学校长的身份又一次到华东师范大学洽谈合作事宜，我以学院的名义邀请亨宁校长和该校教育心理系乔根·拉芬（Jorgen Rafn）教授来常州机电职业技术学院参观访问。他们参观了汽车实训中心、模具实训中心、数控实训中心、机械加工中心和驾驶员培训中心，邱老师还带两位外宾游览了红梅公园，并登上了天宁宝塔，欣赏常州的城市美景。

改革开放，为世界了解中国打开了一扇大门，也为中国放眼全世界提供了机会。在改革开放和现代化建设新时期，中国和世界交往、交流日益频繁，中国传统文化与世界多元文化日趋交融。在这一大潮中，政府官员走出国门招商引资，大批学生留学国外，中国也逐渐成为世界各国游客的最大来源国。与此同时，高校管理人员和研究人员也获得了与世界各国高等教育机构合作交流的机会。通过访问、访学，了解了世界高等教育的情况，扩大了视野，增强了自信。

2021-5-10

父母：人生的第一任老师

苏联著名教育家苏霍姆林斯基说过，“父母是孩子的第一任老师”。父母承担着教育和培养孩子的责任，但父母教育和培养孩子的方式却是千差万别的。我的父母都是中国典型的农民，他们通过勤劳的双手、朴素的生活、勤俭持家的方式，把我们 7 个子女抚育成人，并把我和妹妹两人送进了大学的校门。我的父母没有读过书，更不懂得教育理论，但他们言传身教，以身作则，从他们身上的点滴小事中可以领悟到他们独特的教育之道、育人之理。

袜与路

父亲出生在丹阳运河的一个并不富裕的农民家庭，7 岁时被过继到丹阳蒋墅乡。按照过去的风俗，只有同一家族才能过继以续家业。父亲是个孝子，每年的中秋节前都要回运河老家看望他的父母，但两地的路程有 30 多里。记得父亲总是会穿戴整齐，一是已经入秋的缘故，二是要给村上人有个好印象，但他每次都先把袜子暂时放在口袋中，等到了村口，再把袜子穿上，为的是减少袜子的磨损，好多穿几年，因为那时的袜子都是棉袜，不耐穿。

站与票

父亲是生产队的现金保管员，又是村里的“采购员”。所谓“采购员”就是为队里跑腿，到附近镇上购买一些生产资料，因为这个，练就了父亲的一双“铁脚板”。记得我刚结婚住在新闸老校区，父亲时常来看我们。从村里走到奔牛，再乘公交车到新闸，但父亲总是在奔牛的第二站上车，回程也是在这一站下车。那个其实叫“农公车”，是开往农村的公交班车，不像现在的“一票制”，当年是按照站点多少买票的，三站一个价位。就这样，父亲为节省一毛钱的车票，每次总是走一站路上车，提前一站路下车。

面与汤

父亲是劳苦人家出身，又是靠着体力活养家糊口，饭量也比较大，父亲特别喜欢吃面。在我的记忆里，父亲每次“出差”到镇上或县城为生产队购物，总是要从家里带些面粉，好到面店换面条吃，这样就用不着付粮票了。父亲总是换一碗面条，然后就不停地去加面汤，因为是熟客，面店伙计倒也爽快。一碗面，五六碗汤，这就是父亲“出差”的伙食。

由于家里孩子多，负担重，生活的压力迫使父亲只能靠勤劳的双手和节俭的美德支撑这个家。虽然自己节俭，但他对子女却是相当慷慨。他有手工缝制衣服的手艺，他熬了大半夜为村上人家缝制了一件棉袄，给我换了一碗羊汤，而自己却没有喝一口；自己连袜子都舍不得穿，却让我在大学一年级就穿上了 20 世纪 80 年代比较时髦的毛料呢中山装。

父亲勤劳、节俭的事例还有很多很多……同样，勤劳、节俭、朴素，注重对我言传身教的还有我的母亲。

一个饭盒盖

我的小学、初中都是在大队也就是现在的村里读的，中午都回家吃饭。在我读高一的时候，高中归并到了镇上的鹤溪中学，因此每天来回要走六七里地，而且中午只能在学校吃午饭。那时的午饭都由学生用饭盒装上米，统一到学校蒸煮。为此，母亲特地为我花了一块多钱，买了一个铝制新饭盒。为了不和其他人的饭盒弄错，我还特地在饭盒盖上刻上了我的姓。每天吃完午饭，同学们都要争先恐后地到学校中心池塘洗刷饭盒。一天，我在洗刷饭盒的过程中，一不留神，饭盒盖滑了出去，等我回过神时，盖子已晃悠悠慢腾腾地向塘底沉了下去。下午上完课，我带着缺了盖的饭盒回到了家。母亲没有责怪我，而是先帮我到村上其他人家借了个饭盒给我先用上。第二天上午课间的时候，我看见了一个熟悉的身影，在学校池塘边用淌网（一种在河里捞取螺蛳的工具）在池塘里来回打捞东西，并且当时学校的陈木芳校长也在旁边帮忙。看到这一情景，我的第一反应是羞愧，多丢人啊！我心中暗自祷告，千万不能让同学们知道这是我的母亲。母亲当天无功而返，因为这个池塘底部全是瓦砾，高低不平，淌网无用武之地。大约过了半个学期，在冬季枯水期的时候，河水浅了下去，我有意识地到丢饭盒盖的地方看看，果然发现了那个饭盒盖，它一直静静地躺在河底，我迫不及待地把它捞了上来。后来，这个饭盒一直伴随我读完了高中。饭盒盖失而复得，后来我每次洗饭盒的时候都会格外小心。现在回想起来，当时看见母亲捞饭盒盖的羞愧就是年轻人的虚荣心在作祟。当时，一个饭盒要一块多钱，那是一个成人劳力十多天的工分换回来的。盖子丢了，饭盒也就没有多大用处了。这对于一向勤俭节约的母亲来说，是多么舍不得啊！

一本书

有一年暑假，母亲让我到蒋墅镇上的棉花店里加工一些棉花。临行前给了我一元钱作为加工费。小半天的工夫，我便完成了任务，回到了家。我把加工好的棉花放好，然后把剩下的钱给了母亲。母亲接过钱，数了数，说不对啊，用不了这么多钱。我说就是这么多。母亲急了，立即放下手中的活，赶往棉花店，她以为是店主讹小孩的钱。我怔了一下，虽然没有阻拦母亲，但是，我还是心虚的。因为是我“贪污”了其中的5毛2分钱，到奔牛的书店买了一本《手扶拖拉机驾驶员读本》。这还要从我第一次看到手扶拖拉机说起。1970年，我读小学一年级的时候，那时正在开发村后面的汪塘。当时我的理想是毕业后回到村里当个手扶拖拉机驾驶员，觉得有技术，更有面子。于是每年的暑假就跟在村上的拖拉机手后面，帮他们跑跑腿，干点杂事。时间一长，村里的队长觉得我肯吃苦，就让我在高一的暑假当了兼职拖拉机驾驶员。兴奋之余，我觉得浑身有使不完的劲。那时候农耕比较忙，“人歇机不歇”，半夜轮到我，我总要提前一个小时到。队里的机耕活完成了，还要到隔壁队里去帮忙。大人每天一包香烟，我还是个孩子，人家就给我买点糖，我当时觉得很有成就感。然而机器总会有坏的时候，看到其他驾驶员能正确地判断，娴熟地拆卸、安装，我当时心里不免有些失落，便暗下决心要把技术学好。偶然的一次机会，我在奔牛书店看到了这本书，就想买下来钻研。无奈书价是两天的工分，我就没有向家里开口，而是动了这个“歪脑筋”。母亲到镇上自然白赶了一趟，钱被我“贪污”的事也真相大白了。但是，结果非常出乎我的意料。一向对我要求严格、绝不允许我撒谎的母亲，竟然没有发脾气。我看着母亲额头上冒出的细细的汗珠，觉得母亲对我肯定会非打即骂，结果，母亲只是平静地问我钱用来干什么了。我把买书的事情说了出来，母亲没有过多地责怪我，只是说钱用在正路上，不要紧，但不能撒谎，要和大人讲真话。当时的我，对我的母亲满怀感激。现在，我也终于体会到，她老人家对我是充满期待的。

一双棉鞋

十多年前，母亲跟我说，她年纪大了，眼睛老花了，不能再给我们做棉鞋了。我成家后，每到冬天来临前，母亲都要为我们一家三口每人做一双新棉鞋。她总是到张堰小镇上亲自选料。因为我要教课，一站就是半天，老是说脚后跟疼。母亲知道后，就特别在意鞋底的材质。由于母亲每年都把新的棉鞋送来，我就不太在意，也不爱惜。自从母亲说不能再做棉鞋了，我就特别珍惜母亲帮我做的最后一双棉鞋。现在这双棉鞋还干干净净地收藏在鞋柜里，虽然洗过几次，有点褪色，但这是母亲留给我的最珍贵的东西。我抚摸着这双棉鞋，鞋面还是那么软，针脚还是那么整齐。我仿佛看见，母亲坐在灯下，一针一线地为我们纳鞋底，鞋在脚上，暖在我心。母亲的生日和忌日在冬季，现在只有在这些特殊的日子，我才会穿上这双棉鞋，以此感念母亲。这就是我的母亲，虽然不识字，但有文化，更懂得教育。她用无声的语言教育着我，激励着我。一个饭盒盖让我懂得了“俭”的含义，一针一线、一米一粟皆来之不易；一本书让我懂得了“诚”的要义，钱要用在正道上；一双鞋让我懂得了“勤”的意义，千里之行，始于足下。一个饭盒盖、一本书、一双鞋伴随我走过了少年、青年和中年，一直鞭策着我要做一个节俭、真诚、勤劳的人。

家庭是人生的第一所学校，家长是孩子的第一任“老师”，讲好“人生第一课”是父母的职责，我的父母做到了。我的父亲母亲劳碌一辈子，在困难时期吃过许多的苦，但他们把劳动当作人生的快乐，把培养子女成人成才当作生活的目标。他们的一言一行始终是我立业做人的宝贵精神财富，也将永远激励我前行。谨以此文献给帮我“扣好人生第一粒扣子”的父母，永远怀念他们！

2021-12-3

后　记

2013年我在美国进行了为期4个月的校长跟岗研修，在4个月的时间里，我把每次参加的活动及思考都记录了下来，回国后对这些材料进行了整理，出版了专著《观察美国大学的60个视角——校长跟岗研修杂记》。之后就养成了一种习惯，即对教育领域发生的热点新闻事件，以研究的视角、理性的态度进行分析思考，如此积少成多，不知不觉已有百篇，最终形成了这本书。其实，撰写教育评论可以追溯到我毕业留校工作期间，那时我就开始尝试进行教育评论的习作，如《参观纪念沈括书画展有感》《处事漫谈》等，虽然评论写得较为稚嫩，但也为今后观察教育现实、反思教育现象打下了一定的基础。

本书的出版，许多人付出了辛勤的劳动。首先，要感谢伟大的时代，在推进伟大事业的进程中，教育领域改革发展的生动实践给了我研究的素材、思考的营养和写作的动力；其次，要感谢我的导师石伟平教授，他在百忙中审阅了我的书稿并撰写了序言，给我以极大的鼓励；最后，要感谢江苏大学出版社的任建波副总编和责任编辑吴小娟等，他们对本书的出版倾注了大量心血，使本书符合出版要求，也使本书更加富有个性。

自1985年参加工作以来，我一直在教育系统工作，先后在镇江师专、常州机电职业技术学院（原常州机械学校）、常州工业职业技术学院（原常州轻工职业技术学院）从事教学和管理工作。本书前4部分记述的是近10年来发生在教育领域的人和事，最后一部分则以回忆录的形式记述我年轻时候的奋斗足迹。我庆幸自己生在新社会、长在红旗下，赶上了好时代，我个人的这些故事正是我国改革开放和现代化建设新时期教育领域发生巨大变革的真实写照。

2023年，是我的退休之年。这本书的出版既是我从事教育工作以来的一个阶段性总结，也是作为一位教育研究者对当前教育改革发展议题的一份答卷。我坚信在建设现代化教育强国的新征程中，中国的普通高等教育必将由大变强，职业教育的吸引力必将越来越大。这两类教育犹如车之两轮、鸟之两翼，共同为推进中华民族伟大复兴的中国梦提供重要的智力支撑。